特别鸣谢

中国文物学会法律专业委员会会员单位
深圳招商文化产业有限公司

为本书提供公益资助

文物艺术品常用合同指引

李袁婕　秦博　高健　◎编著

文物出版社

图书在版编目（CIP）数据

文物艺术品常用合同指引／李袁婕，秦博，高健编
著．--北京：文物出版社，2021.1
ISBN 978 - 7 - 5010 - 6916 - 3

Ⅰ．①文… Ⅱ．①李… ②秦… ③高… Ⅲ．①历史文
物—艺术品—合同—中国 Ⅳ．①D923.6

中国版本图书馆 CIP 数据核字（2020）第 251485 号

文物艺术品常用合同指引

编　　著：李袁婕　秦　博　高　健

封面设计：程星涛
特约编辑：巩　雪
责任编辑：刘良函
责任印制：张　丽

出版发行：文物出版社
社　　址：北京市东直门内北小街 2 号楼
邮　　编：100007
网　　址：http://www.wenwu.com
邮　　箱：web@ wenwu.com
经　　销：新华书店
印　　刷：北京京都六环印刷厂
开　　本：880mm×1230mm　1/32
印　　张：12.5
版　　次：2021 年 1 月第 1 版
印　　次：2021 年 1 月第 1 次印刷
书　　号：ISBN 978 - 7 - 5010 - 6916 - 3
定　　价：68.00 元

目　录

第一部分

文物艺术品视域中《民法典》合同编
主要变化内容导读

文物艺术品视域中《民法典》合同编
主要变化内容导读

李袁婕

合同制度是市场经济的基本法律制度，文物艺术品行业以往的实践表明，《中华人民共和国民法通则》《中华人民共和国民法总则》《中华人民共和国合同法》（以下简称《合同法》）及相关司法解释对于维护契约、平等交换和公平竞争都发挥了重要作用。笔者分别查阅了中国裁判文书网、聚法案例网、无讼案例网，以文物艺术品为关键字，选择二审为搜索条件，结果均显示，合同纠纷数量居文物艺术品司法案件的首位。

《中华人民共和国民法典》（以下简称《民法典》）作为一部固根本、稳预期、利长远的基础性法律，充分考虑了社会经济生活的新变化，回应了现实社会包括文物艺术品行业中出现的新问题。鉴于合同编是《民法典》中条文数量最多、变动幅度最大，同时也是对文物艺术品行业影响最深刻的一编，我们编写了本书，并期待通过导读，帮助文物艺术品行业的同仁熟悉合同编所作出的修改、调整及新规；通过重新编写常用合同文本，为适用《民法典》的同仁提供便利；通过整理《民法典》合同编条文（节选）与原有法律规定对照表，为查阅与研究《民法典》的同仁提供参考。

一　《民法典》合同编体例方面的变化

《合同法》共 23 章、428 条，而《民法典》合同编共 29 章、526 条。《合同法》总则部分包括：一般规定、合同的订立、合同的效力、合同的履行、合同的变更和转让、合同的权利义务终止、违约责任和其他规定。合同编第一分编"通则"部分在此基础上，新增了合同的保全一章，删除了其他规定一章。《合同法》分则 15 章分别为买卖合同，供用电、水、气、热力合同，赠与合同，借款合同，租赁合同，融资租赁合同，承揽合同，建设工程合同，运输合同，技术合同，保管合同，仓储合同，委托合同，行纪合同和居间合同。而合同编第二分编"典型合同"部分新增了保证合同、保理合同、物业服务合同、合伙合同四章，并将居间合同一章改名为中介合同。此外，合同编新增第三分编"准合同"，其中新增第二十八章"无因管理"和第二十九章"不当得利"。

二　《民法典》合同编通则内容的主要变化

（一）合同的订立

1. 明确了数据电文符合书面形式的条件。《民法典》第四百六十九条第三款规定："以电子数据交换、电子邮件等方式能够有形地表现所载内容，并可以随时调取查用的数据电文，视为书面形式。"

2. 增加了合同订立的"其他方式"。《民法典》第四百七十一条规定："当事人订立合同，可以采取要约、承诺方式或者其他方式。"

3. 增加规定"债券募集办法、基金招募说明书"为要约邀请的形式，并规定宣传的内容符合要约条件的，也构成要约。《民法典》第四百七十三条规定："要约邀请是希望他人向自己发出要约的表示。拍卖公告、招标公告、招股说明书、债券募集办法、基金招募说明书、商业广告和宣传、寄送的价目表等为要约邀请。商业广告和宣传的内容符合要约条件的，构成要约。"

4. 明确要约生效的时间，适用总则编第一百三十七条关于有相对人的意思表示的生效时间之规定。《民法典》第四百七十四条规定："要约生效的时间适用本法第一百三十七条的规定。"第一百三十七条规定："以对话方式作出的意思表示，相对人知道其内容时生效。以非对话方式作出的意思表示，到达相对人时生效。以非对话方式作出的采用数据电文形式的意思表示，相对人指定特定系统接收数据电文的，该数据电文进入该特定系统时生效；未指定特定系统的，相对人知道或者应当知道该数据电文进入其系统时生效。当事人对采用数据电文形式的意思表示的生效时间另有约定的，按照其约定。"

5. 明确了撤销要约的条件。《民法典》第四百七十七条规定："撤销要约的意思表示以对话方式作出的，该意思表示的内容应当在受要约人作出承诺之前为受要约人所知道；撤销要约的意思表示以非对话方式作出的，应当在受要约人作出承诺之前到达受要约人。"

6. 明确了承诺生效的时间。《民法典》第四百八十四条规定："以通知方式作出的承诺，生效的时间适用本法第一百三十七条的规定。承诺不需要通知的，根据交易习惯或者要约的要求作出承诺的行为时生效。"

7. 增加规定在承诺期限内发出承诺，按照通常情形不能及时到达要约人的，为新要约。《民法典》第四百八十六条规定："受要约人超过承诺期限发出承诺，或者在承诺期限内发出承诺，按照通常情形不能及时到达要约人的，为新要约；但是，要约人及时通知受要约人该承诺有效的除外。"

8. 完善了以合同书形式订立的合同成立的时间和地点。《民法典》第四百九十条规定："当事人采用合同书形式订立合同的，自当事人均签名、盖章或者按指印时合同成立。在签名、盖章或者按指印之前，当事人一方已经履行主要义务，对方接受时，该合同成立。法律、行政法规规定或者当事人约定合同应当采用书面形式订立，当事人未采用书面形式但是一方已经履行主要义务，对方接受时，该合同成立。"第四百九十三条规定："当事人采用合同书形式订立合同的，最后签名、盖章或者按指印的地点为合同成立的地点，但是当事人另有约定的除外。"

9. 规定了电子合同成立的时间。《民法典》第四百九十一条第二款规定："当事人一方通过互联网等信息网络发布的商品或者服务信息符合要约条件的，对方选择该商品或者服务并提交订单成功时合同成立，但是当事人另有约定的除外。"

10. 明确了预约合同及违约责任。《民法典》第四百九十五条规定："当事人约定在将来一定期限内订立合同的认购书、订购书、预订书等，构成预约合同。当事人一方不履行预约合同约定的订立合同义务的，对方可以请求其承担预约合同的违约责任。"

11. 完善了格式条款的定义，明确了格式条款提供方的提示、说明义务及其法律效果。《民法典》第四百九十六条规定：

"格式条款是当事人为了重复使用而预先拟定，并在订立合同时未与对方协商的条款。采用格式条款订立合同的，提供格式条款的一方应当遵循公平原则确定当事人之间的权利和义务，并采取合理的方式提示对方注意免除或者减轻其责任等与对方有重大利害关系的条款，按照对方的要求，对该条款予以说明。提供格式条款的一方未履行提示或者说明义务，致使对方没有注意或者理解与其有重大利害关系的条款的，对方可以主张该条款不成为合同的内容。"

12. 明确了格式条款无效的情形。《民法典》第四百九十七条规定："有下列情形之一的，该格式条款无效：（一）具有本法第一编第六章第三节和本法第五百零六条规定的无效情形；（二）提供格式条款一方不合理地免除或者减轻其责任、加重对方责任、限制对方主要权利；（三）提供格式条款一方排除对方主要权利。"

（二）合同的效力

1. 规定了未办理批准等手续影响合同生效的法律效果。《民法典》第五百零二条规定："依法成立的合同，自成立时生效，但是法律另有规定或者当事人另有约定的除外。依照法律、行政法规的规定，合同应当办理批准等手续的，依照其规定。未办理批准等手续影响合同生效的，不影响合同中履行报批等义务条款以及相关条款的效力。应当办理申请批准等手续的当事人未履行义务的，对方可以请求其承担违反该义务的责任。依照法律、行政法规的规定，合同的变更、转让、解除等情形应当办理批准等手续的，适用前款规定。"

2. 明确了被代理人以默示方式追认无权代理行为视为对合

同的追认。《民法典》第五百零三条规定："无权代理人以被代理人的名义订立合同，被代理人已经开始履行合同义务或者接受相对人履行的，视为对合同的追认。"

3. 明确了法定代表人或者负责人超越权限订立合同的法律效果。《民法典》第五百零四条规定："法人的法定代表人或者非法人组织的负责人超越权限订立的合同，除相对人知道或者应当知道其超越权限外，该代表行为有效，订立的合同对法人或者非法人组织发生效力。"

（三）合同的履行

1. 规定了合同履行中应坚持绿色原则。《民法典》第九条规定："民事主体从事民事活动，应当有利于节约资源、保护生态环境。"第五百零九条第三款规定："当事人在履行合同过程中，应当避免浪费资源、污染环境和破坏生态。"

2. 明确了合同对质量要求、履行费用约定不明确时的适用规定。《民法典》第五百一十一条第一项规定："当事人就有关合同内容约定不明确，依据前条规定仍不能确定的，适用下列规定：（一）质量要求不明确的，按照强制性国家标准履行；没有强制性国家标准的，按照推荐性国家标准履行；没有推荐性国家标准的，按照行业标准履行；没有国家标准、行业标准的，按照通常标准或者符合合同目的的特定标准履行。"第六项规定："（六）履行费用的负担不明确的，由履行义务一方负担；因债权人原因增加的履行费用，由债权人负担。"

3. 规定了电子合同交付商品或者提供服务的时间及方式。《民法典》第五百一十二条规定："通过互联网等信息网络订立的电子合同的标的为交付商品并采用快递物流方式交付的，收货人的签收时间为交付时间。电子合同的标的为提供服务的，生成的电子凭证或者实物凭证中载明的时间为提供服务时间；前述凭证没有载明时间或者载明时间与实际提供服务时间不一致的，以实际提供服务的时间为准。电子合同的标的物为采用在线传输方式交付的，合同标的物进入对方当事人指定的特定系统且能够检索识别的时间为交付时间。电子合同当事人对交付商品或者提供服务的方式、时间另有约定的，按照其约定。

4. 明确了以实际履行地的法定货币履行金钱债务。《民法典》第五百一十四条规定："以支付金钱为内容的债，除法律另有规定或者当事人另有约定外，债权人可以请求债务人以实际履行地的法定货币履行。"

5. 明确规定了选择之债、按份之债、连带之债的各项内容。

（1）规定了选择之债中选择权的归属、移转和行使。《民法典》第五百一十五条规定："标的有多项而债务人只需履行其中一项的，债务人享有选择权；但是，法律另有规定、当事人另有约定或者另有交易习惯的除外。享有选择权的当事人在约定期限内或者履行期限届满未作选择，经催告后在合理期限内仍未选择的，选择权转移至对方。"第五百一十六条规定："当事人行使选择权应当及时通知对方，通知到达对方时，标的确定。标的确定后不得变更，但是经对方同意的除外。可选择的标的发生不能履行情形的，享有选择权的当事人不得选择不能履行的标的，但是该不能履行的情形是由对方造成的除外。"

（2）规定了按份债权和按份债务的定义。《民法典》第五百一十七条规定："债权人为二人以上，标的可分，按照份额各自享有债权的，为按份债权；债务人为二人以上，标的可分，按照份额各自负担债务的，为按份债务。按份债权人或者按份债务人的份额难以确定的，视为份额相同。"

（3）规定了连带债权和连带债务的下列内容：

一是定义。《民法典》第五百一十八条规定："债权人为二人以上，部分或者全部债权人均可以请求债务人履行债务的，为连带债权；债务人为二人以上，债权人可以请求部分或者全部债务人履行全部债务的，为连带债务。连带债权或者连带债务，由法律规定或者当事人约定。"

二是连带债务人之间份额的确定与追偿。《民法典》第五百一十九条规定："连带债务人之间的份额难以确定的，视为份额相同。实际承担债务超过自己份额的连带债务人，有权就超出部分在其他连带债务人未履行的份额范围内向其追偿，并相应地享有债权人的权利，但是不得损害债权人的利益。其他连带债务人对债权人的抗辩，可以向该债务人主张。被追偿的连带债务人不能履行其应分担份额的，其他连带债务人应当在相应范围内按比例分担。"

三是部分连带债务人与债权人之间发生的事项对其他连带债务人的效力。《民法典》第五百二十条规定："部分连带债务人履行、抵销债务或者提存标的物的，其他债务人对债权人的债务在相应范围内消灭；该债务人可以依据前条规定向其他债务人追偿。部分连带债务人的债务被债权人免除的，在该连带债务人应当承担的份额范围内，其他债务人对债权人的债务消灭。部分连带债务人的债务与债权人的债权同归于一人的，在扣除该债务人应当承担的份额后，债权人对其他债务人的债权继续存在。债权人对部分连带债务人的给付受领迟延的，对其他连带债务人发生效力。"

四是连带债权人之间的内外部关系及连带债权的法律适用规定。《民法典》第五百二十一条规定："连带债权人之间的份额难以确定的，视为份额相同。实际受领债权的连带债权人，应当按比例向其他连带债权人返还。连带债权参照适用本章连带债务的有关规定。"

6. 规定了第三人的下列内容：

（1）利益第三人合同。《民法典》第五百二十二条规定："当事人约定由债务人向第三人履行债务，债务人未向第三人履行债务或者履行债务不符合约定的，应当向债权人承担违约责任。法律规定或者当事人约定第三人可以直接请求债务人向其履行债务，第三人未在合理期限内明确拒绝，债务人未向第三人履行债务或者履行债务不符合约定的，第三人可以请求债务人承担违约责任；债务人对债权人的抗辩，可以向第三人主张。"

（2）由第三人履行合同。《民法典》第五百二十三条规定："当事人约定由第三人向债权人履行债务，第三人不履行债务或者履行债务不符合约定的，债务人应当向债权人承担违约责任。"

（3）具有合法利益的第三人代为履行。《民法典》第五百二十四条规定："债务人不履行债务，第三人对履行该债务具有合法利益的，第三人有权向债权人代为履行；但是，根据债务性质、按照当事人约定或者依照法律规定只能由债务人履行的除外。债权人接受第三人履行后，其对债务人的债权转让给第三人，但是债务人和第三人另有约定的除外。"

7. 规定了情势变更制度。《民法典》第五百三十三条规定："合同成立后，合同的基础条件发生了当事人在订立合同时无法预见的、不属于商业风险的重大变化，继续履行合同对于当事人一方明显不公平的，受不利影响的当事人可以与对方重新协商；在合理期限内协商不成的，当事人可以请求人民法院或者仲裁机构变更或者解除合同。人民法院或者仲裁机构应当结合案件的实际情况，根据公平原则变更或者解除合同。"

8. 完善了对利用合同实施危害国家利益、社会公共利益的行为进行监督处理的规定。《民法典》第五百三十四条规定："对当事人利用合同实施危害国家利益、社会公共利益行为的，市场监督管理和其他有关行政主管部门依照法律、行政法规的规定负责监督处理。"

（四）合同的保全

1. 规定了撤销债务人有偿行为的情形。《民法典》第五百三十九条规定："债务人以明显不合理的低价转让财产、以明显不合理的高价受让他人财产或者为他人的债务提供担保，影响债权人的债权实现，债务人的相对人知道或者应当知道该情形的，债权人可以请求人民法院撤销债务人的行为。"

2. 规定了债务人行为被撤销的法律效果。《民法典》第五百四十二条规定："债务人影响债权人的债权实现的行为被撤销的，自始没有法律约束力。"

（五）合同的变更和转让

1. 增加了债权转让中债务人的抵消权的情形。《民法典》第五百四十九条规定："有下列情形之一的，债务人可以向受让人主张抵销：（一）债务人接到债权转让通知时，债务人对让与人享有债权，且债务人的债权先于转让的债权到期或者同时到期；（二）债务人的债权与转让的债权是基于同一合同产生。"

2. 规定了债务加入。《民法典》第五百五十二条规定："第三人与债务人约定加入债务并通知债权人，或者第三人向债权人表示愿意加入债务，债权人未在合理期限内明确拒绝的，债权人可以请求第三人在其愿意承担的债务范围内和债务人承担连带债务。"

（六）合同的权利义务终止

1. 规定了从权利随主权利消灭而消灭及其除外情形。《民法典》第五百五十九条规定："债权债务终止时，债权的从权利同时消灭，但是法律另有规定或者当事人另有约定的除外。"

2. 规定了数项债务的清偿抵充顺序。《民法典》第五百六十条规定："债务人对同一债权人负担的数项债务种类相同，债务人的给付不足以清偿全部债务的，除当事人另有约定外，由债务人在清偿时指定其履行的债务。债务人未作指定的，应当优先履行已经到期的债务；数项债务均到期的，优先履行对债权人缺乏担保或者担保最少的债务；均无担保或者担保相等的，优先履行债务人负担较重的债务；负担相同的，按照债务到期的先后顺序履行；到期时间相同的，按照债务比例履行。"

3. 规定了以持续履行的债务为内容的不定期合同中当事人的解除权。《民法典》第五百六十三条第二款规定："以持续履行的债务为内容的不定期合同，当事人可以随时解除合同，但是应当在合理期限之前通知对方。"

4. 明确了解除权行使的期限。第五百六十四条规定："法律规定或者当事人约定解除权行使期限，期限届满当事人不行使的，该权利消灭。法律没有规定或者当事人没有约定解除权行使期限，自解除权人知道或者应当知道解除事由之日起一年内不行使，或者经对方催告后在合理期限内不行使的，该权利消灭。"

5. 完善了合同解除的通知程序。《民法典》第五百六十五条第一款规定："当事人一方依法主张解除合同的，应当通知对方。合同自通知到达对方时解除；通知载明债务人在一定期限内不履行债务则合同自动解除，债务人在该期限内未履行债务的，合同自通知载明的期限届满时解除。对方对解除合同有异议的，任何一方当事人均可以请求人民法院或者仲裁机构确认解除行为的效力。"

6. 规定了合同解除后的法律后果。《民法典》第五百六十六条规定："合同解除后，尚未履行的，终止履行；已经履行的，根据履行情况和合同性质，当事人可以请求恢复原状或者采取其他补救措施，并有权请求赔偿损失。合同因违约解除的，解除权人可以请求违约方承担违约责任，但是当事人另有约定的除外。主合同解除后，担保人对债务人应当承担的民事责任仍应当承担担保责任，但是担保合同另有约定的除外。"

7. 规定了债务人取回提存物的权利。《民法典》第五百七十四条第二款规定："债权人领取提存物的权利，自提存之日起五年内不行使而消灭，提存物扣除提存费用后归国家所有。但是，债权人未履行对债务人的到期债务，或者债权人向提存部门书面表示放弃领取提存物权利的，债务人负担提存费用后有权取回提存物。"

8. 规定了免除债务的除外情形。《民法典》第五百七十五条规定："债权人免除债务人部分或者全部债务的，债权债务部分或者全部终止，但是债务人在合理期限内拒绝的除外。"

（七）违约责任

1. 完善了金钱债务的继续履行。《民法典》第五百七十九条规定："当事人一方未支付价款、报酬、租金、利息，或者不履行其他金钱债务的，对方可以请求其支付。"

2. 完善了非金钱债务的继续履行。《民法典》第五百八十条规定："当事人一方不履行非金钱债务或者履行非金钱债务不符合约定的，对方可以请求履行，但是有下列情形之一的除外：（一）法律上或者事实上不能履行；（二）债务的标的不适于强制履行或者履行费用过高；（三）债权人在合理期限内未请求履行。有前款规定的除外情形之一，致使不能实现合同目的的，人民法院或者仲裁机构可以根据当事人的请求终止合同权利义务关系，但是不影响违约责任的承担。"

3. 规定了替代履行。《民法典》第五百八十一条规定："当事人一方不履行债务或者履行债务不符合约定，根据债务的性质不得强制履行的，对方可以请求其负担由第三人替代履行的费用。"

4. 规定了违约定金的数额。《民法典》第五百八十六条第二款规定："定金的数额由当事人约定；但是，不得超过主合同标的额的百分之二十，超过部分不产生定金的效力。实际交付的定金数额多于或者少于约定数额的，视为变更约定的定金数额。"

5. 规定了违约定金的效力。《民法典》第五百八十七条规定："债务人履行债务的，定金应当抵作价款或者收回。给付定金的一方不履行债务或者履行债务不符合约定，致使不能实现合同目的的，无权请求返还定金；收受定金的一方不履行债务或者履行债务不符合约定，致使不能实现合同目的的，应当双倍返还定金。"

6. 规定了债权人无正当理由拒绝受领的法律后果。《民法典》第五百八十九条规定："债务人按照约定履行债务，债权人无正当理由拒绝受领的，债务人可以请求债权人赔偿增加的费用。在债权人受领迟延期间，债务人无须支付利息。"

7. 规定了与有过错。《民法典》第五百九十二条第二款规定："当事人一方违约造成对方损失，对方对损失的发生有过错的，可以减少相应的损失赔偿额。"

8. 修改了国际货物买卖合同和技术进出口合同争议的时效期间。《民法典》第五百九十四条规定："因国际货物买卖合同和技术进出口合同争议提起诉讼或者申请仲裁的时效期间为四年。"

三　典型合同

（一）买卖合同

1. 规定了买卖合同的条款内容。《民法典》第五百九十六条规定："买卖合同的内容一般包括标的物的名称、数量、质量、价款、履行期限、履行地点和方式、包装方式、检验标准和方法、结算方式、合同使用的文字及其效力等条款。"

2. 规定了出卖人无权处分行为的法律后果。《民法典》第五百九十七条规定："因出卖人未取得处分权致使标的物所有权不能转移的，买受人可以解除合同并请求出卖人承担违约责任。法律、行政法规禁止或者限制转让的标的物，依照其规定。"

3. 规定了出卖人将标的物交付给承运人即为履行交付义务的情况下，标的物的风险转移。《民法典》第六百零七条规定："出卖人按照约定将标的物运送至买受人指定地点并交付给承运人后，标的物毁损、灭失的风险由买受人承担。当事人没有约定交付地点或者约定不明确，依据本法第六百零三条第二款第一项的规定标的物需要运输的，出卖人将标的物交付给第一承运人后，标的物毁损、灭失的风险由买受人承担。"

4. 规定了买受人就标的物的权利缺陷可行使中止支付价款权。《民法典》第六百一十四条规定："买受人有确切证据证明第三人对标的物享有权利的，可以中止支付相应的价款，但是出卖人提供适当担保的除外。"

5. 规定了出卖人对标的物瑕疵担保减免特约效力的例外情形。《民法典》第六百一十八条规定："当事人约定减轻或者免除出卖人对标的物瑕疵承担的责任，因出卖人故意或者重大过失不告知买受人标的物瑕疵的，出卖人无权主张减轻或者免除责任。"

6. 规定了约定的检验期限或者质量保证期过短的情形及法律适用。《民法典》第六百二十二条规定："当事人约定的检验期限过短，根据标的物的性质和交易习惯，买受人在检验期限内难以完成全面检验的，该期限仅视为买受人对标的物的外观瑕疵提出异议的期限。约定的检验期限或者质量保证期短于法律、行政法规规定期限的，应当以法律、行政法规规定的期限为准。"

7. 规定了检验期限未约定时，标的物数量和外观瑕疵的应如何检验。《民法典》第六百二十三条规定："当事人对检验期限未作约定，买受人签收的送货单、确认单等载明标的物数量、型号、规格的，推定买受人已经对数量和外观瑕疵进行检验，但是有相关证据足以推翻的除外。"

8. 规定了出卖人向第三人履行情况下的检验标准。《民法典》第六百二十四条规定："出卖人依照买受人的指示向第三人交付标的物，出卖人和买受人约定的检验标准与买受人和第三人约定的检验标准不一致的，以出卖人和买受人约定的检验标准为准。"

9. 规定了出卖人的回收义务。《民法典》第六百二十五条规定："依照法律、行政法规的规定或者按照当事人的约定，标的物在有效使用年限届满后应予回收的，出卖人负有自行或者委托第三人对标的物予以回收的义务。"

10. 规定了买受人在支付价款及支付方式未约定或者约定不明确时的处理规则。《民法典》第六百二十六条规定："买受人应当按照约定的数额和支付方式支付价款。对价款的数额和支付方式没有约定或者约定不明确的，适用本法第五百一十条、第五百一十一条第二项和第五项的规定。"第五百一十条规定："合同生效后，当事人就质量、价款或者报酬、履行地点等内容没有约定或者约定不明确的，可以协议补充；不能达成补充协议的，按照合同相关条款或者交易习惯确定。"第五百一十一条第二项规定："（二）价款或者报酬不明确的，按照订立合同时履行地的市场价格履行；依法应当执行政府定价或者政府指导价的，依照规定履行。"第五项规定："（五）履行方式不明确的，按照有利于实现合同目的的方式履行。"

11. 规定了买卖合同标的物孳息的归属。《民法典》第六百三十条规定："标的物在交付之前产生的孳息，归出卖人所有；

交付之后产生的孳息，归买受人所有。但是，当事人另有约定的除外。"

12. 规定了对分期付款出卖人避免风险特别约定的限制。《民法典》第六百三十四条第一款规定："分期付款的买受人未支付到期价款的数额达到全部价款的五分之一，经催告后在合理期限内仍未支付到期价款的，出卖人可以请求买受人支付全部价款或者解除合同。"

13. 完善了试用买卖合同中买受人享有选择权及视为购买标的物的情形。《民法典》第六百三十八条规定："试用买卖的买受人在试用期内可以购买标的物，也可以拒绝购买。试用期限届满，买受人对是否购买标的物未作表示的，视为购买。试用买卖的买受人在试用期内已经支付部分价款或者对标的物实施出卖、出租、设立担保物权等行为的，视为同意购买。"

14. 规定了试用买卖的使用费。《民法典》第六百三十九条规定："试用买卖的当事人对标的物使用费没有约定或者约定不明确的，出卖人无权请求买受人支付。"

15. 规定了出卖人承担试用期间标的物的风险。《民法典》第六百四十条规定："标的物在试用期内毁损、灭失的风险由出卖人承担。"

16. 规定了买卖合同中标的物所有权保留条款。《民法典》第六百四十一条规定："当事人可以在买卖合同中约定买受人未履行支付价款或者其他义务的，标的物的所有权属于出卖人。出卖人对标的物保留的所有权，未经登记，不得对抗善意第三人。"

17. 规定了所有权保留买卖合同中出卖人的取回权。《民法典》第六百四十二条规定："当事人约定出卖人保留合同标的物的所有权，在标的物所有权转移前，买受人有下列情形之一，造成出卖人损害的，除当事人另有约定外，出卖人有权取回标的物：（一）未按照约定支付价款，经催告后在合理期限内仍未支付；（二）未按照约定完成特定条件；（三）将标的物出卖、出质或者作出其他不当处分。出卖人可以与买受人协商取回标的物；协商不成的，可以参照适用担保物权的实现程序。"

18. 规定了买受人的回赎权和出卖人的再出卖权。《民法典》第六百四十三条规定："出卖人依据前条第一款的规定取回标的物后，买受人在双方约定或者出卖人指定的合理回赎期限内，消除出卖人取回标的物的事由的，可以请求回赎标的物。买受人在回赎期限内没有回赎标的物，出卖人可以以合理价格将标的物出卖给第三人，出卖所得价款扣除买受人未支付的价款以及必要费用后仍有剩余的，应当返还买受人；不足部分由买受人清偿。"

（二）赠与合同

完善了赠与的任意撤销及其限制。《民法典》第六百五十八条规定："赠与人在赠与财产的权利转移之前可以撤销赠与。经过公证的赠与合同或者依法不得撤销的具有救灾、扶贫、助残等公益、道德义务性质的赠与合同，不适用前款规定。"

（三）保证合同

1. 规定了保证合同的内容。《民法典》第六百八十四条规定："保证合同的内容一般包括被保证的主债权的种类、数额，债务人履行债务的期限，保证的方式、范围和期间等条款。"

2. 规定了保证合同订立的具体方式。《民法典》第六百八十五条规定："保证合同可以是单独订立的书面合同，也可以是主债权债务合同中的保证条款。第三人单方以书面形式向债权人作出保证，债权人接收且未提出异议的，保证合同成立。"

3. 规定了一般保证及先诉抗辩权。《民法典》第六百八十七条规定："当事人在保证合同中约定，债务人不能履行债务时，由保证人承担保证责任的，为一般保证。一般保证的保证人在主合同纠纷未经审判或者仲裁，并就债务人财产依法强制执行仍不能履行债务前，有权拒绝向债权人承担保证责任，但是有下列情形之一的除外：（一）债务人下落不明，且无财产可供执行；（二）人民法院已经受理债务人破产案件；（三）债权人有证据证明债务人的财产不足以履行全部债务或者丧失履行债务能力；（四）保证人书面表示放弃本款规定的权利。"

4. 规定了连带责任保证。《民法典》第六百八十八条规定："当事人在保证合同中约定保证人和债务人对债务承担连带责任的，为连带责任保证。连带责任保证的债务人不履行到期债务或者发生当事人约定的情形时，债权人可以请求债务人履行债务，也可以请求保证人在其保证范围内承担保证责任。"

5. 规定了保证人与债务人之间的反担保。《民法典》第六百八十九条规定："保证人可以要求债务人提供反担保。"

6. 规定了最高额保证。《民法典》第六百九十条规定："保证人与债权人可以协商订立最高额保证的合同，约定在最高债权额限度内就一定期间连续发生的债权提供保证。最高额保证除适用本章规定外，参照适用本法第二编最高额抵押权的有关规定。"

7. 规定了保证期间。《民法典》第六百九十二条规定："保证期间是确定保证人承担保证责任的期间，不发生中止、中断和延长。债权人与保证人可以约定保证期间，但是约定的保证期间早于主债务履行期限或者与主债务履行期限同时届满的，视为没有约定；没有约定或者约定不明确的，保证期间为主债务履行期限届满之日起六个月。债权人与债务人对主债务履行期限没有约定或者约定不明确的，保证期间自债权人请求债务人履行债务的宽限期届满之日起计算。"

8. 规定了保证债务诉讼时效。《民法典》第六百九十四条规定："一般保证的债权人在保证期间届满前对债务人提起诉讼或者申请仲裁的，从保证人拒绝承担保证责任的权利消灭之日起，开始计算保证债务的诉讼时效。连带责任保证的债权人在保证期间届满前请求保证人承担保证责任的，从债权人请求保证人承担保证责任之日起，开始计算保证债务的诉讼时效。"

9. 规定了主债权债务合同变更对保证人保证责任的影响。《民法典》第六百九十五条规定："债权人和债务人未经保证人书面同意，协商变更主债权债务合同内容，减轻债务的，保证人仍对变更后的债务承担保证责任；加重债务的，保证人对加重的部分不承担保证责任。债权人和债务人变更主债权债务合同的履行期限，未经保证人书面同意的，保证期间不受影响。"

10. 规定了债权转让对保证责任的影响。《民法典》第六百九十六条规定："债权人转让全部或者部分债权，未通知保证人的，该转让对保证人不发生效力。保证人与债权人约定禁止债权转让，债权人未经保证人书面同意转让债权的，保证人对受让人不再承担保证责任。"

11. 规定了债务承担和债务加入对保证责任的影响。《民法典》第六百九十七条规定："债权人未经保证人书面同意，允许债务人转移全部或者部分债务，保证人对未经其同意转移的债务不再承担保证责任，但是债权人和保证人另有约定的除外。第三人加入债务的，保证人的保证责任不受影响。"

12. 规定了一般保证人免责的情形。《民法典》第六百九十八条规定："一般保证的保证人在主债务履行期限届满后，向债权人提供债务人可供执行财产的真实情况，债权人放弃或者怠于行使权利致使该财产不能被执行的，保证人在其提供可供执行财产的价值范围内不再承担保证责任。"

13. 规定了保证人对债务人的追偿权及相关权利。《民法典》第七百条规定："保证人承担保证责任后，除当事人另有约定外，有权在其承担保证责任的范围内向债务人追偿，享有债权人对债务人的权利，但是不得损害债权人的利益。"

14. 规定了保证人享有债务人对债权人的抵销权或撤销权。《民法典》第七百零二条规定："债务人对债权人享有抵销权或者撤销权的，保证人可以在相应范围内拒绝承担保证责任。"

（四）租赁合同

1. 规定了租赁合同登记备案对合同效力的影响。《民法典》第七百零六条规定："当事人未依照法律、行政法规规定办理租赁合同登记备案手续的，不影响合同的效力。"

2. 规定了出租人不承担维修义务的情形。《民法典》第七百一十三条第二款规定："因承租人的过错致使租赁物需要维修的，出租人不承担前款规定的维修义务。"

3. 规定了租赁合同中的转租期限。《民法典》第七百一十七条规定："承租人经出租人同意将租赁物转租给第三人，转租期限超过承租人剩余租赁期限的，超过部分的约定对出租人不具有法律约束力，但是出租人与承租人另有约定的除外。"

　　4. 规定了视为出租人同意转租的情形。《民法典》第七百一十八条规定："出租人知道或者应当知道承租人转租，但是在六个月内未提出异议的，视为出租人同意转租。"

　　5. 规定了次承租人的代为清偿权。《民法典》第七百一十九条规定："承租人拖欠租金的，次承租人可以代承租人支付其欠付的租金和违约金，但是转租合同对出租人不具有法律约束力的除外。次承租人代为支付的租金和违约金，可以充抵次承租人应当向承租人支付的租金；超出其应付的租金数额的，可以向承租人追偿。"

　　6. 规定了非因承租人原因致使租赁物无法使用时承租人的解除权。《民法典》第七百二十四条规定："有下列情形之一，非因承租人原因致使租赁物无法使用的，承租人可以解除合同：（一）租赁物被司法机关或者行政机关依法查封、扣押；（二）租赁物权属有争议；（三）租赁物具有违反法律、行政法规关于使用条件的强制性规定情形。"

　　7. 完善了"买卖不破租赁"制度。《民法典》第七百二十五条规定："租赁物在承租人按照租赁合同占有期限内发生所有权变动的，不影响租赁合同的效力。"

　　8. 规定了出租人妨害承租人行使优先购买权的法律后果。《民法典》第七百二十八条规定："出租人未通知承租人或者有其他妨害承租人行使优先购买权情形的，承租人可以请求出租人承担赔偿责任。但是，出租人与第三人订立的房屋买卖合同的效力不受影响。"

　　9. 规定了租赁期限届满承租人的优先承租权。《民法典》第七百三十四条第二款规定："租赁期限届满，房屋承租人享有以同等条件优先承租的权利。"

（五）融资租赁合同

1. 规定了融资租赁虚假表示的合同无效。《民法典》第七百三十七条规定："当事人以虚构租赁物方式订立的融资租赁合同无效。"

2. 规定了租赁物的经营许可对合同效力的影响。《民法典》第七百三十八条规定："依照法律、行政法规的规定，对于租赁物的经营使用应当取得行政许可的，出租人未取得行政许可不影响融资租赁合同的效力。"

3. 规定了承租人的拒绝受领权。《民法典》第七百四十条规定："出卖人违反向承租人交付标的物的义务，有下列情形之一的，承租人可以拒绝受领出卖人向其交付的标的物：（一）标的物严重不符合约定；（二）未按照约定交付标的物，经承租人或者出租人催告后在合理期限内仍未交付。承租人拒绝受领标的物的，应当及时通知出租人。"

4. 规定了承租人行使索赔权利时的租金支付义务。《民法典》第七百四十二条规定："承租人对出卖人行使索赔权利，不影响其履行支付租金的义务。但是，承租人依赖出租人的技能确定租赁物或者出租人干预选择租赁物的，承租人可以请求减免相应租金。"

5. 规定了出租人影响承租人行使索赔权以及自己怠于行使索赔权时应承担的责任。《民法典》第七百四十三条规定："出租人有下列情形之一，致使承租人对出卖人行使索赔权利失败的，承租人有权请求出租人承担相应的责任：（一）明知租赁物有质量瑕疵而不告知承租人；（二）承租人行使索赔权利时，未及时提供必要协助。出租人怠于行使只能由其对出卖人行使的索赔权利，造成承租人损失的，承租人有权请求出租人承担赔偿责任。"

6. 完善了出租人对租赁物的所有权。《民法典》第七百四十五条规定："出租人对租赁物享有的所有权，未经登记，不得对抗善意第三人。"

7. 规定了出租人保证承租人占有和使用租赁物的义务。《民法典》第七百四十八条规定："出租人应当保证承租人对租赁物的占有和使用。出租人有下列情形之一的，承租人有权请求其赔偿损失：（一）无正当理由收回租赁物；（二）无正当理由妨碍、干扰承租人对租赁物的占有和使用；（三）因出租人的原因致使第三人对租赁物主张权利；（四）不当影响承租人对租赁物占有和使用的其他情形。"

8. 规定了融资租赁中的风险负担。《民法典》第七百五十一条规定："承租人占有租赁物期间，租赁物毁损、灭失的，出租人有权请求承租人继续支付租金，但是法律另有规定或者当事人另有约定的除外。"

9. 规定了承租人违约时出租人享有解除权。《民法典》第七百五十三条规定："承租人未经出租人同意，将租赁物转让、抵押、质押、投资入股或者以其他方式处分的，出租人可以解除融资租赁合同。"

10. 规定了出租人或者承租人均可解除融资租赁合同的情形。《民法典》第七百五十四条规定："有下列情形之一的，出租人或者承租人可以解除融资租赁合同：（一）出租人与出卖人订立的买卖合同解除、被确认无效或者被撤销，且未能重新订立买卖合同；（二）租赁物因不可归责于当事人的原因毁损、灭失，且不能修复或者确定替代物；（三）因出卖人的原因致使融资租赁合同的目的不能实现。"

11. 规定了融资租赁合同因买卖合同解除、被确认无效或者被撤销后的损失赔偿问题。《民法典》第七百五十五条规定："融资租赁合同因买卖合同解除、被确认无效或者被撤销而解除，出卖人、租赁物系由承租人选择的，出租人有权请求承租人赔偿相应损失；但是，因出租人原因致使买卖合同解除、被确认无效或者被撤销的除外。出租人的损失已经在买卖合同解除、被确认无效或者被撤销时获得赔偿的，承租人不再承担相应的赔偿责任。"

12. 规定了租赁物意外毁损、灭失导致融资租赁合同解除的法律后果。《民法典》第七百五十六条规定："融资租赁合同因租赁物交付承租人后意外毁损、灭失等不可归责于当事人的原因解除的，出租人可以请求承租人按照租赁物折旧情况给予补偿。"

13. 规定了承租人请求部分返还租赁物价值的情形及租赁物无法返还时应如何处理。《民法典》第七百五十八条规定："当事人约定租赁期限届满租赁物归承租人所有，承租人已经支付大部分租金，但是无力支付剩余租金，出租人因此解除合同收回租赁物，收回的租赁物的价值超过承租人欠付的租金以及其他费用的，承租人可以请求相应返还。当事人约定租赁期限届满租赁物归出租人所有，因租赁物毁损、灭失或者附合、混合于他物致使承租人不能返还的，出租人有权请求承租人给予合理补偿。"

14. 规定了支付象征性价款时租赁物的归属。《民法典》第七百五十九条规定："当事人约定租赁期限届满，承租人仅需向出租人支付象征性价款的，视为约定的租金义务履行完毕后租赁物的所有权归承租人。"

15. 规定了融资租赁合同无效时租赁物的归属。《民法典》第七百六十条规定："融资租赁合同无效，当事人就该情形下租赁物的归属有约定的，按照其约定；没有约定或者约定不明确的，租赁物应当返还出租人。但是，因承租人原因致使合同无效，出租人不请求返还或者返还后会显著降低租赁物效用的，租赁物的所有权归承租人，由承租人给予出租人合理补偿。"

（六）建设工程合同

1. 规定了建设工程施工合同无效时对承包人的补偿问题。《民法典》第七百九十二条规定："建设工程施工合同无效，但是建设工程经验收合格的，可以参照合同关于工程价款的约定折价补偿承包人。建设工程施工合同无效，且建设工程经验收不合格的，按照以下情形处理：（一）修复后的建设工程经验收合格的，发包人可以请求承包人承担修复费用；（二）修复后的建设工程经验收不合格的，承包人无权请求参照合同关于工程价款的约定折价补偿。发包人对因建设工程不合格造成的损失有过错的，应当承担相应的责任。"

2. 规定了建设工程合同的法定解除。《民法典》第八百零六条规定："承包人将建设工程转包、违法分包的，发包人可以解除合同。发包人提供的主要建筑材料、建筑构配件和设备不符合强制性标准或者不履行协助义务，致使承包人无法施工，经催告后在合理期限内仍未履行相应义务的，承包人可以解除合同。合同解除后，已经完成的建设工程质量合格的，发包人应当按照约定支付相应的工程价款；已经完成的建设工程质量不合格的，参照本法第七百九十三条的规定处理。"

（七）技术合同

1. 完善了订立技术合同应当遵循的原则。《民法典》第八百四十四条规定："订立技术合同，应当有利于知识产权的保护和科学技术的进步，促进科学技术成果的研发、转化、应用和推广。"

2. 完善了合作开发合同完成的发明创造专利申请权的归属。《民法典》第八百六十条规定："合作开发完成的发明创造，申请专利的权利属于合作开发的当事人共有；当事人一方转让其共有的专利申请权的，其他各方享有以同等条件优先受让的权利。但是，当事人另有约定的除外。合作开发的当事人一方声明放弃其共有的专利申请权的，除当事人另有约定外，可以由另一方单独申请或者由其他各方共同申请。申请人取得专利权的，放弃专利申请权的一方可以免费实施该专利。合作开发的当事人一方不同意申请专利的，另一方或者其他各方不得申请专利。"

3. 规定了技术转让合同和技术许可合同的定义。《民法典》第八百六十二条规定："技术转让合同是合法拥有技术的权利人，将现有特定的专利、专利申请、技术秘密的相关权利让与他人所订立的合同。技术许可合同是合法拥有技术的权利人，将现有特定的专利、技术秘密的相关权利许可他人实施、使用所订立的合同。技术转让合同和技术许可合同中关于提供实施技术的专用设备、原材料或者提供有关的技术咨询、技术服务的约定，属于合同的组成部分。"

4. 完善了技术转让合同和技术许可合同的种类。《民法典》第八百六十三条第一款、第二款规定："技术转让合同包括专利权转让、专利申请权转让、技术秘密转让等合同。技术许可合同包括专利实施许可、技术秘密使用许可等合同。"

5. 完善了技术秘密让与人和许可人的主要义务。《民法典》第八百六十八条规定："技术秘密转让合同的让与人和技术秘密使用许可合同的许可人应当按照约定提供技术资料，进行技术指导，保证技术的实用性、可靠性，承担保密义务。前款规定的保密义务，不限制许可人申请专利，但是当事人另有约定的除外。"

6. 规定了其他知识产权的转让和许可的法律适用。《民法典》第八百七十六条规定："集成电路布图设计专有权、植物新品种权、计算机软件著作权等其他知识产权的转让和许可，参照适用本节（《民法典》第二十章第三节）的有关规定。"

7. 规定了技术咨询合同和技术服务合同受托人履行合同费用的负担问题。《民法典》第八百八十六条规定："技术咨询合同和技术服务合同对受托人正常开展工作所需费用的负担没有约定或者约定不明确的，由受托人负担。"

（八）保管合同

1. 完善了保管合同的定义。《民法典》第八百八十八条规定："保管合同是保管人保管寄存人交付的保管物，并返还该物的合同。寄存人到保管人处从事购物、就餐、住宿等活动，将物品存放在指定场所的，视为保管，但是当事人另有约定或者另有交易习惯的除外。"

2. 完善了保管费问题。《民法典》第八百八十九条规定："寄存人应当按照约定向保管人支付保管费。当事人对保管费没有约定或者约定不明确，依据本法第五百一十条的规定仍不能确定的，视为无偿保管。"《民法典》第五百一十条规定："合同生效后，当事人就质量、价款或者报酬、履行地点等内容没有约定或者约定不明确的，可以协议补充；不能达成补充协议的，按照合同相关条款或者交易习惯确定。"

（九）仓储合同

规定了仓储合同成立的时间。《民法典》第九百零五条规定："仓储合同自保管人和存货人意思表示一致时成立。"

（十）委托合同

完善了委托合同的解除问题。《民法典》第九百三十三条规定："委托人或者受托人可以随时解除委托合同。因解除合同造成对方损失的，除不可归责于该当事人的事由外，无偿委托合同的解除方应当赔偿因解除时间不当造成的直接损失，有偿委托合同的解除方应当赔偿对方的直接损失和合同履行后可以获得的利益。"

《民法典》的学习，是一项长期系统工程，文物艺术品行业的同仁不仅要学深学透合同编的立法精神、核心要义、基本原则、条文规范，更要在贯彻落实的实践中，自觉运用好平等、自愿、公平、诚信、绿色等基本原则和一系列创新概念、创新制度，才能使《民法典》真正成为文物艺术品行业长远发展的法律保障。

第二部分

新编常用合同文本

一 买卖合同类

文物艺术品修复专用材料采购合同

甲方：＿＿＿＿＿＿＿＿＿＿＿＿＿＿＿＿＿＿＿＿

法定代表人：＿＿＿＿＿＿＿＿＿＿＿＿＿＿＿＿

地址：＿＿＿＿＿＿＿＿＿＿＿＿＿＿＿＿＿＿＿＿

电话：＿＿＿＿＿＿＿＿＿＿＿＿＿＿＿＿＿＿＿＿

乙方：＿＿＿＿＿＿＿＿＿＿＿＿＿＿＿＿＿＿＿＿

法定代表人：＿＿＿＿＿＿＿＿＿＿＿＿＿＿＿＿

地址：＿＿＿＿＿＿＿＿＿＿＿＿＿＿＿＿＿＿＿＿

电话：＿＿＿＿＿＿＿＿＿＿＿＿＿＿＿＿＿＿＿＿

根据《中华人民共和国民法典》《中华人民共和国文物保护法》《中华人民共和国文物保护法实施条例》等相关法律法规的规定，甲乙双方经过友好协商，本着自愿、平等的原则，就甲方向乙方购买修复专用材料有关事宜，订立本合同。

第一条 标的物

1. 名称：＿＿＿＿＿＿＿＿＿＿＿＿＿＿＿＿

2. 数量：＿＿＿＿＿＿＿＿＿＿＿＿＿＿＿＿

第二条 质量标准和要求

第三条　履行期限

____年____月____日至____年____月____日。

第四条　标的物的交付方式

1. 包装方式（需符合下列行业标准）：_____

2. 交货地点和方式：_____

3. 检验标准和方法：_____

第五条　价款支付及发票开具

1. 经双方协商确定，甲方自本合同生效之日起____个工作日内，向乙方支付合同总价款的____%，共计人民币_____元（大写：_____元整）；乙方交货并经甲方审验合格后____个工作日内，甲方向乙方支付合同总价款的____%，共计人民币_____元，（大写：_____元整）。

乙方账号信息如下：

户名：_____

开户行：_____

账号：_____

2. 乙方在甲方支付完毕全部费用后____个工作日内，向甲方开具发票。

甲方发票信息如下：

名称：_____

纳税人识别号：_____

地址、电话：_____

开户行及账号：_____

第六条　质量保证和质保期

1. 卖方承诺并保证，卖方对所有交付前的货品享有完整的所有权，且货品上不存在任何形式的担保物权以及其他任何权利负担，亦未侵犯任何第三方的权利，不存在任何被法律追究的风险。

卖方保证所交付的货品是不存在任何缺陷、瑕疵的合格产品，质量不低于下列第（　）项标准：

（1）强制性国家标准

（2）推荐性国家标准

（3）行业标准

（4）特定标准

2. 标的物的质保期为验收合格后____个月。在质保期内，如发现标的物和本合同约定存在不符情形，买方有权要求卖方更换、修复或者退货。

第七条　甲方权利义务

1. 按照约定支付货款。

2. 如乙方出现严重违约或标的物存在质量问题，导致合同目的无法实现的，甲方经书面通知乙方可提前终止本合同。

3. 有权拒收、退货或要求乙方更换不符合本合同相关质量标准规定的标的物。

4. 应对履行合同过程中获知的乙方的商业秘密、个人信息及其他信息保密。

第八条　乙方权利义务

1. 按照约定交付合格标的物。

2. 甲方未支付到期价款的数额达到全部价款的____%时，有权催告甲方在合理期限内支付到期价款。合理期限过后仍不支付的，乙方可以请求甲方支付全部价款或者解除合同。

3. 甲方不履行支付价款或者其他义务的，标的物的所有权属于乙方。

4. 应对履行合同过程中获知的甲方的商业秘密、个人信息及其他信息保密。

第九条　其他约定

第十条　情势变更和不可抗力

本合同在履行过程中，合同的基础条件发生了当事人在订立合同时无法预见的、不属于商业风险的重大变化，继续履行合同对于当事人一方明显不公平的，受不利影响的一方当事人可以与对方重新协商；在合理期限内协商不成的，双方当事人可以请求人民法院或者仲裁机构变更或者解除合同。

本合同在履行过程中，如发生战争、突发公共卫生事件、自然灾害、政府原因等不能预见、不能避免、不能克服的不可抗力事件，当事人一方因不可抗力不能履行合同的，根据不可抗力的影响，部分或者全部免除责任，但是法律另有规定的除外。因不可抗力不能履行合同的，应当及时通知对方，以减轻可能给对方造成的损失，并应当在合理期限内提供证明。当事人迟延履行后发生不可抗力的，不免除其违约责任。

第十一条　违约责任

1. 甲方逾期付款，应承担逾期付款金额的同期银行贷款利息。如因财政直接支付程序导致付款逾期，甲方不承担违约责任。

2. 乙方不能按时交付标的物，在合同价款中扣除相应金额的基础上，还应向甲方支付不能交付的标的物对应货款的____%的违约金。

3. 任何一方如违反本合同其他约定，则违约方应向守约方支付违约金，违约金的金额为人民币_____元（大写：_____元整）。因一方违约给另一方造成经济损失的，违约方还应赔偿对方遭受的损失。

第十二条　争议解决

在本合同履行过程中，如发生争议，双方选择下列第____项方式解决：

1. 双方同意将争议提交至____方所在地有管辖权的人民法院解决。

2. 其他方式解决（包括协商、人民调解、仲裁等合同争议的解决方式）。

第十三条　未尽事宜

本合同如有其他未尽事宜，双方另行协商并签订补充协议，补充协议与本协议具有同等法律效力，补充协议与本协议不一致的内容，以补充协议为准。

第十四条　本合同自甲乙双方签字盖章之日起生效，至双方履行完毕合同项下全部权利义务后终止。

第十五条　本合同一式 _____ 份，甲方执有 _____ 份，乙方执有 _____ 份，各份具有同等法律效力。

——————本行以下无正文——————

甲方：____（盖章）____　　　乙方：____（盖章）____

法定代表人或　　　　　　　　　法定代表人或

授权委托人：____（签名）____　授权委托人：____（签名）____

____年____月____日　　　　　　____年____月____日

文物艺术品三维数字化采购合同

甲方：＿＿＿＿＿＿＿＿＿＿＿＿＿＿＿＿＿＿＿

法定代表人：＿＿＿＿＿＿＿＿＿＿＿＿＿＿＿＿＿

地址：＿＿＿＿＿＿＿＿＿＿＿＿＿＿＿＿＿＿＿＿

电话：＿＿＿＿＿＿＿＿＿＿＿＿＿＿＿＿＿＿＿＿

乙方：＿＿＿＿＿＿＿＿＿＿＿＿＿＿＿＿＿＿＿

法定代表人：＿＿＿＿＿＿＿＿＿＿＿＿＿＿＿＿＿

地址：＿＿＿＿＿＿＿＿＿＿＿＿＿＿＿＿＿＿＿＿

电话：＿＿＿＿＿＿＿＿＿＿＿＿＿＿＿＿＿＿＿＿

根据《中华人民共和国民法典》等相关法律规定，甲乙双方经过友好协商，本着自愿、平等的原则，就甲方向乙方采购三维数字化服务有关事宜，订立本合同。

第一条　标的物名称

＿＿＿＿＿＿＿＿＿＿＿＿＿＿＿＿＿＿＿＿＿＿＿

第二条　服务质量、数量及规格（见附件）

第三条　验收

经双方共同及有关部门验收，达不到质量或规格要求的，甲方可以拒收，并可以解除合同。

第四条　价款支付及发票开具

1. 合同总金额：人民币＿＿＿＿＿＿元（大写：＿＿＿＿＿＿

元整）。

2. 合同签订后，乙方须在____个工作日内向甲方交付合同总金额的____%作为履约保证金，即人民币_____元（大写：_____元整）；甲方收到履约保证金后____个工作日内向乙方支付合同总金额的____%，即人民币_____元（大写：_____元整）；项目完成且验收合格后甲方须在____个工作日内向乙方支付合同总金额的____%，即人民币_____元（大写：_____元整）。项目完成满____年无任何质量问题后，甲方无息退还履约保证金。

乙方账号信息如下：

户名：_____

开户行：_____

账号：_____

3. 乙方在甲方每次支付完毕上述相应费用后____个工作日内，向甲方开具合法有效的正规发票。

甲方发票信息如下：

名称：_____

纳税人识别号：_____

地址、电话：_____

开户行及账号：_____

第五条　知识产权归属

项目交付数据的知识产权归甲方享有，乙方应保证甲方所使用的服务成果免受第三方提出的侵犯其知识产权的诉讼。

第六条　其他约定

第七条 情势变更和不可抗力

本合同在履行过程中，合同的基础条件发生了当事人在订立合同时无法预见的、不属于商业风险的重大变化，继续履行合同对于当事人一方明显不公平的，受不利影响的一方当事人可以与对方重新协商；在合理期限内协商不成的，双方当事人可以请求人民法院或者仲裁机构变更或者解除合同。

本合同在履行过程中，如发生战争、突发公共卫生事件、自然灾害、政府原因等不能预见、不能避免、不能克服的不可抗力事件，当事人一方因不可抗力不能履行合同的，根据不可抗力的影响，部分或者全部免除责任，但是法律另有规定的除外。因不可抗力不能履行合同的，应当及时通知对方，以减轻可能给对方造成的损失，并应当在合理期限内提供证明。当事人迟延履行后发生不可抗力的，不免除其违约责任。

第八条 违约责任

任何一方如违反本合同约定，则违约方应向守约方支付违约金，违约金的金额为人民币_____元（大写：_____元整）。因一方违约给另一方造成经济损失的，违约方还应赔偿对方遭受的损失。

第九条 争议解决

在本合同履行过程中，如发生争议，双方选择下列第____项方式解决：

1. 双方同意将争议提交至____方所在地有管辖权的人民法院解决。

2. 其他方式解决（包括协商、人民调解、仲裁等合同争议的解决方式）。

第十条　未尽事宜

本合同如有其他未尽事宜，双方另行协商并签订补充协议，补充协议与本协议具有同等法律效力，补充协议与本协议不一致的内容，以补充协议为准。

第十一条　本合同自甲乙双方签字盖章之日起生效，至双方履行完毕合同项下全部权利义务后终止。

第十二条　本合同一式＿＿＿＿份，甲方执有＿＿＿＿份，乙方执有＿＿＿＿份，各份具有同等法律效力。

————————本行以下无正文————————

甲方：＿＿（盖章）＿＿　　　　乙方：＿＿（盖章）＿＿
法定代表人或　　　　　　　　　法定代表人或
授权委托人：＿（签名）＿　　　授权委托人：＿（签名）＿
＿＿年＿＿月＿＿日　　　　　　＿＿年＿＿月＿＿日

附件

二　赠与合同类

文物艺术品捐赠合同

甲方：_____

（个人）：_____身份证号码或护照号码_____

_____

法定代表人：_____

地址：_____

电话：_____

乙方：_____

法定代表人：_____

地址：_____

电话：_____

　　根据《中华人民共和国民法典》《中华人民共和国文物保护法》《中华人民共和国文物保护法实施条例》《中华人民共和国公益事业捐赠法》等有关法律法规的规定，甲乙双方经过友好协商，本着自愿、平等的原则，就甲方向乙方捐赠文物（艺术品）的有关事宜，订立本合同。

　　第一条　捐赠标的

　　捐赠物名称：_____（以下简称捐赠物）。

第二条　捐赠方式

甲方于＿＿＿年＿＿＿月＿＿＿日前将捐赠物交付乙方，捐赠物交付后，双方授权代表将对捐赠物进行点交，确认捐赠物的名称、质地、尺寸、重量、残损等情况，对捐赠物现状拍照确认，并填写详细的点交记录，由双方授权代表和有关人员在点交记录上签字确认。

第三条　甲方权利义务

1. 本合同生效后，捐赠物为文物，所有权转移至乙方；捐赠物为美术作品，甲方仍享有《中华人民共和国著作权法》规定的相关权利。

2. 有权查询捐赠物的使用、管理情况，并提出意见和建议。

3. 对捐赠物享有全部、合法的所有权。

4. 本合同签订后，不得撤销捐赠。

5. 应对获知的乙方个人信息保密。

第四条　乙方权利义务

1. 按照《中华人民共和国文物保护法》《中华人民共和国文物保护法实施条例》《博物馆条例》和《博物馆管理办法》等法律法规规章规定的工作程序对捐赠物进行鉴定、定级和入藏，并向甲方通报相关情况。

2. 本合同生效后，捐赠物为文物，乙方享有占有、使用、收益权；捐赠物为美术作品，乙方享有《中华人民共和国著作权法》规定的相关权利。

3. 点交后，开始对捐赠物承担保管责任。

4. 将捐赠物作为本单位藏品，用于展览、研究、文化交流等符合法律法规规章规定的各种用途。

5. 不得将捐赠物有偿或无偿转让给任何第三方。

6. 接受甲方对捐赠物的使用、管理情况的监督，及时并如实答复甲方提出的意见建议。

7. 应对获知的甲方个人信息保密。

第五条　其他约定

1. 双方约定对本合同进行公证，公证费由＿＿方承担。

2. ＿＿＿＿＿＿＿＿＿＿＿＿＿＿＿＿＿＿＿＿＿＿

3. ＿＿＿＿＿＿＿＿＿＿＿＿＿＿＿＿＿＿＿＿＿＿

第六条　情势变更和不可抗力

本合同在履行过程中，合同的基础条件发生了当事人在订立合同时无法预见的、不属于商业风险的重大变化，继续履行合同对于当事人一方明显不公平的，受不利影响的一方当事人可以与对方重新协商；在合理期限内协商不成的，双方当事人可以请求人民法院或者仲裁机构变更或者解除合同。

本合同在履行过程中，如发生战争、突发公共卫生事件、自然灾害、政府原因等不能预见、不能避免、不能克服的不可抗力事件，当事人一方因不可抗力不能履行合同的，根据不可抗力的影响，部分或者全部免除责任，但是法律另有规定的除外。因不可抗力不能履行合同的，应当及时通知对方，以减轻可能给对方造成的损失，并应当在合理期限内提供证明。当事人迟延履行后发生不可抗力的，不免除其违约责任。

第七条　违约责任

甲乙双方在履行本合同过程中，违反上述约定，给对方造成损失，应承担违约责任，并赔偿损失。

第八条　争议解决

在本合同履行过程中，如发生争议，双方选择下列第＿＿

项方式解决：

1. 双方同意将争议提交至＿＿方所在地有管辖权的人民法院解决。

2. 其他方式解决（包括协商、人民调解、仲裁等合同争议的解决方式）。

第九条　未尽事宜

本合同如有其他未尽事宜，双方另行协商并签订补充协议，补充协议与本协议具有同等法律效力，补充协议与本协议不一致的内容，以补充协议为准。

第十条　本合同自甲乙双方签字盖章之日起生效，至双方履行完毕合同项下全部权利义务后终止。

第十一条　本合同一式＿＿＿＿＿份，甲方执有＿＿＿＿＿份，乙方执有＿＿＿＿＿份，各份具有同等法律效力。

————本行以下无正文————

甲方：（盖章或签名并按指印）　乙方：＿＿＿＿（盖章）

法定代表人或　　　　　　　　法定代表人或

授权委托人：＿＿（签名）＿＿　授权委托人：＿＿（签名）＿＿

＿＿年＿＿月＿＿日　　　　　＿＿年＿＿月＿＿日

三 租赁合同类

文物艺术品展览展示所需设备租赁合同

甲方：_____

法定代表人：_____

地址：_____

电话：_____

乙方：_____

法定代表人：_____

地址：_____

电话：_____

根据《中华人民共和国民法典》等相关法律的规定，甲乙双方经友好协商，本着自愿、平等、互利的原则，就甲方租赁乙方设备的相关事宜，订立本合同。

第一条　租赁物

甲方向乙方租赁的设备：

1. 名称：_____

2. 生产厂商：_____

3. 型号规格：_____

4. 数量：_____

第二条　租赁期限

____年____月____日至____年____月____日。

第三条　租金的支付及发票开具

1. 支付方式

租赁期限届满后 ____ 个工作日内，甲方向乙方支付全部租金。

乙方账号信息如下：

户名：_____

开户行：_____

账号：_____

2. 发票开具

甲方支付租金后 ____ 个工作日内，乙方应出具相应金额的合法有效的正规发票。

甲方发票信息如下：

名称：_____

纳税人识别号：_____

地址、电话：_____

开户行及账号：_____

第四条　甲方权利义务

1. 甲方有权按照本合同约定占有、使用租赁物并获取相应收益。

2. 如租赁物不符合约定要求或者出现故障，甲方有权要求乙方在约定的时间内提供符合约定的租赁物或者完成维修，否则甲方有权解除合同。

3. 甲方设备管理人员应积极配合乙方做好租赁物安装拆卸及日常维护等工作。

4. 出现下列情形，甲方有权解除合同：（1）租赁物被司法机关或者行政机关依法查封、扣押；（2）租赁物权属有争议；（3）租赁物具有违反法律、行政法规关于使用条件的强制性规定情形。

5. 应对履行合同过程中获知的乙方的商业秘密、个人信息及其他信息保密。

第五条　乙方权利义务

1. 提供租赁物的有效证件，保证对租赁物享有所有权并将加盖乙方公章的租赁物有效证件复印件交甲方存档。

2. 按照约定的时间将租赁物运达甲方指定的地点并安装调试至正常状态。

3. 承担租赁物的维修、保养、零配件及修理费用。

4. 接到甲方报修电话后，应在＿＿＿小时内派人到现场维修。但因甲方的过错致使租赁物需要维修的，乙方不承担维修义务和相关费用。

5. 承担因管理及自身预防措施不力导致的安全质量、环境污染、火灾等事故责任。

6. 应对履行合同过程中获知的甲方的商业秘密、个人信息及其他信息保密。

第六条　其他约定

_____

第七条　情势变更和不可抗力

本合同在履行过程中，合同的基础条件发生了当事人在订立合同时无法预见的、不属于商业风险的重大变化，继续履行合同对于当事人一方明显不公平的，受不利影响的一方当事人可以与对方重新协商；在合理期限内协商不成的，双方当事人可以请求人民法院或者仲裁机构变更或者解除合同。

本合同在履行过程中，如发生战争、突发公共卫生事件、自然灾害、政府原因等不能预见、不能避免、不能克服的不可抗力事件，当事人一方因不可抗力不能履行合同的，根据不可抗力的影响，部分或者全部免除责任，但是法律另有规定的除外。因不可抗力不能履行合同的，应当及时通知对方，以减轻可能给对方造成的损失，并应当在合理期限内提供证明。当事人迟延履行后发生不可抗力的，不免除其违约责任。

第八条　违约责任

任何一方如违反本合同约定，则违约方应向守约方支付违约金，违约金的金额为人民币_____元（大写：_____元整）。因一方违约给另一方造成经济损失的，违约方还应赔偿对方遭受的损失。

第九条　争议解决

在本合同履行过程中，如发生争议，双方选择下列第____项方式解决：

1. 双方同意将争议提交至____方所在地有管辖权的人民法院解决。

2. 其他方式解决（包括协商、人民调解、仲裁等合同争议的解决方式）。

第十条　未尽事宜

本合同如有其他未尽事宜，双方另行协商并签订补充协议，补充协议与本协议具有同等法律效力，补充协议与本协议不一致的内容，以补充协议为准。

第十一条　本合同自甲乙双方签字盖章之日起生效，至双方履行完毕合同项下全部权利义务后终止。

第十二条　本合同一式_____份，甲方执有_____份，乙方执有_____份，各份具有同等法律效力。

————————本行以下无正文————————

甲方：＿＿＿（盖章）＿＿　　　乙方：＿＿＿（盖章）＿＿
法定代表人或　　　　　　　　　法定代表人或
授权委托人：＿＿（签名）＿＿　授权委托人：＿＿（签名）＿＿
＿＿年＿＿月＿＿日　　　　　　＿＿年＿＿月＿＿日

租赁场地举办文物艺术品相关文化活动合同

甲方：＿＿＿＿＿＿＿＿＿＿＿＿＿＿＿＿＿

法定代表人：＿＿＿＿＿＿＿＿＿＿＿＿＿＿

地址：＿＿＿＿＿＿＿＿＿＿＿＿＿＿＿＿＿＿

电话：＿＿＿＿＿＿＿＿＿＿＿＿＿＿＿＿＿＿

乙方：＿＿＿＿＿＿＿＿＿＿＿＿＿＿＿＿＿

法定代表人：＿＿＿＿＿＿＿＿＿＿＿＿＿＿

地址：＿＿＿＿＿＿＿＿＿＿＿＿＿＿＿＿＿＿

电话：＿＿＿＿＿＿＿＿＿＿＿＿＿＿＿＿＿＿

根据《中华人民共和国民法典》《中华人民共和国文物保护法》《艺术品经营管理办法》等有关法律法规的规定，甲乙双方经过友好协商，本着自愿、平等的原则，就乙方租用甲方场地举办文化活动相关事宜，订立本合同。

第一条　文化活动的名称及类型

甲方同意乙方在＿＿＿＿＿＿＿区域内举办＿＿＿＿＿＿＿活动。该文化活动的类型为（在括号中划"√"）：（　）展览会、（　）拍卖会、（　）发布会、（　）研讨会、（　）座谈会、（　）开闭幕式、（　）庆典、（　）其他。

第二条　文化活动的时间及地点

1. 活动时间

（1）进场时间：＿＿＿年＿＿＿月＿＿＿日＿＿＿时至＿＿＿年＿＿＿月＿＿＿日＿＿＿时。

（2）正式活动：＿＿＿年＿＿＿月＿＿＿日＿＿＿时至＿＿＿年＿＿＿月＿＿＿日＿＿＿时。

（3）撤场时间：＿＿＿年＿＿＿月＿＿＿日＿＿＿时＿＿＿分至＿＿＿年＿＿＿月＿＿＿日＿＿＿时＿＿＿分。

2. 活动地点：＿＿＿＿＿＿＿＿＿＿＿＿＿＿＿＿＿＿＿＿＿

第三条　价款支付及发票开具

1. 在签订本合同后＿＿＿个工作日内，乙方向甲方支付人民币＿＿＿＿＿＿＿＿＿元（大写：＿＿＿＿＿＿＿＿＿元整）。

甲方账号信息如下：

户名：＿＿＿＿＿＿＿＿＿＿＿＿＿＿＿＿＿＿＿＿

开户行：＿＿＿＿＿＿＿＿＿＿＿＿＿＿＿＿＿＿＿

账号：＿＿＿＿＿＿＿＿＿＿＿＿＿＿＿＿＿＿＿＿

2. 甲方在收到全部费用后，向乙方开具合法有效的正规发票。

乙方发票信息如下：

名称：＿＿＿＿＿＿＿＿＿＿＿＿＿＿＿＿＿＿＿＿

纳税人识别号：＿＿＿＿＿＿＿＿＿＿＿＿＿＿＿

地址、电话：＿＿＿＿＿＿＿＿＿＿＿＿＿＿＿＿

开户行及账号：＿＿＿＿＿＿＿＿＿＿＿＿＿＿＿

第四条　保证金

甲乙双方在本合同生效后＿＿＿日内，乙方向甲方支付履约保证金，即人民币＿＿＿＿＿＿＿＿＿元（大写：＿＿＿＿＿＿＿＿＿元整）。履约保证金在合同履行完毕且双方无异议后＿＿＿个工作日内退还乙方。

第五条　甲方权利义务

1. 负责审核乙方的资质和活动方案，在审核过程中如发现不符合甲方要求的内容，应及时通知乙方。

2. 应尽安全保障义务。

3. 应对获知的乙方的商业秘密、个人信息及其他信息保密。

4. 配合乙方在活动结束后及时清理场地。

第六条　乙方权利义务

1. 在签订合同前，向甲方提交合法的资质和完整的书面活动方案。

2. 负责做好乙方参加活动人员在活动期间的有关文物、艺术品、古建筑安全和消防安全以及人身安全的教育、培训。

3. 严格遵守甲方的各项规章制度。

4. 依约向甲方索要发票和保证金。

5. 应对获知的甲方的商业秘密、个人信息及其他信息保密。

第七条　其他约定

第八条　情势变更和不可抗力

本合同在履行过程中，合同的基础条件发生了当事人在订立合同时无法预见的、不属于商业风险的重大变化，继续履行合同对于当事人一方明显不公平的，受不利影响的一方当事人可以与对方重新协商；在合理期限内协商不成的，双方当事人可以请求人民法院或者仲裁机构变更或者解除合同。

本合同在履行过程中，如发生战争、突发公共卫生事件、自然灾害、政府原因等不能预见、不能避免、不能克服的不可抗力事件，当事人一方因不可抗力不能履行合同的，根据不可抗力的影响，部分或者全部免除责任，但是法律另有规定的除外。因不可抗力不能履行合同的，应当及时通知对方，以减轻可能给对方造成的损失，并应当在合理期限内提供证明。当事人迟延履行后发生不可抗力的，不免除其违约责任。

第九条　违约责任

1. 如甲方无正当理由拒不依约提供活动场地，乙方有权要求甲方退还已支付的费用，并追究甲方的违约责任。

2. 乙方人员如违反甲方有关规定，应支付违约金人民币_____元（大写：_____元整）。如给甲方造成其他损失，则乙方应承担赔偿责任。

第十条　争议解决

在本合同履行过程中，如发生争议，双方选择下列第____项方式解决：

1. 双方同意将争议提交至____方所在地有管辖权的人民法院解决。

2. 其他方式解决（包括协商、人民调解、仲裁等合同争议的解决方式）。

第十一条　未尽事宜

本合同如有其他未尽事宜，双方另行协商并签订补充协议，补充协议与本协议具有同等法律效力，补充协议与本协议不一致的内容，以补充协议为准。

第十二条　本合同自甲乙双方签字盖章之日起生效，至双方履行完毕合同项下全部权利义务后终止。

第十三条　本合同一式_____份，甲方执有_____份，乙方执有_____份，各份具有同等法律效力。

——————本行以下无正文——————

甲方：_____（公章）_____　　　乙方：_____（公章）_____

法定代表人或　　　　　　　　　　法定代表人或

授权委托人：_____（签名）_____　授权委托人：_____（签名）_____

___年___月___日　　　　　　　___年___月___日

文物艺术品借展合同

甲方：_____

法定代表人：_____

地址：_____

电话：_____

乙方：_____

法定代表人：_____

地址：_____

电话：_____

根据《中华人民共和国民法典》《中华人民共和国文物保护法》《中华人民共和国文物保护法实施条例》《艺术品经营管理办法》《博物馆条例》《博物馆管理办法》等有关法律法规规章的规定，甲乙双方经过友好协商，本着自愿、平等的原则，就乙方向甲方借用文物、艺术品的有关事宜，订立本合同。

第一条　借用文物艺术品的用途和期限

乙方借用甲方文物艺术品的用途为举办_____展览。

借用文物艺术品的期限为___年___月___日至___年___月___日。

第二条　借用文物艺术品的名称和数量

乙方向甲方借用的文物艺术品共计___件，文物艺术品的具体名称、数量、等级、质地、残损评估情况等以本合同附件《文物艺术品清单》为准。

第三条　文物艺术品点交的时间和方式

甲方于＿＿年＿＿月＿＿日前将全部文物艺术品运抵乙方，于＿＿年＿＿月＿＿日前将全部文物艺术品运回甲方。展品抵达乙方后和准备运回甲方前，双方授权代表进行点交，点交过程中点交人员需对文物艺术品的名称、数量、残损情况等与本合同附件《文物艺术品清单》进行核对并拍照确认，填写点交记录，签字确认。

第四条　保证金

乙方应在本合同生效之日起＿＿＿日内向甲方交纳保证金人民币＿＿＿＿＿＿元（大写：＿＿＿＿＿元整）。在本合同全部履行完毕后＿＿＿个工作日内，甲方根据乙方履约情况全部或＿＿＿％，即人民币＿＿＿＿＿＿元（大写：＿＿＿＿＿元整）退还乙方。

第五条　价款支付及发票开具

1. 经双方协商确定，乙方一次性向甲方支付人民币＿＿＿＿＿元（大写：＿＿＿＿＿元整）作为借用文物艺术品的费用，自本合同生效之日起＿＿＿个工作日内向甲方支付。

甲方账号信息如下：

户　名：＿＿＿＿＿＿＿＿＿＿＿＿＿＿＿＿

开户行：＿＿＿＿＿＿＿＿＿＿＿＿＿＿＿＿

账　号：＿＿＿＿＿＿＿＿＿＿＿＿＿＿＿＿

2. 甲方在乙方支付完毕费用后＿＿＿个工作日内，向乙方开具合法有效的正规发票。

乙方发票信息如下：

名称：_____

纳税人识别号：_____

地址、电话：_____

开户行及账号：_____

第六条　甲方权利义务

1. 借用期内仍享有对文物艺术品的所有权和管理权。

2. 有权对乙方借用文物艺术品的保管、安全工作进行监督检查，并对不当之处提出意见和建议。

3. 负责文物艺术品的包装与运输工作。

4. 应对履行合同过程中获知的乙方的商业秘密、个人信息及其他信息保密。

第七条　乙方权利义务

1. 为所借用的文物艺术品购买商业保险。

2. 提供符合文物艺术品展览条件的场所。

3. 自文物艺术品点交结束之时起至交还甲方点交结束之时止，对文物承担安全和保管责任。

4. 在展览陈列中应注明甲方藏品字样。

5. 应对履行合同过程中获知的甲方的商业秘密、个人信息及其他信息保密。

第八条　知识产权归属

双方约定，展览图录、相关宣传品、新闻宣传方案、随展文创产品等，选择下列第____项，确定知识产权归属：

1. 双方共同共有。

2. ____方享有。

第九条　其他约定

1. 紧急情况处理。借用期限内，如出现紧急情况，乙方应立即采取必要措施抢救保护文物艺术品，并对现场情况进行拍摄，留存证据。同时及时通知甲方，提交相关报告，甲方应根据文物艺术品受损情况依法向有关部门报告。

2.　_____

3.　_____

第十条　情势变更和不可抗力

本合同在履行过程中，合同的基础条件发生了当事人在订立合同时无法预见的、不属于商业风险的重大变化，继续履行合同对于当事人一方明显不公平的，受不利影响的一方当事人可以与对方重新协商；在合理期限内协商不成的，双方当事人可以请求人民法院或者仲裁机构变更或者解除合同。

本合同在履行过程中，如发生战争、突发公共卫生事件、自然灾害、政府原因等不能预见、不能避免、不能克服的不可抗力事件，当事人一方因不可抗力不能履行合同的，根据不可抗力的影响，部分或者全部免除责任，但是法律另有规定的除外。因不可抗力不能履行合同的，应当及时通知对方，以减轻可能给对方造成的损失，并应当在合理期限内提供证明。当事人迟延履行后发生不可抗力的，不免除其违约责任。

第十一条　违约责任

任何一方如违反本合同约定，则违约方应向守约方支付违约金，违约金的金额为人民币 _____ 元（大写：_____ 元整）。因一方违约给另一方造成经济损失的，违约方还应赔偿对方遭受的损失。

第十二条　争议解决

在本合同履行过程中，如发生争议，双方选择下列第___项方式解决：

1. 双方同意将争议提交至____方所在地有管辖权的人民法院解决。

2. 其他方式解决（包括协商、人民调解、仲裁等合同争议的解决方式）。

第十三条　未尽事宜

本合同如有其他未尽事宜，双方另行协商并签订补充协议，补充协议与本协议具有同等法律效力，补充协议与本协议不一致的内容，以补充协议为准。

第十四条　本合同自甲乙双方签字盖章之日起生效，至双方履行完毕合同项下全部权利义务后终止。

第十五条　本合同一式_____份，甲方执有_____份，乙方执有_____份，各份具有同等法律效力。

——————本行以下无正文——————

甲方：____（盖章）　　　　乙方：____（盖章）
法定代表人或　　　　　　　法定代表人或
授权委托人：____（签名）　授权委托人：____（签名）
____年___月___日　　　　____年___月___日

附件

《文物艺术品清单》

四 技术合同类

文物艺术品保护技术开发合同

甲方：_____

法定代表人：_____

地址：_____

电话：_____

乙方：_____

法定代表人：_____

地址：_____

电话：_____

根据《中华人民共和国民法典》的规定，甲乙双方经过友好协商，本着自愿、平等、互利的原则，就_____研究开发项目有关事宜，订立本合同。

第一条 工作内容

乙方应该在本合同中承担如下工作：

1. 开发内容：_____

2. 工作进度：_____

3. 开发期限：_____

4. 开发地点：_____

第二条　技术目标

_____

第三条　项目管理

为确保本合同的全面履行，双方采取以下方式对研究开发工作进行组织管理：定期（____个月）开会（含视频会），或者随时保持通讯联系。

甲方指定_____为甲方项目联系人，乙方指定_____为乙方项目联系人。项目联系人承担项目研发过程中的日常联络工作。任何一方变更项目联系人，应当及时以书面形式通知另一方。

第四条　价款支付及发票开具

1. 本合同总价款为人民币_____元（大写：_____元整）。

2. 本合同签订后____个工作日内，甲方应向乙方支付合同总价款的____%，即_____元（大写：_____元整）；甲方在乙方进行中期答辩合格后____个工作日内，向乙方支付合同总价款的____%（大写：_____元整）；乙方向甲方提交项目最终成果，经甲方验收合格后____个工作日内，甲方应向乙方支付合同总价款的____%的合同余款，即_____元（大写：_____元整）。

乙方账号信息如下：

户名：_____

开户行：_____

账号：_____

3. 乙方在甲方每次支付完毕上述相应费用后____个工作日

内，向甲方开具合法有效的正规发票。

甲方发票信息如下：

名称：＿＿＿＿＿＿＿＿＿＿＿＿＿

纳税人识别号：＿＿＿＿＿＿＿＿＿＿＿

地址、电话：＿＿＿＿＿＿＿＿＿＿＿

开户行及账号：＿＿＿＿＿＿＿＿＿＿

第五条　成果交付

1. 开发成果交付的形式及数量：

（1）＿＿＿＿＿＿＿＿＿＿＿＿＿＿

（2）＿＿＿＿＿＿＿＿＿＿＿＿＿＿

（3）＿＿＿＿＿＿＿＿＿＿＿＿＿＿

2. 开发成果交付的时间及地点：＿＿＿＿＿＿＿＿

第六条　成果评审验收

甲方通过＿＿＿＿＿＿的方式在乙方提交阶段性成果后＿＿个工作日内进行评审，通过＿＿＿＿＿＿方式在乙方提交最终完成的研究开发工作成果后＿＿个工作日内进行验收。

第七条　知识产权归属

双方约定按照下列第＿＿项方式，确定知识产权归属：

1. 乙方履行本合同项目过程中收集的原始资料和照片、完成的阶段性和最终成果的知识产权归甲方所有。未经甲方书面同意，乙方不得复制、泄露、擅自修改、使用、传送或向第三人转让或用于本合同外的项目。

2. 双方共同共有本合同项目实施过程中收集的原始资料和照片、完成的阶段性和最终成果的知识产权。未经一方书面同意，另一方不得复制、泄露、擅自修改、使用、传送或向第三人转让或用于本合同外的项目。

第八条　保密条款

甲方应对因本合同获知的乙方有关人员的个人信息及其他信息保密，乙方应对因本合同所涉项目获知的所有技术秘密、商业秘密、个人信息及其他信息永久保密。

第九条　其他约定

第十条　情势变更和不可抗力

本合同在履行过程中，合同的基础条件发生了当事人在订立合同时无法预见的、不属于商业风险的重大变化，继续履行合同对于当事人一方明显不公平的，受不利影响的一方当事人可以与对方重新协商；在合理期限内协商不成的，双方当事人可以请求人民法院或者仲裁机构变更或者解除合同。

本合同在履行过程中，如发生战争、突发公共卫生事件、自然灾害、政府原因等不能预见、不能避免、不能克服的不可抗力事件，当事人一方因不可抗力不能履行合同的，根据不可抗力的影响，部分或者全部免除责任，但是法律另有规定的除外。因不可抗力不能履行合同的，应当及时通知对方，以减轻可能给对方造成的损失，并应当在合理期限内提供证明。当事人迟延履行后发生不可抗力的，不免除其违约责任。

第十一条　违约责任

1. 甲方

（1）本合同生效后，若甲方单方终止合同，甲方应对乙方已经提供的服务进行结算，但因乙方违约等原因甲方终止合同的除外。

（2）甲方应按约定时间支付相应款项，若无故延迟，每日应向乙方支付应付款项____‰的违约金，违约金总额不超过合同总金额的____%。

2. 乙方

（1）本合同生效后，若乙方无故终止合同，乙方应返还甲方已经支付的全部费用，并向甲方支付合同总价____%的违约金，同时赔偿甲方遭受的损失。

（2）乙方提供的技术服务及成果质量不合格，应立即采取补救措施重作或修改完善；经过____次以上重作、修改完善仍达不到合同约定标准的，甲方有权单方解除合同，乙方应返还甲方已经支付的全部费用，并向甲方支付合同总额____%的违约金，同时赔偿甲方遭受的损失。

（3）乙方未按合同约定日期完成项目工作，每超过一日，应按合同总价款的____‰支付违约金，违约金总额不超过合同总金额的____%；逾期超过____日的，甲方有权单方解除合同，乙方应返还甲方已经支付的全部费用，并支付合同总价的____%的违约金，同时赔偿甲方遭受的损失。

（4）未经甲方书面许可同意，乙方以包括但不限于复制、泄露、擅自修改、传送或向第三人转让等方式侵害甲方知识产权的，乙方除应承担相关法律责任外，还应向甲方支付不少于合同价款数额的____‰的违约金。

（5）乙方违反保密条款，应赔偿甲方因此遭受的全部损失（包括可期待利益和精神损失），同时应按本合同总价款的____%向乙方承担违约责任。

第十二条　争议解决

在本合同履行过程中，如发生争议，双方选择下列第____项方式解决：

1. 双方同意将争议提交至____方所在地有管辖权的人民法院解决。

2. 其他方式解决（包括协商、人民调解、仲裁等合同争议的解决方式）。

第十三条　未尽事宜

本合同如有其他未尽事宜，双方另行协商并签订补充协议，补充协议与本协议具有同等法律效力，补充协议与本协议不一致的内容，以补充协议为准。

第十四条　本合同自甲乙双方签字盖章之日起生效，至双方履行完毕合同项下全部权利义务后终止。

第十五条　本合同一式_____份，甲方执有_____份，乙方执有_____份，各份具有同等法律效力。

—————本行以下无正文—————

甲方：____（盖章）　　　乙方：____（盖章）

法定代表人或　　　　　　法定代表人或

授权委托人：____（签名）　授权委托人：____（签名）

____年___月___日　　　___年___月___日

高仿真复制画设计研发合同

甲方：_____

法定代表人：_____

地址：_____

电话：_____

乙方：_____

法定代表人：_____

地址：_____

电话：_____

根据《中华人民共和国民法典》《艺术品经营管理办法》等有关法律法规规章的规定，甲乙双方经过友好协商，本着自愿、平等、互利的原则，就甲方委托乙方开展_____高仿真复制画设计研发项目（以下简称项目）的相关事宜，订立本合同。

第一条 项目内容

1. 产品名称：_____（以下简称高仿真复制画）

2. 产品详情

装裱形式	
画芯尺寸	
成品尺寸	

画芯材质	
卷轴材质	
数量	
制作方式	
书画装裱形式	
包装形式	

3. 产品技术应用：＿＿＿＿＿＿＿＿＿＿＿＿＿＿＿＿

第二条　价款支付及发票开具

1. 合同总额：人民币＿＿＿＿＿＿＿元（大写：＿＿＿＿＿＿元整）。

2. 付款方式

甲方需在合同签订时预付合同总价的＿＿％，即人民币＿＿＿＿＿＿元（大写：＿＿＿＿＿＿元整）。乙方将设计制作成品交付甲方验收合格后，甲方需付合同余款，即人民币＿＿＿＿＿＿元（大写：＿＿＿＿＿＿元整）。

乙方账号信息如下：

户名：＿＿＿＿＿＿＿＿＿＿＿＿＿＿＿＿

开户行：＿＿＿＿＿＿＿＿＿＿＿＿＿＿＿

账　号：＿＿＿＿＿＿＿＿＿＿＿＿＿＿＿＿

3. 发票开具

乙方在甲方支付费用后＿＿个工作日内，向甲方开具合法有效的正规发票。

甲方发票信息如下：

名称：＿＿＿＿＿＿＿＿＿＿＿＿＿＿＿

纳税人识别号：＿＿＿＿＿＿＿＿＿＿＿

地址、电话：_____

开户行及账号：_____

第三条　成果交付

1. 交付方式：_____

2. 运输方式：_____

3. 运输费用：_____

第四条　验收

1. 高仿真复制画到达甲方后，甲方对高仿真复制画名称、编号、批次、数量（箱数或本数）、外观、质量等进行确认，确认无误后，在《送货签收单》上签字确认签收；签收后，如发现高仿真复制画存在质量问题，应在签收后____日内向乙方书面提出异议，否则，视为甲方完全接受乙方交付的高仿真复制画。书面异议经乙方调查属实的，作相应弥补，并承担因此增加的相关费用。

2. 质量验收标准：高仿真复制画质量以甲方确认的小样为准；无小样的，甲、乙双方可另行约定，不能达成一致意见的，按照国家关于书刊抽查检验的标准执行。

第五条　保证

1. 本合同所列项目，被视为甲方之正确指示，甲方其他指示未按本合同规定办理的，对乙方没有约束力。

2. 甲方保证对委印的高仿真复制画作品或商标，享有出版权、或专用权、或使用权，因作品著作权、商标专用权或使用权引起的法律责任，由甲方承担，与乙方无涉。

3. 按照国家有关法律、法规的规定，若甲方委印的高仿真复制画需要经过批准方可付印的，在签字付印之前，甲方必须向乙方出具批准文件，未能及时出具的，乙方有权暂停印刷，直至甲方提供齐全的批准文件。因此影响交货期的，原定交货时间相应顺延。

第六条　逾期提货仓储费及处理

自合同约定发货日或乙方通知甲方提货之日起，乙方为甲方提供____日的免费仓储服务。免费存放期满后，乙方有权每天收取存放高仿真复制画合同价值____‰的仓储费。高仿真复制画仓储期间发生的毁损灭失等一切风险由甲方自行承担。此外，免费存放期满____日后，乙方有权自行处分仓储物，所得收益归乙方所有。

第七条　双方权利义务

1. 合同履行完毕后，甲方需在____个工作日内取回原稿，乙方负责保存电脑资料_____，保存菲林_____，逾期乙方不承担保管责任。双方另有约定的除外。

2. 甲方需于____年____月____日前交付作品扫描件原稿给乙方，甲方交付的原稿应做到齐全、清楚、确定（包括图片、文字、版式稿）。如因甲方原因导致原稿交付时间推迟，影响到交货时间的，原定交货时间按推迟时间顺延。

3. 若需要打样，小样在合理色差范围内，即视为合格品。如甲方要求乙方重新打样，需承担相应的试制费用。

4. 合同生效后，如甲方对本合同所列内容提出变更、修改的，必须与乙方协商并经同意后，签订补充协议。甲方需赔偿因此给乙方造成的损失，包括乙方已完成的设计或制作费用，已订购的加工材料费用等。因此影响交货期的，双方应重新协商并确定新的交货期，否则，乙方有权自行确定一个合理的交货期。

5. 合同生效后，如甲方要求改变本合同第三条约定的运输方式，因此增加的运输费用，由甲方承担。

第八条　其他约定

第九条　情势变更和不可抗力

本合同在履行过程中，合同的基础条件发生了当事人在订立合同时无法预见的、不属于商业风险的重大变化，继续履行合同对于当事人一方明显不公平的，受不利影响的一方当事人可以与对方重新协商；在合理期限内协商不成的，双方当事人可以请求人民法院或者仲裁机构变更或者解除合同。

本合同在履行过程中，如发生战争、突发公共卫生事件、自然灾害、政府原因等不能预见、不能避免、不能克服的不可抗力事件，当事人一方因不可抗力不能履行合同的，根据不可抗力的影响，部分或者全部免除责任，但是法律另有规定的除外。因不可抗力不能履行合同的，应当及时通知对方，以减轻可能给对方造成的损失，并应当在合理期限内提供证明。当事人迟延履行后发生不可抗力的，不免除其违约责任。

第十条　违约责任

1. 本合同生效后，如甲方单方面解除合同的，甲方应向乙方支付合同总金额的____％的违约金，违约金低于因此给乙方造成的损失的，甲方还应补偿不足的部分。

2. 自约定交货之日起____个工作日内，如甲方无故拒绝受领乙方交付的高仿真复制画的，视为甲方解除合同，甲方仍应按本合同第二条所列价款向乙方支付相关费用，并按第十条第1项之约定承担违约责任。

3. 甲方未按本合同约定付款时间付款的，乙方有权拒绝交货；同时甲方每逾期付款一日，应按欠款金额的____‰向乙方支付赔偿金。

4. 乙方未与甲方协商，未按合同约定时间或顺延时间交付高仿真复制画的，每逾期一日，应按欠交高仿真复制画的制作费的____‰向甲方支付违约金，但不承担甲方除此之外的间接损失、可期待利益损失和其他损失。

5. 若双方约定一次性发货且在签收后付款，但由于甲方原因，只发出并签收部分货物，在乙方通知甲方尽快取货或确认仓位接收货物的情况下，乙方有权在部分货物签收后____个工作日内视同剩余部分货物已经签收。甲方必须按照合同约定付款时间完成付款，否则乙方有权就该部分款项追究甲方法律责任。

6. 若合同约定发货日期，但由于甲方原因造成货物全部未发出，在乙方通知甲方尽快取货或确认仓位接收货物的情况下，乙方有权在合同约定发货日期后____个工作日内视同货物已经签收。甲方必须按照合同约定付款时间完成付款，否则乙方有权就该部分款项追究甲方法律责任。

第十一条　争议解决

在本合同履行过程中，如发生争议，双方选择下列第____项方式解决：

1. 双方同意将争议提交至____方所在地有管辖权的人民法院解决。

2. 其他方式解决（包括协商、人民调解、仲裁等合同争议的解决方式）。

第十二条　未尽事宜

本合同如有其他未尽事宜，双方另行协商并签订补充协议，

补充协议与本协议具有同等法律效力，补充协议与本协议不一致的内容，以补充协议为准。

　　第十三条　本合同自甲乙双方签字盖章之日起生效，至双方履行完毕合同项下全部权利义务后终止。

　　第十四条　本合同一式_____份，甲方执有_____份，乙方执有_____份，各份具有同等法律效力。

——————本行以下无正文——————

甲方：_____（盖章）_____　　乙方：_____（盖章）_____

法定代表人或　　　　　　　　　　法定代表人或

授权委托人：____（签名）____　　授权委托人：____（签名）____

___年___月___日　　　　　　　　___年___月___日

文物艺术品三维全景展览开发合同

甲方：＿＿＿＿＿＿＿＿＿＿＿＿＿＿＿＿

法定代表人：＿＿＿＿＿＿＿＿＿＿＿＿＿

地址：＿＿＿＿＿＿＿＿＿＿＿＿＿＿＿＿

电话：＿＿＿＿＿＿＿＿＿＿＿＿＿＿＿＿

乙方：＿＿＿＿＿＿＿＿＿＿＿＿＿＿＿＿

法定代表人：＿＿＿＿＿＿＿＿＿＿＿＿＿

地址：＿＿＿＿＿＿＿＿＿＿＿＿＿＿＿＿

电话：＿＿＿＿＿＿＿＿＿＿＿＿＿＿＿＿

根据《中华人民共和国民法典》《中华人民共和国著作权法》等法律规定，甲乙双方经过友好协商，本着自愿、平等的原则，就有关乙方为甲方提供三维全景展览制作事宜，订立本合同。

第一条　工作内容

展览名称：＿＿＿＿＿＿＿＿＿＿＿＿＿＿＿＿

甲方负责安排拍摄时间，乙方负责全部拍摄工作和后期开发工作，并提供高清版本和网络版程序以及相关文档。

第二条　工作程序和要求

1. 该展览共计＿＿＿个展厅，虚拟展厅各项功能应不低于甲方之前制作的虚拟展厅项目，参考如下：＿＿＿＿＿＿＿＿＿＿

2. 甲方提供展览基本图文素材，实际展厅展示照片素材由乙方自行完成拍摄，该展览专题页请访问＿＿＿＿＿＿＿＿＿

3. 乙方应根据展厅实际展陈布置情况合理设置拍摄点位，应由专业摄影师进行拍摄，确保既能照顾到每一件展品，让观众大致了解展览情况，同时又不会因设置过多点位而增加工作量及制作成本。

4. 支持在移动设备和 PC 端上观看虚拟展厅。

5. 乙方应根据甲方提供的展品资料，设计制作展品交互信息浏览，展品交互信息不少于＿＿＿幅，乙方应积极采用技术手段，防止用户下载展品大图。

6. 虚拟展厅支持不少于＿＿＿个文物艺术品的语音讲解。

7. 每个虚拟展厅要求根据展览本身素材设计制作个性化精美基本界面一套，应包括地图显示即时位置、语音导览及背景音乐加载控制功能，应能够实现中英文版本即时切换。

8. 场景拍摄时需采用高动态影调 HDR 拍摄技术进行拍摄，全景分辨率应达到＿＿＿像素以上，要求高画面品质，光比正常，画面衔接自然无瑕疵。

9. 制作最终虚拟参观场景文件时，应分别生成 PC 版本、手机版本、ios 应用等多种适应不同播放环境的版本文件。

10. 应提交正常视角的展览场景照片一套。

11. 其他技术指标参见甲方《虚拟展厅制作技术指标表格》（见附件）。

12. 制作的虚拟展厅应与甲方原制作的虚拟展厅模板风格一致。

第三条　价款支付及发票开具

1. 本合同总费用共计人民币 ＿＿＿＿＿＿ 元（大写：＿＿＿＿＿＿ 元整）。

2. 自本合同签订之日起＿＿个工作日内，甲方向乙方一次性付清全部费用，即人民币 ＿＿＿＿＿＿ 元（大写：＿＿＿＿＿＿ 元整）。

乙方账号信息如下：

户名：＿＿＿＿＿＿＿＿＿＿＿＿＿＿＿＿

开户行：＿＿＿＿＿＿＿＿＿＿＿＿＿＿＿

账号：＿＿＿＿＿＿＿＿＿＿＿＿＿＿＿＿

3. 乙方在甲方支付费用后＿＿个工作日内，向甲方开具合法有效的正规发票。

甲方发票信息如下：

名称：＿＿＿＿＿＿＿＿＿＿＿＿＿＿＿＿

纳税人识别号：＿＿＿＿＿＿＿＿＿＿＿＿

地址、电话：＿＿＿＿＿＿＿＿＿＿＿＿＿

开户行及账号：＿＿＿＿＿＿＿＿＿＿＿＿

第四条　甲方权利义务

1. 指定联系人（姓名：＿＿＿＿＿＿，电话：＿＿＿＿＿＿，电子邮箱：＿＿＿＿＿＿），负责沟通、协调解决乙方拍摄中出现的问题。

2. 了解乙方制作工作的进度和安排，对乙方工作进行监督和检查。

3. 提供所需相关资料，为乙方拍摄及制作提供便利，并保证提供的资料不侵犯任何第三方的权利（包括但不限于知识产权、名称权、名誉权、肖像权、隐私权等权利），也不存在任何权利纠纷，没有违反任何法律及相关法规、规章、政策的规定。

4. 对乙方提交的作品提出修改意见和建议，不符合甲方要求的，有权要求乙方修改或重做。

5. 按协议约定支付费用。

6. 应对因本合同获知的乙方的技术秘密、商业秘密、个人信息及其他信息保密。

第五条　乙方权利义务

1. 保证拍摄的内容及制作的虚拟展厅符合我国法律和政策规定。

2. 保证其完成的作品没有侵犯第三人的知识产权，没有侵犯他人的合法权益。

3. 接受甲方的监督和检查，如实报告制作进度，执行甲方的修改意见和建议。

4. 按照约定时间和形式交付工作成果。

5. 应对因本合同获知的甲方的技术秘密、商业秘密、个人信息及其他信息保密。

第六条　售后服务及承诺

1. 乙方保证作品完全满足甲方对虚拟展厅建设项目的技术规范需求。

2. 乙方保证虚拟展厅的设计实施工作在甲方指定期限内完成。

3. 乙方保证提供终身免费售后服务。

4. 乙方配备专门的客服技术支持人员，提供 24 小时服务，建立快速反应通道，建立突发应急防范措施，保证服务零误差。

第七条　知识产权归属

1. 甲方在本项目拍摄过程中提供给乙方的全部素材、影像资料的著作权，归甲方所有。

2. 乙方为完成本项目所拍摄的素材的知识产权归甲方所有，未经甲方书面同意，乙方不得将前述素材和影像资料用于其他任何领域，也不得以任何形式将其移交给任何第三方。

3. 甲方唯一、完全地享有乙方制作完成的虚拟展厅的知识产权。甲方验收合格后，乙方须将此项目软件的源文件一并交付给甲方。

4. 虚拟展厅制作完成后，乙方须将拍摄的素材（包括甲方提供的影像、文字资料）返还给甲方，不得留存任何复制件。

第八条　其他约定

第九条　情势变更和不可抗力

本合同在履行过程中，合同的基础条件发生了当事人在订立合同时无法预见的、不属于商业风险的重大变化，继续履行合同对于当事人一方明显不公平的，受不利影响的一方当事人可以与对方重新协商；在合理期限内协商不成的，双方当事人可以请求人民法院或者仲裁机构变更或者解除合同。

本合同在履行过程中，如发生战争、突发公共卫生事件、自然灾害、政府原因等不能预见、不能避免、不能克服的不可抗力事件，当事人一方因不可抗力不能履行合同的，根据不可抗力的影响，部分或者全部免除责任，但是法律另有规定的除外。因不可抗力不能履行合同的，应当及时通知对方，以减轻可能给对方造成的损失，并应当在合理期限内提供证明。当事人迟延履行后发生不可抗力的，不免除其违约责任。

第十条　违约责任

1. 乙方拍摄工作完毕后____个工作日内（不含拍摄当日）

完成全部制作工作，经甲方验收后，交付的作品未完全达到本协议第二条规定的要求，甲方有权要求乙方进行修改，如乙方拒绝修改，甲方有权终止本合同。如乙方同意修改，且反复（三次及以上）修改仍未达到甲方要求的，甲方有权终止协议。因协议终止给甲方造成损失的，乙方还须承担赔偿责任。

2. 乙方延期完成作品，每延期一日应承担合同总价＿＿‰的违约金。给甲方造成损失的，乙方还须承担赔偿责任。违约金和赔偿金的支付并没有解除乙方履行合同规定之内容。但延期提供服务届满或超过＿＿个工作日的，甲方有权书面通知乙方解除本合同。

3. 甲方不能按时向乙方支付费用，则应从逾期支付之日起，每日按迟延支付金额的＿＿‰向乙方支付违约金。此项违约金总额不超过迟延支付价款的＿＿％。甲方延期付款超过＿＿个工作日的，乙方有权书面通知甲方解除本合同。

4. 本合同终止后，不影响双方继续对合同条款进行清理和主张违约赔偿的权利。因乙方违约甲方主张违约金或赔偿金的，乙方未及时或拒绝支付，甲方有权从尾款中扣除，以弥补损失和违约金，不足部分乙方仍有支付义务。

第十一条　争议解决

在本合同履行过程中，如发生争议，双方选择下列第＿＿项方式解决：

1. 双方同意将争议提交至＿＿方所在地有管辖权的人民法院解决。

2. 其他方式解决（包括协商、人民调解、仲裁等合同争议的解决方式）。

第十二条　未尽事宜

本合同如有其他未尽事宜，双方另行协商并签订补充协议，补充协议与本协议具有同等法律效力，补充协议与本协议不一致的内容，以补充协议为准。

第十三条　本合同自甲乙双方签字盖章之日起生效，至双方履行完毕合同项下全部权利义务后终止。

第十四条　本合同一式_____份，甲方执有_____份，乙方执有_____份，各份具有同等法律效力。

————————本行以下无正文————————

甲方：____（盖章）____　　乙方：____（盖章）____

法定代表人或　　　　　　　法定代表人或

授权委托人：__（签名）　　授权委托人：___（签名）

___年___月___日　　　　___年___月___日

附件

《虚拟展厅制作技术指标表格》

文物艺术品展览设计合同

甲方：_____

法定代表人：_____

地址：_____

电话：_____

乙方：_____

法定代表人：_____

地址：_____

电话：_____

根据《中华人民共和国民法典》《中华人民共和国著作权法》等相关法律规定，甲乙双方经友好协商，本着自愿、平等的原则，就乙方承接甲方关于____项目的有关事宜，订立本合同。

第一条 工作内容

甲方要求乙方按照以下工作内容及要求，为_____进行设计规划：

1. 展览初步前言、参展文物艺术品研究筛选与概念提取。

2. 展览空间 3D 模型建立、空间区域效果图制作与渲染，空间面积在____平方米以内，不低于____个视点。

3. 展览主题形象设计不低于____款，所设计形象以甲方确认为准。

第二条　服务周期及验收

1. 设计时间：＿＿＿＿＿＿＿＿＿＿＿＿＿

2. 出稿时间：＿＿＿＿＿＿＿＿＿＿＿＿＿

3. 最终定稿时间：乙方所有设计稿（含 3D 模型、效果图、渲染图等），以甲方最终验收并书面确认可以使用为最终定稿时间。

4. 甲方验收后确认设计稿不合格，乙方应在＿＿＿个工作日内修改完毕并提交甲方再次验收，若验收不合格超过＿＿＿次，则甲方有权解除合同，乙方应返还已收取的全部费用，同时向甲方支付合同金额＿＿＿％的违约金，违约金不足以弥补甲方损失时，甲方有权要求乙方继续赔偿相应损失。

第三条　甲方权利义务

1. 甲方可随时了解乙方工作进度并提出修改意见。

2. 向乙方提供本项目的意向和相关资料。

3. 向乙方支付有关费用。

4. 应对因本合同获知的乙方的技术秘密、商业秘密、个人信息和其他信息保密。

第四条　乙方权利义务

1. 按甲方要求如期完成设计及定稿工作。

2. 乙方应保证本合同所有设计为乙方独家原创。

3. 未经甲方书面同意，乙方不得将本合同权利义务转让给任何第三方。

4. 应对因本合同获知的甲方的个人信息和其他信息保密。

第五条　价款支付及发票开具

1. 本合同费用总计：人民币＿＿＿＿＿＿元（大写：

_____元整）。

2. 支付方式

本合同签订后，甲方须在___个工作日内支付合同总额的___%，即人民币_____元（大写：_____元整）。

乙方按时交付最终稿并经甲方验收合格后___个工作日内，甲方支付合同总额的___%的尾款，即人民币_____元（大写：_____元整）。

乙方账号信息如下：

户名：_____

开户行：_____

账号：_____

3. 发票开具

乙方在甲方每次支付完毕上述相应费用后___个工作日内，向甲方开具合法有效的正规发票。

甲方发票信息如下：

名称：_____

纳税人识别号：_____

地址、电话：_____

开户行及账号：_____

第六条　知识产权归属

双方约定按照下列第___项方式，确定知识产权归属：

1. 乙方依据本合同设计制作的全部工作成果在全球的永久知识产权及其转授权权利归甲方所有。未经甲方书面同意，乙方不得复制、泄露、擅自修改、使用、传送或向第三人转让或用于本合同外的项目。

2. 双方共同共有本合同设计制作的全部工作成果在全球的

永久知识产权及其转授权权利。未经一方书面同意，另一方不
得复制、泄露、擅自修改、使用、传送或向第三人转让或用于
本合同外的项目。

第七条　其他约定

第八条　情势变更和不可抗力

本合同在履行过程中，合同的基础条件发生了当事人在订
立合同时无法预见的、不属于商业风险的重大变化，继续履行
合同对于当事人一方明显不公平的，受不利影响的一方当事人
可以与对方重新协商；在合理期限内协商不成的，双方当事人
可以请求人民法院或者仲裁机构变更或者解除合同。

本合同在履行过程中，如发生战争、突发公共卫生事件、
自然灾害、政府原因等不能预见、不能避免、不能克服的不可
抗力事件，当事人一方因不可抗力不能履行合同的，根据不可
抗力的影响，部分或者全部免除责任，但是法律另有规定的除
外。因不可抗力不能履行合同的，应当及时通知对方，以减轻
可能给对方造成的损失，并应当在合理期限内提供证明。当事
人迟延履行后发生不可抗力的，不免除其违约责任。

第九条　违约责任

1. 甲方如因自身原因取消交予乙方本合同承办的项目，甲
乙方按照实际完成工作量结算合同金额，多退少补。

2. 除因不可抗力或乙方原因外，甲方需按合同规定时间付
款，如延期付款，每天按当期应付金额的____‰支付违约金。
乙方应当按照服务周期交付工作成果，若延期交付，每天按照
合同总额的____‰支付违约金。

3. 除本合同另有约定外，乙方未履行或未完全履行合同规定的有关事宜给甲方造成损失，乙方应承担所有损失赔偿责任，并加付合同价款的____%作为违约金。

第十条　争议解决

在本合同履行过程中，如发生争议，双方选择下列第____项方式解决：

1. 双方同意将争议提交至____方所在地有管辖权的人民法院解决。

2. 其他方式解决（包括协商、人民调解、仲裁等合同争议的解决方式）。

第十一条　未尽事宜

本合同如有其他未尽事宜，双方另行协商并签订补充协议，补充协议与本协议具有同等法律效力，补充协议与本协议不一致的内容，以补充协议为准。

第十二条　本合同自甲乙双方签字盖章之日起生效，至双方履行完毕合同项下全部权利义务后终止。

第十三条　本合同一式_____份，甲方执有_____份，乙方执有_____份，各份具有同等法律效力。

——————本行以下无正文——————

甲方：____（盖章）____　　乙方：____（盖章）____

法定代表人或　　　　　　　法定代表人或

授权委托人：____（签名）__　授权委托人：____（签名）__

____年____月____日　　　　____年____月____日

文物艺术品保护技术服务合同

甲方：＿＿＿＿＿＿＿＿＿＿＿＿＿＿＿＿＿

法定代表人：＿＿＿＿＿＿＿＿＿＿＿＿＿＿

地址：＿＿＿＿＿＿＿＿＿＿＿＿＿＿＿＿＿＿

电话：＿＿＿＿＿＿＿＿＿＿＿＿＿＿＿＿＿＿

乙方：＿＿＿＿＿＿＿＿＿＿＿＿＿＿＿＿＿

法定代表人：＿＿＿＿＿＿＿＿＿＿＿＿＿＿

地址：＿＿＿＿＿＿＿＿＿＿＿＿＿＿＿＿＿＿

电话：＿＿＿＿＿＿＿＿＿＿＿＿＿＿＿＿＿＿

根据《中华人民共和国民法典》《中华人民共和国文物保护法》《中华人民共和国文物保护法实施条例》等有关法律法规的规定，甲乙双方经过友好协商，本着自愿、平等的原则，就＿＿＿＿＿＿＿＿＿＿提供技术服务有关事宜，订立本合同。

第一条　工作内容

乙方应该在本合同中承担如下（　　　）项技术服务工作：

1. 修复

2. 检测

3. 监测（环境、游客人流等）

4. 消杀有害微生物

5. 除尘

6. 熏蒸

7. 其他

第二条　工作时间、地点

1. 服务期限：＿＿＿＿＿＿＿＿＿＿＿

2. 服务地点：＿＿＿＿＿＿＿＿＿＿＿

第三条　技术服务目标

＿＿＿＿＿＿＿＿＿＿＿＿＿＿＿＿＿＿

第四条　项目管理

1. 为确保本合同的全面履行，双方采取以下方式对技术服务工作进行组织管理：定期（＿＿个月）开会（含视频会），或者随时保持通讯联系。

2. 甲方指定＿＿＿＿＿＿＿＿为甲方项目联系人，联系电话＿＿＿＿＿＿＿＿＿。乙方指定＿＿＿＿＿＿＿＿为乙方项目联系人，联系电话＿＿＿＿＿＿＿＿＿。项目联系人承担项目研发过程中的日常联络工作。任何一方变更项目联系人，应当及时以书面形式通知另一方。

第五条　价款支付及发票开具

1. 本合同总价款为人民币＿＿＿＿＿＿＿＿元（大写：＿＿＿＿＿＿＿＿＿元整）。

2. 支付方式：本合同签订后＿＿个工作日内，甲方应向乙方支付合同总价款的＿＿%，即＿＿＿＿＿＿＿＿元（大写：＿＿＿＿＿＿＿＿＿元整）；甲方在乙方提交技术服务阶段性成果后＿＿个工作日内，向乙方支付合同总价款的＿＿%，即＿＿＿＿＿＿＿＿元（大写：＿＿＿＿＿＿＿＿＿元整）；乙方向甲方提交技术服务最终成果，经甲方验收合格后＿＿个工作日内，甲方应向乙方支付合同总价款的＿＿%的合同余款，即＿＿＿＿＿＿＿＿元

（大写：_____元整）。

乙方账号信息如下：

户名：_____

开户行：_____

账号：_____

3. 乙方在甲方每次支付完毕上述相应费用后____个工作日内，向甲方开具合法有效的正规发票。

甲方发票信息如下：

名称：_____

纳税人识别号：_____

地址、电话：_____

开户行及账号：_____

第六条　成果交付

1. 技术服务成果交付的形式及数量：

（1）_____

（2）_____

（3）_____

2. 技术服务成果交付的时间及地点：_____

第七条　成果评审验收

甲方通过_____的方式在乙方提交阶段性成果后____个工作日内进行评审，通过_____方式在乙方提交最终完成的研究开发工作成果后____个工作日内进行验收。

第八条　知识产权归属

双方约定按照下列第____项方式，确定知识产权归属：

1. 乙方履行本合同项目过程中收集的原始资料和照片、完成的阶段性和最终成果的知识产权归甲方所有。未经甲方书面同意，乙方不得复制、泄露、擅自修改、使用、传送或向第三人转让或用于本合同外的项目。

2. 双方共同共有本合同项目实施过程中收集的原始资料和照片、完成的阶段性和最终成果的知识产权。未经一方书面同意，另一方不得复制、泄露、擅自修改、使用、传送或向第三人转让或用于本合同外的项目。

第九条　保密条款

甲方应对因本合同获知的乙方有关人员的个人信息保密，乙方应对因本合同所涉项目获知的所有技术秘密、商业秘密和个人信息永久保密。

第十条　其他约定

第十一条　情势变更和不可抗力

本合同在履行过程中，合同的基础条件发生了当事人在订立合同时无法预见的、不属于商业风险的重大变化，继续履行合同对于当事人一方明显不公平的，受不利影响的一方当事人可以与对方重新协商；在合理期限内协商不成的，双方当事人可以请求人民法院或者仲裁机构变更或者解除合同。

本合同在履行过程中，如发生战争、突发公共卫生事件、自然灾害、政府原因等不能预见、不能避免、不能克服的不可抗力事件，当事人一方因不可抗力不能履行合同的，根据不可抗力的影响，部分或者全部免除责任，但是法律另有规定的除外。因不可抗力不能履行合同的，应当及时通知对方，以减轻可能给对方造成的损失，并应当在合理期限内提供证明。当事人迟延履行后发生不可抗力的，不免除其违约责任。

第十二条　违约责任

1. 甲方

（1）本合同生效后，若甲方单方终止合同，甲方应就乙方已经提供的服务进行结算，但因乙方违约等原因导致甲方终止合同的除外。

（2）甲方应按约定时间支付相应款项，若无故延迟，每日应向乙方支付应付款项____‰的违约金，违约金总额不超过合同总金额的____％。

2. 乙方

（1）本合同生效后，若乙方无故终止合同，乙方应返还甲方已经支付的全部费用，并向甲方支付合同总价　　％的违约金，同时赔偿甲方遭受的损失。

（2）乙方应及时完成本合同规定的工作，乙方提供的技术服务及成果质量不合格，应立即采取补救措施重作或修改完善；经过____次以上重作、修改完善仍达不到合同约定标准的，甲方有权单方解除合同；乙方应返还甲方已经支付的全部费用，并向甲方支付合同总额____％的违约金，同时赔偿甲方遭受的损失。

（3）乙方未按合同约定的日期完成项目服务工作，每超过一日，应按合同总价款的____‰支付违约金，违约金总额不超过合同总金额的____％；逾期超过____个工作日的，甲方有权单方解除合同。乙方应返还甲方已经支付的全部费用，赔偿甲方遭受的损失，并支付合同总价____％的违约金。

（4）未经甲方书面许可同意，乙方以包括但不限于复制、泄露、擅自修改、传送或向第三人转让等方式侵害甲方知识产权的，乙方除应承担相关法律责任外，还应向甲方支付不少于合同总价款的____％的违约金。

（5）乙方违反保密条款，应赔偿甲方因此受到的全部损失（包括可期待利益和精神损失），同时应按本合同总价款的____％向乙方承担违约责任。

第十三条　争议解决

在本合同履行过程中，如发生争议，双方选择下列第____项方式解决：

1. 双方同意将争议提交至____方所在地有管辖权的人民法院解决。

2. 其他方式解决（包括协商、人民调解、仲裁等合同争议的解决方式）。

第十四条　未尽事宜

本合同如有其他未尽事宜，双方另行协商并签订补充协议，补充协议与本协议具有同等法律效力，补充协议与本协议不一致的内容，以补充协议为准。

第十五条　本合同自甲乙双方签字盖章之日起生效，至双方履行完毕合同项下全部权利义务后终止。

第十六条　本合同一式_____份，甲方执有_____份，乙方执有_____份，各份具有同等法律效力。

——————本行以下无正文——————

甲方：____（盖章）____　　乙方：____（盖章）____

法定代表人或　　　　　　　法定代表人或

授权委托人：___（签名）___　授权委托人：___（签名）___

____年___月___日　　　　____年___月___日

文物考古发掘技术服务合同

甲方：_____

法定代表人：_____

地址：_____

电话：_____

乙方：_____

法定代表人：_____

地址：_____

电话：_____

根据《中华人民共和国民法典》《中华人民共和国文物保护法》《中华人民共和国文物保护法实施条例》《考古发掘管理办法》《田野考古工作规程》等有关法律法规规章的规定，甲乙双方经友好协商，本着自愿、平等的原则，就甲方委托乙方完成_____项目的考古发掘事宜，订立本合同。

第一条 考古发掘内容

1. 项目名称：_____

2. 发掘面积：_____

第二条 考古发掘时间

____年____月____日至____年____月____日。

第三条　项目管理

1. 为确保本合同的全面履行，双方采取以下方式对考古发掘工作进行组织管理：定期（＿＿个月）开会（含视频会），或者随时保持通讯联系。

2. 甲方指定＿＿＿＿＿＿为甲方项目联系人，联系电话＿＿＿＿＿＿。乙方指定＿＿＿＿＿＿为乙方项目联系人，联系电话＿＿＿＿＿＿。项目联系人承担项目研发过程中的日常联络工作。任何一方变更项目联系人，应当及时以书面形式通知另一方。

第四条　价款支付及发票开具

1. 付费依据及标准：国家计委、财政部、国家文物局颁发的《考古调查、勘探、发掘经费预算定额管理办法》（【90】文物字第 248 号），《各国家和地区住宿费、伙食费、公杂费开支标准表》等。

2. 本合同标的额共计人民币＿＿＿＿＿＿元（大写＿＿＿＿＿＿元整）。甲方共分三次向乙方支付费用：

第一次于＿＿年＿＿月＿＿日前支付乙方合同总额的＿＿％，共计人民币＿＿＿＿＿＿元（大写：＿＿＿＿＿＿元整）。

第二次于＿＿年＿＿月＿＿日前支付乙方合同总额的＿＿％，共计人民币＿＿＿＿＿＿元（大写：＿＿＿＿＿＿元整）。

第三次待考古发掘结束、验收合格后，于＿＿年＿＿月＿＿日前一次性支付乙方剩余款项，共计人民币＿＿＿＿＿＿元（大写：＿＿＿＿＿＿元整）。

乙方账号信息如下：

户　名：＿＿＿＿＿＿＿＿＿＿＿＿＿＿＿＿＿

开户行：＿＿＿＿＿＿＿＿＿＿＿＿＿＿＿＿＿

账　号：＿＿＿＿＿＿＿＿＿＿＿＿＿＿＿＿＿

3. 乙方应在甲方支付完毕每笔费用后____个工作日内，为甲方开具合法有效的正规发票。

甲方发票信息如下：

名称：_____

纳税人识别号：_____

地址、电话：_____

开户行及账号：_____

第五条　甲方权利义务

1. 负责考古发掘项目的确认、协调等相关工作。

2. 合理安排考古发掘的时间和进度。

3. 对乙方进行监督和管理。

4. 组织专家对乙方考古工地进行检查和验收。

5. 按合同规定及时支付乙方考古发掘技术服务等经费。

6. 应对因本合同获知的乙方的技术秘密、个人信息和其他信息保密。

第六条　乙方权利义务

1. 接受甲方的监督和管理。

2. 严格按照《田野考古工作规程》和甲方的要求开展工作。

3. 接受甲方组织的专家检查和验收工作。

4. 提供考古发掘所需技工及有关管理人员。

5. 代理甲方解决技工发掘期间所需的一切生活、设施和食宿等费用。

6. 代理甲方解决技工及管理人员的交通、保险、医疗等相关费用。

7. 遵守甲方的安全管理规定，确保考古发掘过程中的人员和文物的安全。

8. 应对因本合同获知的甲方的个人信息和其他信息保密。

第七条　其他约定

第八条　情势变更和不可抗力

本合同在履行过程中，合同的基础条件发生了当事人在订立合同时无法预见的、不属于商业风险的重大变化，继续履行合同对于当事人一方明显不公平的，受不利影响的一方当事人可以与对方重新协商；在合理期限内协商不成的，双方当事人可以请求人民法院或者仲裁机构变更或者解除合同。

本合同在履行过程中，如发生战争、突发公共卫生事件、自然灾害、政府原因等不能预见、不能避免、不能克服的不可抗力事件，当事人一方因不可抗力不能履行合同的，根据不可抗力的影响，部分或者全部免除责任，但是法律另有规定的除外。因不可抗力不能履行合同的，应当及时通知对方，以减轻可能给对方造成的损失，并应当在合理期限内提供证明。当事人迟延履行后发生不可抗力的，不免除其违约责任。

第九条　违约责任

1. 甲乙双方应按合同约定履行各自义务，如有违约，违约方应承担违约责任并赔偿给对方造成的损失。

2. 在考古发掘期间，由于乙方人员违反考古操作规程、人为操作失误、社会治安案件等造成人员伤亡，或发生文物损坏、遗失等事故，乙方承担全部责任并赔偿给甲方造成的损失。

3. 非因恶劣天气或不可抗力因素影响，乙方逾期完成现场考古发掘工作、逾期提交发掘工作报告，逾期完成出土文物及相关发掘基础资料移交手续的，每逾期一日，应向甲方支付勘探经费总额的____％违约金。

第十条　争议解决

在本合同履行过程中，如发生争议，双方选择下列第____项方式解决：

1. 双方同意将争议提交至____方所在地有管辖权的人民法院解决。

2. 其他方式解决（包括协商、人民调解、仲裁等合同争议的解决方式）。

————————————————————

第十一条　未尽事宜

本合同如有其他未尽事宜，双方另行协商并签订补充协议，补充协议与本协议具有同等法律效力，补充协议与本协议不一致的内容，以补充协议为准。

第十二条　本合同自甲乙双方签字盖章之日起生效，至双方履行完毕合同项下全部权利义务后终止。

第十三条　本合同一式_____份，甲方执有_____份，乙方执有_____份，各份具有同等法律效力。

————————本行以下无正文————————

甲方：____（盖章）____　　　乙方：____（盖章）____

法定代表人或　　　　　　　　法定代表人或

授权委托人：__（签名）__　　授权委托人：__（签名）__

____年____月____日　　　　____年____月____日

文物艺术品展览数字化综合服务合同

甲方：＿＿＿＿＿＿＿＿＿＿＿＿＿＿＿＿＿＿

法定代表人：＿＿＿＿＿＿＿＿＿＿＿＿＿＿

地址：＿＿＿＿＿＿＿＿＿＿＿＿＿＿＿＿＿＿

电话：＿＿＿＿＿＿＿＿＿＿＿＿＿＿＿＿＿＿

乙方：＿＿＿＿＿＿＿＿＿＿＿＿＿＿＿＿＿＿

法定代表人：＿＿＿＿＿＿＿＿＿＿＿＿＿＿

地址：＿＿＿＿＿＿＿＿＿＿＿＿＿＿＿＿＿＿

电话：＿＿＿＿＿＿＿＿＿＿＿＿＿＿＿＿＿＿

根据《中华人民共和国民法典》《中华人民共和国著作权法》等法律规定，甲乙双方经过友好协商，本着自愿、平等的原则，就甲方委托乙方进行＿＿＿＿＿＿（以下简称"项目"）制作事宜，订立本合同。

第一条　服务内容及要求

对甲方承办的＿＿＿＿＿＿展览，根据每个展览的不同内容及甲方要求进行下列一项或多项制作。

1. 全景采集

（1）拍摄的场景要求图像清晰，拍摄图像分为：a. 展厅场景标清全景图像；b. 展品高清图像，根据拍摄工艺的不同，其中：展厅场景标清全景图像按照＿＿＿ mm 标清全景规格进行拍摄与制作，分辨率____像素。

（2）展览部分展品及相关信息（含音频、视频、图文信息等）将在场景全景中以热点形式进行展示，并针对全部展品设置相应的热点标识。

（3）针对展馆各个区域制作平面图，并要求在 WEB 端中设定标识，用户可在导览小地图标识中进行导览和特殊场景点全景影像的选择。

（4）全部项目数据会上传至乙方数据中心对外数据服务区，供甲方自有官网、公众账号等调用，均保证浏览流畅、数据安全。

2. 展览展示应用集成页面

对展览海报、展品信息（图、文、语音、视频）、全景展厅、展览视频进行_____页面呈现集成展示，多元化展示展览主题及展品信息。

（1）贴合展览主题的_____界面设计。

（2）展览资料整理、编辑。

3. 展览资料数字化采集

（1）语音录制：协助甲方对展品进行语音录制采集及剪辑工作。

（2）视频采集：对重点文物艺术品进行视频采集。

第二条　时间及审核验收

1. 项目时间

从合同签订之日起至____年____月____日。

2. 项目成果交付时间

乙方应在接到甲方书面通知后____个工作日内，开展各项展览数字化采集和制作工作，并于各项展览开幕后____个工作日内交付项目最终成果。

3. 审核验收

由甲方安排项目人员对项目交付物全景虚拟展厅、展览展示应用集成页面进行验收。审核标准：应用访问流畅，热点交互信息准确、表达完整。

4. 验收时间

本项目采用展览分项验收方式，甲方应在收到乙方各展览项目成果和验收请求后＿＿个工作日内进行验收并书面提出异议，逾期则视为甲方验收合格。

第三条　成果交付

1. 本项目交付方式

（1）全景采集：全景展览前端链接（链接地址：＿＿＿＿＿＿）。

（2）展览展示应用集成页面：前端链接（链接地址：＿＿＿＿＿＿）及页面链接二维码。

2. 乙方完成全部项目数据上线，并提供最后制作完成的高清版本、网络、移动终端版本＿＿＿＿＿＿端口，供甲方在其自有平台上进行调用。

3. 对每个展览项目提供的交付成果应包含以下内容：

（1）项目中每套全景展厅标准：展厅面积＿＿平方米以内，涵括项目现场勘察、全景采集、交付界面设计、交互（含热点）制作（场景采集点不低于＿＿个、不超过＿＿个，交互热点不低于＿＿个、不超过＿＿个）、数据发布。

（2）项目中每个展览视频采集为文物艺术品视频，每个展览视频数量不超过＿＿个，每个视频时长＿＿秒以内，标准如下：

第四条　价款支付及发票开具

1. 价款

本项目总金额：人民币 ＿＿＿＿＿＿ 元（大写：＿＿＿＿＿＿元整）。

2. 付款方式

（1）合同签订后＿＿个工作日内，甲方向乙方支付合同总价的 ＿＿%，金额为 ＿＿＿＿＿＿ 元（大写：＿＿＿＿＿＿元整）。

（2）乙方完成＿＿个展览服务项目并经甲方验收通过之日起＿＿个工作日内，甲方向乙方支付剩余合同款项的 ＿＿%，金额为＿＿＿＿＿＿元（大写：＿＿＿＿＿＿元整）。

乙方账号信息如下：

户名：＿＿＿＿＿＿＿＿＿＿＿＿＿＿＿＿＿＿

开户行：＿＿＿＿＿＿＿＿＿＿＿＿＿＿＿＿

账号：＿＿＿＿＿＿＿＿＿＿＿＿＿＿＿＿＿

3. 发票开具

乙方在甲方每次支付完毕上述相应费用后＿＿个工作日内，向甲方开具合法有效的正规发票。

甲方发票信息如下：

名称：＿＿＿＿＿＿＿＿＿＿＿＿＿＿＿＿＿

纳税人识别号：＿＿＿＿＿＿＿＿＿＿＿＿＿

地址、电话：＿＿＿＿＿＿＿＿＿＿＿＿＿＿

开户行及账号：＿＿＿＿＿＿＿＿＿＿＿＿＿

第五条　甲方权利义务

1. 在乙方制作过程中，甲方有权了解乙方的工作进度。乙方项目初步成果制作完成后，甲方有权对委托制作的项目内容进行初审，以确保委托制作的项目内容符合合同的约定；乙方项目成果全部制作完成，由甲方进行审核确认。如甲方对乙方制作的项目数据提出修改意见或建议，乙方应当在技术条件允许且不增加额外制作成本的情况下按照甲方要求时限进行修改。若甲方超过____个工作日未提出书面意见，则视为甲方验收合格。

2. 本合同生效后____个工作日内，甲方须向乙方提供委托制作项目所需的必要资料（以乙方提供的书面清单内容为准）。乙方在依照合同的约定进行项目制作期间，如发现甲方提供的资料不能满足制作项目需要，向甲方提出补充要求时，甲方应当在____个工作日内回复并补充。

3. 甲方对现场进行协调，以保证乙方的采集、拍摄能够顺利进行。

4. 甲方提供享有著作权的文献资料、图片等。

5. 通过 API 方式使用项目数据时，甲方应当遵守合同中的保密条款（详见本合同第八条）。上述链接地址发生变更的，应以变更后的为准。（API 的定义、调用方式、通信机制及安全设置，由甲乙双方共同制定遵守，未经允许不得透露给第三方；数据交换过程中，如果属于高级别的涉密数据，双方要协商制定必要的加密传输方式，并指定专职人员监督完成；为了保证合作期间数据传输的安全性，双方可以协商定期进行授权信息的统一更新。）

第六条　乙方权利义务

1. 在进行项目制作期间，有权要求甲方提供或补充相应的必要资料或技术要求，在预定的时间内未得到答复，有权停止工作。

2. 应按照合同的约定，完成本合同项下的全部项目制作，保证内容及技术质量等达到合同要求。

3. 应按照本合同约定的期限完成本委托项目的制作，并且在项目制作过程中有接受甲方审核制作内容的义务。

4. 保证制作项目内容符合法律规定（其中包括画面、音乐、配音等）。

5. 在项目制作过程中，如果甲方提出合理的修改意见或建议，乙方须在其技术条件允许且不增加额外制作成本的情况下按照甲方的要求予以修改。

6. 乙方保证其交付给甲方的委托制作项目成果、制作过程中运用的技术等（以上不包括甲方提供的相关资料、素材）不侵犯任何第三人的合法权益。如发生第三人因此指控甲方侵权的，乙方应当承担全部责任，并赔偿由此给甲方造成的所有直接经济损失。

7. 乙方免费承担所交付项目成果所涉及的后续技术维护工作，时间为＿＿年。

第七条　知识产权归属

1. 甲乙双方共同约定，甲方提交的所有材料的知识产权为甲方所有，乙方不得用作任何其他用途。

2. 基于本协议完成的全景虚拟展览项目等交付成果的知识产权归属，双方约定按照以下第＿＿种方式确定：

（1）归＿＿方所有，未经＿＿方同意，＿＿方不得复制、泄露、擅自修改、使用、传送或向第三人转让或用于本合同外的项目。

（2）归双方共同共有，未经一方书面同意，另一方不得复制、泄露、擅自修改、使用、传送或向第三人转让或用于本合同外的项目。

第八条　保密条款

本合同项下的全部项目数据，在乙方正式上线发布使用前，属保密信息，双方均不可向甲、乙双方以外的第三方披露；在本合同签署前以及在本合同履行期限内，一方对另一方的商业秘密、技术秘密、个人信息和其他信息均应承担保密义务，且在本合同有效期内及本合同终止后＿＿年内仍应承担保密责任。

第九条　其他约定

第十条　情势变更和不可抗力

本合同在履行过程中，合同的基础条件发生了当事人在订立合同时无法预见的、不属于商业风险的重大变化，继续履行合同对于当事人一方明显不公平的，受不利影响的一方当事人可以与对方重新协商；在合理期限内协商不成的，双方当事人可以请求人民法院或者仲裁机构变更或者解除合同。

本合同在履行过程中，如发生战争、突发公共卫生事件、自然灾害、政府原因等不能预见、不能避免、不能克服的不可抗力事件，当事人一方因不可抗力不能履行合同的，根据不可抗力的影响，部分或者全部免除责任，但是法律另有规定的除外。因不可抗力不能履行合同的，应当及时通知对方，以减轻可能给对方造成的损失，并应当在合理期限内提供证明。当事人迟延履行后发生不可抗力的，不免除其违约责任。

第十一条　违约责任

1. 乙方提供的服务不符合本合同约定要求的，甲方有权拒绝接受，并要求乙方继续依照合同规定履行，同时乙方须向甲方支付本合同约定服务费用总额＿＿％的违约金；情节严重的，甲方有权解除合同并要求乙方退还已收费用；造成甲方其他损失的，乙方应承担相应的损害赔偿责任。

2. 乙方未能按本合同约定期限提供服务，从逾期之日起每日向甲方支付本合同约定服务费用总额＿＿％的违约金；逾期＿＿日以上的，甲方有权终止合同，由此造成的经济损失由乙方承担。由于甲方原因导致乙方逾期提交项目工作成果的，甲方应予以延期。

3. 甲方无正当理由到期拒付服务费用或逾期支付服务费用的，除须依照合同约定支付应付服务费用之外，还应自逾期之日起，每日向乙方支付本合同约定服务费用总额＿＿％的违约金。

4. 乙方制作项目内容中非甲方提供的资料涉及侵权的，因侵权所产生的一切责任和损失由乙方自行承担，甲方不承担任何责任，若因此而给甲方造成损失的，乙方应向甲方赔偿。

第十二条　争议解决

在本合同履行过程中，如发生争议，双方选择下列第＿＿项方式解决：

1. 双方同意将争议提交至＿＿方所在地有管辖权的人民法院解决。

2. 其他方式解决（包括协商、人民调解、仲裁等合同争议的解决方式）。

_____

第十三条　未尽事宜

本合同如有其他未尽事宜，双方另行协商并签订补充协议，

补充协议与本协议具有同等法律效力，补充协议与本协议不一致的内容，以补充协议为准。

　　第十四条　本合同自甲乙双方签字盖章之日起生效，至双方履行完毕合同项下全部权利义务后终止。

　　第十五条　本合同一式_____份，甲方执有_____份，乙方执有_____份，各份具有同等法律效力。

————————本行以下无正文————————

甲方：_____（盖章）_____　　　乙方：_____（盖章）_____

法定代表人或　　　　　　　　　　法定代表人或

授权委托人：_____（签名）___　　授权委托人：_____（签名）___

___年___月___日　　　　　　　　___年___月___日

文物艺术品市场数据监测服务合同

甲方：＿＿＿＿＿＿＿＿＿＿＿＿＿＿＿＿

法定代表人：＿＿＿＿＿＿＿＿＿＿＿＿

地址：＿＿＿＿＿＿＿＿＿＿＿＿＿＿＿＿

电话：＿＿＿＿＿＿＿＿＿＿＿＿＿＿＿＿

乙方：＿＿＿＿＿＿＿＿＿＿＿＿＿＿＿＿

法定代表人：＿＿＿＿＿＿＿＿＿＿＿＿

地址：＿＿＿＿＿＿＿＿＿＿＿＿＿＿＿＿

电话：＿＿＿＿＿＿＿＿＿＿＿＿＿＿＿＿

根据《中华人民共和国民法典》《中华人民共和国著作权法》等法律规定，甲乙双方经友好协商，本着自愿、平等的原则，就甲方委托乙方提供文物艺术品市场数据监测服务项目（以下简称项目）事宜，订立本合同。

第一条　内容及成果

内容：＿＿＿＿＿＿＿＿＿＿＿＿＿＿

成果：提交书面数据报表及分析报告。

第二条　要求

1. 甲乙双方约定由乙方为甲方提供＿＿＿＿＿＿文物艺术品市场数据监测报表及调研分析报告，主要内容包括但不限于市场综述、市场规模、发展特点、行业动态、市场趋势等方面。

2. 乙方应当按季度、半年度、年度进行市场数据监测汇总并交付调研分析报告。本合同约定的报告交付时间为：＿＿＿＿

＿＿＿＿＿＿＿＿

第三条　合同期限

本合同有效期为＿＿年＿＿＿月＿＿＿日至＿＿＿年＿＿＿月＿＿＿日。

第四条　价款支付及发票开具

1. 本合同费用共计人民币＿＿＿＿＿＿元（大写：＿＿＿＿＿元整）。首笔费用＿＿＿＿＿元（大写：＿＿＿＿＿元整）于合同签订后＿＿个工作日内支付，尾款＿＿＿＿＿元（大写：＿＿＿＿＿元整）于项目通过甲方验收并收到乙方提交的决算单后支付。若因特殊情况，造成支付延后的，应待特殊情况解决后＿＿个工作日内支付给乙方。

乙方账号信息如下：

户名：＿＿＿＿＿＿＿＿＿＿＿＿＿＿＿＿＿

开户行：＿＿＿＿＿＿＿＿＿＿＿＿＿＿＿

账号：＿＿＿＿＿＿＿＿＿＿＿＿＿＿＿＿

2. 乙方在甲方每次支付完毕上述相应费用后＿＿个工作日内，向甲方开具合法有效的正规发票。

甲方发票信息如下：

名称：＿＿＿＿＿＿＿＿＿＿＿＿＿＿＿＿＿

纳税人识别号：＿＿＿＿＿＿＿＿＿＿＿＿

地址、电话：＿＿＿＿＿＿＿＿＿＿＿＿＿＿

开户行及账号：＿＿＿＿＿＿＿＿＿＿＿＿

第五条　甲方权利义务

1. 甲方指定乙方为＿＿＿年文物艺术品市场数据监测点。

2. 协助乙方联络沟通主要文物艺术品市场区域省级文化和旅游行政部门，为＿＿＿＿＿＿数据监测的客观性和全面性提供重要保障。

3. 有权要求乙方组织专家就项目研究方法开展论证。

4. 对项目执行过程进行监督检查。

5. 要求乙方对报告内容进行修改。

6. 通过各种方式使用报告内容。

7. 应对因本合同获知的乙方个人信息和其他信息保密。

第六条　乙方权利义务

1. 严格依据甲方要求开展数据监测工作，并按甲方要求，定期提供书面报告。

2. 按照甲方要求组织专家召开数据监测及研究方法论证会。

3. 接受甲方对项目研究成果的评估和验收。

4. 应自行承担因本合同项目产生的一切税费。

5. 应按时向甲方提交项目研究报告，如无特殊原因或未经甲方同意，不得拖延。

6. 在保证质量、按照合同条款完成项目的前提下，有权要求甲方支付项目费用及为相关数据监测提供支持。

7. 应对因本合同获知的甲方个人信息和其他信息保密。

第七条　知识产权归属

1. 甲方对乙方提交的全部报告享有著作权。

2. 乙方保证向甲方提供的报告内容（包括但不限于文字、数据、图片等）不侵犯第三方的合法权益。

3. 未经甲方同意，乙方不得向外公布和发表报告。

第八条　其他约定

_____

第九条　情势变更和不可抗力

本合同在履行过程中，合同的基础条件发生了当事人在订立合同时无法预见的、不属于商业风险的重大变化，继续履行合同对于当事人一方明显不公平的，受不利影响的一方当事人可以与对方重新协商；在合理期限内协商不成的，双方当事人可以请求人民法院或者仲裁机构变更或者解除合同。

本合同在履行过程中，如发生战争、突发公共卫生事件、自然灾害、政府原因等不能预见、不能避免、不能克服的不可抗力事件，当事人一方因不可抗力不能履行合同的，根据不可抗力的影响，部分或者全部免除责任，但是法律另有规定的除外。因不可抗力不能履行合同的，应当及时通知对方，以减轻可能给对方造成的损失，并应当在合理期限内提供证明。当事人迟延履行后发生不可抗力的，不免除其违约责任。

第十条　违约责任

任何一方如违反本合同约定，则违约方应向守约方支付违约金，违约金的金额为人民币_____元（大写：_____元整）。因一方违约给另一方造成经济损失的，违约方还应赔偿对方遭受的损失。

第十一条　争议解决

在本合同履行过程中，如发生争议，双方选择下列第____项方式解决：

1. 双方同意将争议提交至____方所在地有管辖权的人民法院解决。

2. 其他方式解决（包括协商、人民调解、仲裁等合同争议的解决方式）。

第十二条　未尽事宜

本合同如有其他未尽事宜，双方另行协商并签订补充协议，补充协议与本协议具有同等法律效力，补充协议与本协议不一致的内容，以补充协议为准。

第十三条　本合同自甲乙双方签字盖章之日起生效，至双方履行完毕合同项下全部权利义务后终止。

第十四条　本合同一式＿＿＿＿份，甲方执有＿＿＿＿份，乙方执有＿＿＿＿份，各份具有同等法律效力。

——————本行以下无正文——————

甲方：＿＿＿（盖章）＿＿＿　　　乙方：＿＿＿（盖章）＿＿＿

法定代表人或　　　　　　　　　　法定代表人或

授权委托人：＿＿（签名）＿＿　　授权委托人：＿＿（签名）＿＿

＿＿年＿＿月＿＿日　　　　　　　＿＿年＿＿月＿＿日

文物艺术品展示平台及数据管理系统
运维服务合同

甲方：_____

法定代表人：_____

地址：_____

电话：_____

乙方：_____

法定代表人：_____

地址：_____

电话：_____

根据《中华人民共和国民法典》《中华人民共和国著作权法》等相关法律规定，甲乙双方经过友好协商，本着自愿、平等的原则，就甲方委托乙方开展文物艺术品展示平台及数据管理系统运维项目（以下简称项目）服务相关事宜，订立本合同。

第一条　服务内容

1. 数据处理

甲方委托乙方进行图像处理，内容包括：_____

2. 数据编辑

甲方委托乙方完成编辑整理、图像的关联编辑和管理系统导入工作。

3. 项目系统运维及数据托管服务（服务期限：＿＿＿年）

（1）系统托管：提供数据管理系统托管，7×24 小时服务。

（2）数据容灾备份服务。

（3）系统维护保障：专业系统运维人员＿＿＿（人）×24（小时）×365（天）系统运维保障。

（4）设备租用：＿＿＿＿＿＿＿＿＿＿＿＿＿＿＿＿

第二条　项目周期及服务期限

1. 数据采集：＿＿＿年＿＿＿月＿＿＿日之前完成。

2. 验收：＿＿＿年＿＿＿月＿＿＿日之前完成。

3. 项目有效期：自合同签订后＿＿＿年为有效服务期。

第三条　价款支付及发票开具

1. 本合同总价款为人民币＿＿＿＿＿＿＿＿＿元（大写：＿＿＿＿＿＿＿＿＿元整）。

2. 合同签订后＿＿＿个工作日内，甲方应支付合同款项的＿＿＿％，金额为＿＿＿＿＿＿＿元（大写：＿＿＿＿＿＿＿元整）。软件验收合格并交付后＿＿＿个工作日内，甲方支付合同款项的＿＿＿％，金额为＿＿＿＿＿＿＿元（大写：＿＿＿＿＿＿＿元整）。

乙方账号信息为：

户名：＿＿＿＿＿＿＿＿＿＿＿＿＿＿＿＿＿＿＿＿

开户行：＿＿＿＿＿＿＿＿＿＿＿＿＿＿＿＿＿＿

账号：＿＿＿＿＿＿＿＿＿＿＿＿＿＿＿＿＿＿＿＿

3. 发票开具

乙方在甲方每次支付完毕上述相应费用后＿＿＿个工作日内，向甲方开具合法有效的正规发票。

甲方发票信息如下：

名称：_____

纳税人识别号：_____

地址、电话：_____

开户行及账号：_____

第四条　甲方权利义务

1. 根据本合同项目的实际需要和乙方的要求，协助提供有关的数据等，并保证所提供的所有资料完整、真实、合法。

2. 保证提供的资料的合法性以及不侵犯任何第三方的权利。

3. 项目成果所涉及的知识产权归甲方所有。

4. 按合同约定的期限和方式向乙方支付合同价款。

5. 应对因本合同获知的乙方的技术秘密、商业秘密、个人信息及其他信息保密。

第五条　乙方权利义务

1. 按本合同约定向甲方收取合同价款。

2. 按照甲方要求按时完成本合同规定的系统开发工作。

3. 保证甲方系统的稳定及安全，并制定相应措施，确保甲方相关数据不丢失、不泄露。

4. 在开发过程中，对甲方提出的修改要求，应尽力协助实现，并交甲方验收通过。对有可能影响双方约定的完成时间的要求，有权提出延期请求，由双方协商确定具体时间。

5. 保证其交付给甲方的项目成果不侵犯任何第三人的合法权益。如发生第三人指控甲方侵权的，乙方应当承担全部责任，并赔偿由此给甲方造成的所有损失，但因甲方提供的资料导致侵权的除外。

6. 应对因本合同获知的甲方的技术秘密、商业秘密、个人信息及其他信息保密。

第六条　其他约定

未经甲方同意，乙方不得将本合同项目部分或全部工作转让给第三人承担。但乙方根据委托项目制作需要，可临时聘用自然人承担项目制作的部分工作（如图像校正、修图等），可以不经甲方同意。

第七条　情势变更和不可抗力

本合同在履行过程中，合同的基础条件发生了当事人在订立合同时无法预见的、不属于商业风险的重大变化，继续履行合同对于当事人一方明显不公平的，受不利影响的一方当事人可以与对方重新协商；在合理期限内协商不成的，双方当事人可以请求人民法院或者仲裁机构变更或者解除合同。

本合同在履行过程中，如发生战争、突发公共卫生事件、自然灾害、政府原因等不能预见、不能避免、不能克服的不可抗力事件，当事人一方因不可抗力不能履行合同的，根据不可抗力的影响，部分或者全部免除责任，但是法律另有规定的除外。因不可抗力不能履行合同的，应当及时通知对方，以减轻可能给对方造成的损失，并应当在合理期限内提供证明。当事人迟延履行后发生不可抗力的，不免除其违约责任。

第八条　违约责任

1. 本合同签订后，双方应按合同的约定履行合同，任何一方违约，应承担违约责任，并赔偿因违约给对方造成的损失。

2. 甲方单独解除合同的，除应支付乙方已完成的工程量的相应金额外，还应按照本合同总额的＿＿%向乙方支付违约金。

3. 甲方未按约定付款的，每逾期一日，按未支付款项的＿＿%向乙方支付违约金。

4. 乙方延期交付委托制作项目成果的，每逾期一日，按合同总价款的____%向甲方支付违约金。乙方单独解除合同的，应按照本合同总额的____%向甲方支付违约金。

5. 甲方无故拒收乙方制作完成项目成果的，经乙方书面催告后仍不接收的，视为乙方已经交付项目成果。甲方验收不合格的，乙方应无条件修改或重做，直至验收合格，延误的期限按延期交付处理。

6. 甲方未按合同规定的时间和要求向乙方提供相关资料等项目制作素材，乙方有权顺延项目成果的最后交付时间，直到要求解除合同。因甲方或甲方许可的原因导致乙方延期交付项目成果，乙方不承担违约责任。

7. 乙方完成的项目成果内容少于合同约定，甲方仍然需要的，乙方应当补齐，补交部分按逾期交付处理。

第九条　争议解决

在本合同履行过程中，如发生争议，双方选择下列第____项方式解决：

1. 双方同意将争议提交至____方所在地有管辖权的人民法院解决。

2. 其他方式解决（包括协商、人民调解、仲裁等合同争议的解决方式）。

第十条　未尽事宜

本合同如有其他未尽事宜，双方另行协商并签订补充协议，补充协议与本协议具有同等法律效力，补充协议与本协议不一致的内容，以补充协议为准。

第十一条　本合同自甲乙双方签字盖章之日起生效，至双方履行完毕合同项下全部权利义务后终止。

　　第十二条　本合同一式_____份，甲方执有_____份，乙方执有_____份，各份具有同等法律效力。

——————本行以下无正文——————

甲方：____（盖章）____　　　乙方：____（盖章）____
法定代表人或　　　　　　　　法定代表人或
授权委托人：__（签名）__　　授权委托人：__（签名）__
___年___月___日　　　　　___年___月___日

文物艺术品网站后台及 APP 升级改造项目合同

甲方：＿＿＿＿＿＿＿＿＿＿＿＿＿＿＿＿＿＿＿＿＿

法定代表人：＿＿＿＿＿＿＿＿＿＿＿＿＿＿＿＿＿

地址：＿＿＿＿＿＿＿＿＿＿＿＿＿＿＿＿＿＿＿＿＿

电话：＿＿＿＿＿＿＿＿＿＿＿＿＿＿＿＿＿＿＿＿＿

乙方：＿＿＿＿＿＿＿＿＿＿＿＿＿＿＿＿＿＿＿＿＿

法定代表人：＿＿＿＿＿＿＿＿＿＿＿＿＿＿＿＿＿

地址：＿＿＿＿＿＿＿＿＿＿＿＿＿＿＿＿＿＿＿＿＿

电话：＿＿＿＿＿＿＿＿＿＿＿＿＿＿＿＿＿＿＿＿＿

根据《中华人民共和国民法典》《中华人民共和国著作权法》《中华人民共和国网络安全法》等相关法律规定，甲乙双方经过友好协商，本着自愿、平等的原则，就甲方委托乙方开展＿＿＿＿＿＿＿项目（以下简称项目）相关事宜，订立本合同。

第一条　服务内容

1. 网站管理后台（CMS）升级改造

＿＿＿＿＿＿＿＿＿＿＿＿＿＿＿＿＿＿＿＿＿＿＿＿＿

2. APP 升级改造

＿＿＿＿＿＿＿＿＿＿＿＿＿＿＿＿＿＿＿＿＿＿＿＿＿

3. 部署服务

＿＿＿＿＿＿＿＿＿＿＿＿＿＿＿＿＿＿＿＿＿＿＿＿＿

第二条　服务期限

1. 服务时间：除本合同另有约定外，网站管理后台（CMS）、APP升级改造技术开发自合同签订之日起＿＿＿日内开发测试完成投入运行。

2. 服务地点：甲方指定地点。

第三条　审核验收

1. 本项目的软件系统均由最终用户＿＿＿＿＿＿＿＿安排相关人员进行验收，审核内容包括相关软件系统达到项目要求的功能、技术、性能要求，验收标准以与用户方确认的附件《项目需求说明书》为准。

2. 验收时间：甲方应当在乙方完成项目服务＿＿＿个工作日内进行验收并书面提出异议，逾期则视为甲方验收合格。

第四条　项目交付

1. 交付成果

（1）软件系统：＿＿＿＿＿＿＿＿＿＿＿＿＿＿＿＿＿

（2）数据迁移及部署服务：＿＿＿＿＿＿＿＿＿＿＿

2. 交付方式

（1）软件系统：＿＿＿＿＿＿＿＿＿＿＿＿＿＿＿＿＿

（2）数据：＿＿＿＿＿＿＿＿＿＿＿＿＿＿＿＿＿＿＿

第五条　价款支付及发票开具

本项目合同总金额为人民币＿＿＿＿＿＿＿＿元（大写：＿＿＿＿＿＿＿＿元整）。

1. 合同签订后＿＿＿个工作日内，甲方向乙方支付合同款项的＿＿＿％，金额为人民币＿＿＿＿＿＿＿＿元（大写：＿＿＿＿＿＿＿＿元整）；项目验收合格后＿＿＿个工作日内，甲方向乙方支付合同款项的＿＿＿％，金额为人民币＿＿＿＿＿＿＿元（大写：

_____元整）。

乙方账号信息如下：

户名：_____

开户行：_____

账号：_____

2. 乙方在甲方每次支付完毕相应费用后____个工作日内，向甲方开具合法有效的正规发票。

甲方发票信息如下：

名称：_____

纳税人识别号：_____

地址、电话：_____

开户行及账号：_____

第六条　甲方权利义务

1. 根据本项目的实际需要和乙方的要求，提供包括系统源代码、数据等在内的有关的数据，保证所提供的所有资料完整、真实、合法。

2. 本合同签订后____个工作日内，向乙方提供委托项目所需的资料。乙方在依照合同的约定进行软件项目开发期间，发现甲方提供的资料不能满足制作项目需要，向甲方提出补充要求时，甲方应当在____个工作日内回复并补充。

3. 保证提供资料的合法性以及不侵犯任何第三方的权利。

4. 按合同约定的期限和方式向乙方支付合同价款。

第七条　乙方权利义务

1. 按本合同约定向甲方收取合同价款。

2. 按照甲方要求按时完成本合同约定的系统开发及项目服务工作。在进行项目制作期间，有权要求甲方提供或补充相应的资料；在预定的时间内未得到答复，有权停止工作，项目时间相应顺延。

3. 保证甲方网站系统及 APP 的稳定及安全，并制定相应措施，确保甲方网站稳定运行，相关数据不丢失、不泄露。

4. 在开发过程中，对最终用户方提出的修改要求，乙方应尽力协助实现，并交甲方验收通过，对有可能影响双方约定的完成时间的要求，乙方有权提出延期请求，由双方协商确定具体时间。

5. 保证在项目服务期内，为甲方提供运维服务所采取的措施不侵犯任何第三人的合法权益。

6. 乙方对于甲方委托项目建设的工作，在甲方正式使用前应当保密，不得向外界透露项目内容。

第八条　保密条款

1. 甲方

（1）保密内容：包括技术信息、经营信息、个人信息和其他信息。

（2）涉密人员范围：本项目甲方所有参与工作人员及其他能接触到乙方涉密信息的甲方人员。

（3）保密期限：乙方提供的资料著作权中财产权的保护期间。

（4）泄密责任：赔偿给乙方造成的经济损失。

2. 乙方

（1）保密内容：包括技术信息、经营信息、个人信息和其他信息。

（2）涉密人员范围：本项目乙方所有参与人员及其他能接触到甲方涉密信息的乙方人员。

（3）保密期限：甲方提供的资料著作权中财产权的保护期间。

（4）泄密责任：赔偿给甲方造成的经济损失。

第九条 其他约定

本合同第二条为乙方预估的系统开发时间，双方按时间进度确认工作，甲方应向乙方提供相应的配合及支持工作，以确保乙方项目进度按计划推进，因甲方原因导致项目进度推迟，项目交付时间相应顺延。甲方应在乙方提交阶段性确认要求时，在＿＿＿个工作日内完成相关确认工作，否则项目交付时间根据甲方最终确认时间进行顺延；项目完成周期如有更改或突发情况，双方应友好协商解决。

第十条 情势变更和不可抗力

本合同在履行过程中，合同的基础条件发生了当事人在订立合同时无法预见的、不属于商业风险的重大变化，继续履行合同对于当事人一方明显不公平的，受不利影响的一方当事人可以与对方重新协商；在合理期限内协商不成的，双方当事人可以请求人民法院或者仲裁机构变更或者解除合同。

本合同在履行过程中，如发生战争、突发公共卫生事件、自然灾害、政府原因等不能预见、不能避免、不能克服的不可抗力事件，当事人一方因不可抗力不能履行合同的，根据不可抗力的影响，部分或者全部免除责任，但是法律另有规定的除外。因不可抗力不能履行合同的，应当及时通知对方，以减轻可能给对方造成的损失，并应当在合理期限内提供证明。当事人迟延履行后发生不可抗力的，不免除其违约责任。

第十一条　违约责任

1. 本合同签订后，双方应按本合同的约定履行合同，任何一方违约，应承担违约责任，并赔偿因违约给对方造成的损失。

2. 甲方单独解除合同的，除应支付乙方已完成的工程量的相应金额外，还应按照本合同总额的＿＿％向乙方支付违约金。

3. 甲方未按约定付款的，每逾期一日，按未支付款项的＿＿％向乙方支付滞纳金，直到乙方要求解除合同，但合计最高不超过合同总金额的＿＿％。

4. 乙方延期交付委托制作项目成果的，每逾期一日，按未完成项目对应的合同价款的＿＿％向甲方支付违约金，直到甲方要求解除合同，但合计最高不超过合同总金额的＿＿％。因甲方或最终用户或甲方许可的原因导致乙方延期交付项目成果的，乙方不承担违约责任。

5. 除因不可抗力或甲方原因外，乙方提供服务的内容少于合同约定，甲方仍然需要的，乙方应当顺延补齐约定服务期限，服务补齐部分按逾期交付处理。

第十二条　争议解决

在本合同履行过程中，如发生争议，双方选择下列第＿＿项方式解决：

1. 双方同意将争议提交至＿＿方所在地有管辖权的人民法院解决。

2. 其他方式解决（包括协商、人民调解、仲裁等合同争议的解决方式）。

第十三条　未尽事宜

本合同如有其他未尽事宜，双方另行协商并签订补充协议，

补充协议与本协议具有同等法律效力，补充协议与本协议不一致的内容，以补充协议为准。

第十四条 本合同自甲乙双方签字盖章之日起生效，至双方履行完毕合同项下全部权利义务后终止。

第十五条 本合同一式_____份，甲方执有_____份，乙方执有_____份，各份具有同等法律效力。

———————本行以下无正文———————

甲方：_____（盖章）_____ 乙方：_____（盖章）_____
法定代表人或 法定代表人或
授权委托人：___（签名）___ 授权委托人：___（签名）___
___年___月___日 ___年___月___日

附件
《项目需求说明书》

文物艺术品微信公众号平台开发及运维服务合同

甲方：＿＿＿＿＿＿＿＿＿＿＿＿＿＿＿＿

法定代表人：＿＿＿＿＿＿＿＿＿＿＿＿＿

地址：＿＿＿＿＿＿＿＿＿＿＿＿＿＿＿＿＿

电话：＿＿＿＿＿＿＿＿＿＿＿＿＿＿＿＿＿

乙方：＿＿＿＿＿＿＿＿＿＿＿＿＿＿＿＿

法定代表人：＿＿＿＿＿＿＿＿＿＿＿＿＿

地址：＿＿＿＿＿＿＿＿＿＿＿＿＿＿＿＿＿

电话：＿＿＿＿＿＿＿＿＿＿＿＿＿＿＿＿＿

根据《中华人民共和国民法典》《中华人民共和国著作权法》《中华人民共和国网络安全法》等相关法律的规定，甲乙双方经过友好协商，本着自愿、平等的原则，就甲方委托乙方开展＿＿＿＿＿＿＿＿＿＿项目（以下简称项目）相关事宜，订立本合同。

第一条　服务内容

1. 数据运维服务

（1）对＿＿＿＿＿＿＿＿＿＿微信公众号资讯进行整理并发送甲方进行审核，通过后进行发布。

（2）数据运维工作量：不超过＿＿＿人/天。

2. 微信公众号平台系统运维

（1）系统运维：对微信系统运行进行维护，保障系统稳定运行；保障和监督系统安全。

（2）系统运维工作量：不超过____人/天（具体的软件系统运维升级内容以双方协商一致的书面需求变更文档为准，并由双方盖章作为合同附件）。

第二条　时间及审核验收

1. 项目时间

____年____月____日至____年____月____日。

2. 审核验收

在项目运维服务期内，由乙方定期对软件系统进行运维巡检，出具巡检说明。甲方安排相关人员根据乙方微信公众号平台的年度稳定性结合巡检报告进行项目验收。审核标准：按双方协商一致的书面需求变更文档进行审核。

3. 验收时间

甲方应当在乙方完成运维服务期满____个工作日内进行验收并书面提出异议，逾期则视为甲方验收合格。

第三条　价款支付及发票开具

1. 项目报价

（1）项目服务时间：共____年。

（2）每年运维费用：人民币_____元（大写：_____元整）。

（3）项目总价合计：人民币_____元（大写：_____元整）。

2. 支付方式

（1）合同签订后____个工作日内，甲方支付第____年度运维费用，金额为_____元（大写：_____元整）。

（2）在___年第___季度，甲方支付第___年度运维费用，金额为_____元（大写：_____元整 ）。

乙方账号信息如下：

户名：_____

开户行：_____

账号：_____

3. 发票开具

乙方在甲方每次支付完毕上述相应费用后___个工作日内，向甲方开具合法有效的正规发票。

甲方发票信息如下：

名称：_____

纳税人识别号：_____

地址、电话：_____

开户行及账号：_____

第四条　甲方权利义务

1. 根据本合同项目的实际需要和乙方的要求提供协助，提供包括系统源代码等在内的有关数据。

2. 保证提供资料的合法性以及不侵犯任何第三方的权利。

3. 按合同约定的期限和方式向乙方支付合同价款。

第五条　乙方权利义务

1. 按本合同约定向甲方收取合同价款。

2. 按照甲方要求在合同约定时间内完成本合同规定的项目运维工作。

3. 制定相应运维计划及措施，确保甲方系统安全稳定运行，相关数据不丢失、不泄露。

4. 保证在项目运维期内为甲方提供运维服务所采取的措施不侵犯任何第三人的合法权益。

第六条　保密条款

1. 甲方

（1）保密内容：包括技术信息、经营信息、个人信息和其他信息。

（2）涉密人员范围：本项目甲方所有参与工作人员及其他能接触到乙方涉密信息的甲方人员。

（3）保密期限：本项目履行完毕前。

（4）泄密责任：赔偿给乙方造成的经济损失。

2. 乙方

（1）保密内容：包括技术信息、经营信息、个人信息和其他信息。

（2）涉密人员范围：本项目乙方所有参与人员及其他能接触到甲方涉密信息的乙方人员。

（3）保密期限：甲方提供的资料著作权中财产权的保护期间内。

（4）泄密责任：赔偿给甲方造成的经济损失。

第七条　其他约定

第八条　情势变更和不可抗力

本合同在履行过程中，合同的基础条件发生了当事人在订立合同时无法预见的、不属于商业风险的重大变化，继续履行合同对于当事人一方明显不公平的，受不利影响的一方当事人可以与对方重新协商；在合理期限内协商不成的，双方当事人可以请求人民法院或者仲裁机构变更或者解除合同。

本合同在履行过程中，如发生战争、突发公共卫生事件、自然灾害、政府原因等不能预见、不能避免、不能克服的不可抗力事件，当事人一方因不可抗力不能履行合同的，根据不可抗力的影响，部分或者全部免除责任，但是法律另有规定的除外。因不可抗力不能履行合同的，应当及时通知对方，以减轻可能给对方造成的损失，并应当在合理期限内提供证明。当事人迟延履行后发生不可抗力的，不免除其违约责任。

第九条　违约责任

1. 本合同签订后，双方应按本合同的约定履行合同，任何一方违约，应承担违约责任，并赔偿因违约给对方造成的损失。

2. 甲方单独解除合同的，除应支付乙方已完成的工程量的相应金额外，还应按照本合同总金额的____%向乙方支付违约金。

3. 甲方未按约定付款的，每逾期一日，按未支付款项的____%向乙方支付滞纳金，直到乙方要求解除合同。

4. 乙方不按期提供或单方中断网站运维服务，每逾期一日或中断一日，按合同总价款的____%向甲方支付违约金，直到甲方要求解除合同，但最高不超过合同总金额的____%。因甲方或甲方许可的原因导致乙方无法按期或中断网站运维服务的，乙方不承担违约责任。

5. 除因不可抗力或甲方原因外，乙方提供服务的内容少于合同约定，甲方仍然需要的，乙方应当顺延补齐约定服务期限，服务补齐部分按逾期交付处理。

第十条　争议解决

在本合同履行过程中，如发生争议，双方选择下列第____

项方式解决：

1. 双方同意将争议提交至＿＿方所在地有管辖权的人民法院解决。

2. 其他方式解决（包括协商、人民调解、仲裁等合同争议的解决方式）。

———————————————————

第十一条　未尽事宜

本合同如有其他未尽事宜，双方另行协商并签订补充协议，补充协议与本协议具有同等法律效力，补充协议与本协议不一致的内容，以补充协议为准。

第十二条　本合同自甲乙双方签字盖章之日起生效，至双方履行完毕合同项下全部权利义务后终止。

第十三条　本合同一式＿＿＿＿＿份，甲方执有＿＿＿＿份，乙方执有＿＿＿＿份，各份具有同等法律效力。

——————本行以下无正文——————

甲方：＿＿（盖章）＿＿　　乙方：＿＿（盖章）＿＿

法定代表人或　　　　　　　法定代表人或

授权委托人：＿（签名）＿　授权委托人：＿（签名）＿

＿＿年＿＿月＿＿日　　　　＿＿年＿＿月＿＿日

附件

政务云服务合同

甲方：＿＿＿＿＿＿＿＿＿＿＿＿＿

法定代表人：＿＿＿＿＿＿＿＿＿＿

地址：＿＿＿＿＿＿＿＿＿＿＿＿＿

电话：＿＿＿＿＿＿＿＿＿＿＿＿＿

乙方：＿＿＿＿＿＿＿＿＿＿＿＿＿

法定代表人：＿＿＿＿＿＿＿＿＿＿

地址：＿＿＿＿＿＿＿＿＿＿＿＿＿

电话：＿＿＿＿＿＿＿＿＿＿＿＿＿

根据《中华人民共和国民法典》《中华人民共和国网络安全法》及相关法律法规的规定，甲乙双方经过友好协商，本着自愿、平等的原则，就甲方委托乙方开展＿＿＿＿＿＿事宜，订立本合同。

第一条　服务事项及内容

本合同有效期内，乙方为甲方提供附件1中的各项服务。

第二条　服务质量及验收

1. 乙方为甲方提供的服务质量应符合国家或相关行业的标准。

2. 乙方自合同签署之日起＿＿＿个工作日内完成系统入云检测和迁移等工作，并在甲方配合下投入试运行。

3. 乙方提供的云平台整体可用性应不低于99.9%，数据可靠性应不低于99.9999%。

4. 运维期间，乙方保证其提供的云平台层面的安全性。

5. 乙方应为甲方提供其云平台咨询服务，配合、协助甲方修订原有管理办法，并严格执行。

6. 乙方完成入云检测和迁移服务后应及时通知甲方（以书面形式发送验收申请至甲方项目负责人）进行验收，并配合提供相关验收材料，甲方应在收到申请后积极组织相关人员对项目进行验收，并由项目负责人在验收函上签字完成验收。

第三条　项目管理

1. 甲方指派一名代表作为本项目负责人，负责确定项目计划，监督项目执行，协调项目资源，确认项目成果。甲方项目负责人：＿＿＿＿＿＿，联系方式：＿＿＿＿＿＿。

2. 乙方指派一名代表作为本项目负责人，乙方项目负责人：＿＿＿＿＿＿，联系方式：＿＿＿＿＿＿。

3. 项目主要人员要求

乙方须根据项目要求，安排具备相应资质和经验的专业人员从事本项目的调研和迁移工作，并确保项目实施队伍的稳定。项目实施过程中，乙方如因正当理由需要调整项目主要人员的，应当提前＿＿＿个工作日通知甲方，获得甲方同意后方可更换。

第四条　服务期限

乙方为甲方提供上述服务的期限为＿＿＿年＿＿＿月＿＿＿日至＿＿＿年＿＿＿月＿＿＿日。

第五条　价款支付及发票开具

1. 本合同项下服务费总额为人民币＿＿＿＿＿＿元（大写：＿＿＿＿＿＿元整）。合同签订后＿＿＿个工作日内，甲方向乙方支付全部合同款项。

乙方账号信息如下：

户名：＿＿＿＿＿＿＿＿＿＿＿＿＿＿＿＿

开户行：＿＿＿＿＿＿＿＿＿＿＿＿＿＿

账号：＿＿＿＿＿＿＿＿＿＿＿＿＿＿＿

2. 乙方应在收到甲方付款后＿＿＿个工作日内，为甲方开具合法有效的正规发票。

甲方发票信息如下：

名称：＿＿＿＿＿＿＿＿＿＿＿＿＿＿＿

纳税人识别号：＿＿＿＿＿＿＿＿＿＿＿

地址、电话：＿＿＿＿＿＿＿＿＿＿＿＿

开户行及账号：＿＿＿＿＿＿＿＿＿＿＿

第六条　甲方权利义务

1. 要求乙方按照本合同约定提供各项服务。

2. 对乙方提供各项服务的情况进行监督、检查和评价。

3. 提出有关管理、技术等方面的要求，协调云服务商、业务系统服务商的关系，协调业务系统服务商配合调研、迁移、运维、安全和应急演练等过程的工作。

4. 负责本单位业务系统的应用软件和系统软件的提供、日常维护、管理、安全和应急保障。

第七条　乙方权利义务

1. 按照本合同约定向甲方提供各项服务，确保服务质量符合本合同约定。

2. 保证向甲方提供的服务不存在任何侵犯第三方知识产权合法权益的情形。

3. 有义务配合甲方根据工作需要，对其提供服务的情况及项目服务费支出、使用情况进行的监督和检查，出现问题应及时整改。

4. 保证为甲方提供服务所需的相应资质和许可；保证乙方人员在为甲方提供服务的过程中，严格遵守甲方的各项规定、服从甲方安排。

5. 如因乙方人员在从事提供本合同下云服务中给甲方或第三方造成人员人身伤害或财产损失的，乙方应依法承担赔偿责任。

6. 在规定期限内，完成政务云平台区物理网络的搭建和部署，其中，互联网及带宽由乙方保障。

7. 协助甲方建立健全配套制度标准，包括运维制度、应急预案、安全保障制度、监管办法等。

8. 在规定期限内，完成甲方指定业务系统的测试和迁移。

9. 配合甲方完成云迁移，搭建甲方应用上云的测试环境，并在测试期内配合迁移测试。

10. 负责管理甲方申请的 IP 地址，为甲方提供 IP 地址分配和管理服务。

11. 负责所建设政务云平台的具体管理、监控、安全防护等工作，按甲方要求定期向甲方提供监控报告。

12. 服务期满后，如乙方不再提供云服务，乙方应配合各方完成迁移和切换工作，切换期及其费用由甲乙双方商议决定，但切换期最长不超过____个月。

13. 重大活动期间，乙方应配合甲方制定预案并提供云平台的现场值守等服务。

第八条　甲乙方安全责任边界

1. 甲方

（1）承担系统软件、应用系统、数据等方面的安全责任。

（2）负责组织应用系统级别的应急演练，如有需要，有权要求乙方配合应急演练。

2. 乙方

（1）承担云平台层面（主要包括物理资源、计算资源、存储资源、网络资源）以及数据防丢失的安全责任。

（2）在取得甲方许可后，负责云平台应急演练；配合甲方完成业务系统的应急演练。

（3）按照＿＿＿＿＿＿网络安全标准，落实并通过所建设的云平台的第三方网络安全审查。

第九条　保密条款

1. 乙方因承接本合同约定项目所知悉的本项目信息或甲方信息，以及在项目实施过程中所产生的与本项目有关的全部信息均为甲方的保密信息，乙方应按照《中华人民共和国保守国家秘密法》及甲方关于保密工作的相关要求，对上述保密信息承担保密义务，未经甲方书面同意，乙方不得将甲方保密信息透露给任何第三方。

2. 乙方应对上述保密信息予以妥善保存，并保证仅将其用于与完成本合同项下约定项目实施有关的用途或目的。在缺少相关保密条款约定时，对上述保密信息，乙方应至少采取适用于对自己核心机密进行保护的同等保护措施和审慎程度进行保密。

3. 乙方保证将保密信息的披露范围严格控制在直接从事本项目工作且因工作需要有必要知悉保密信息的工作人员范围内，对乙方非从事本项目的人员一律严格保密。

4. 乙方应保证在向其工作人员披露甲方的保密信息前，认真做好员工的保密教育工作，明确告知其将知悉的信息为甲方的保密信息，并明确告知其需承担的保密义务及泄密所应承担的法律责任，并要求全体参与本项目的人员签署书面《保密协议》。

5. 经甲方提出要求，乙方应按照甲方指示在收到甲方书面通知后将甲方保密信息的所有文件或相关资料归还甲方，且不得擅自复制留存。

6. 非经甲方特别授权，甲方向乙方提供的任何保密信息并不包括授予乙方该保密信息包含的任何专利权、商标权、著作权、商业秘密或其他类型的知识产权。

7. 乙方承担上述保密义务的期限为合同有效期间及合同终止后＿＿年。

8. 承担上述保密义务的责任主体为乙方（含乙方工作人员）。

第十条　知识产权归属

1. 乙方为履行本合同义务所形成的服务成果的知识产权归＿＿方所有。

2. 乙方提供的相关软件应是自行开发的产品或具备合法、合规授权，满足知识产权方面的有关规定和要求。

3. 乙方保证向甲方提供的服务成果是其独立实施完成，不存在任何侵犯第三方知识产权的情形。

第十一条　其他约定

第十二条　情势变更和不可抗力

本合同在履行过程中，合同的基础条件发生了当事人在订立合同时无法预见的、不属于商业风险的重大变化，继续履行合同对于当事人一方明显不公平的，受不利影响的一方当事人可以与对方重新协商；在合理期限内协商不成的，双方当事人可以请求人民法院或者仲裁机构变更或者解除合同。

本合同在履行过程中，如发生战争、突发公共卫生事件、自然灾害、政府原因等不能预见、不能避免、不能克服的不可抗力事件，当事人一方因不可抗力不能履行合同的，根据不可抗力的影响，部分或者全部免除责任，但是法律另有规定的除外。因不可抗力不能履行合同的，应当及时通知对方，以减轻可能给对方造成的损失，并应当在合理期限内提供证明。当事人迟延履行后发生不可抗力的，不免除其违约责任。

第十三条　违约责任

1. 甲乙双方均应全面履行本合同，任何一方不履行或不按约定履行均构成违约，违约方应赔偿因此给对方造成的全部损失。

2. 乙方提供服务不符合本合同约定标准的，乙方应当在甲方规定的期限内进行返工、修改，并重新提交甲方验收；如整改后仍不能达到甲方要求的，甲方有权解除本合同，乙方应返还甲方已经支付的全部款项，并赔偿给甲方造成的全部损失。

3. 乙方不接受甲方和相关审计部门对本项目进行监督检查的，或经检查发现存在违法违规情况的，按照附件2、附件3的违约责任表处理。

4. 乙方提供服务过程中可能发生的违约行为及相应应承担的违约金详见附件2、附件3，违约金的支付由甲乙双方协商。在同一追责过程中系同一事件或原因导致的事故，甲方不可就同一事件或原因重复要求乙方承担违约责任，经甲乙双方协商，择其重者确定乙方支付违约金的办法；在乙方因某一事件或原因承担违约责任后又因同一事件或原因导致事故的，甲方仍可就此同一事件或原因要求乙方承担违约责任。

5. 在运营期间出现下列情况，甲方向乙方提出整改要求和期限，且乙方在规定期限内未能履行甲方正当要求的，甲方有权解除本合同：

（1）多次在云安全监管方已发出整改通知后未正确处置，出现问题并造成 B 级及以上事故。

（2）重大活动期间，如甲方要求人员到场而乙方所承诺的骨干人员和管理人员未到场。

（3）连续____个月所承诺的运维服务人员人数未达到合同要求的。

第十四条　争议解决

在本合同履行过程中，如发生争议，双方选择下列第____项方式解决：

1. 双方同意将争议提交至____方所在地有管辖权的人民法院解决。

2. 其他方式解决（包括协商、人民调解、仲裁等合同争议的解决方式）。

第十五条　未尽事宜

本合同如有其他未尽事宜，双方另行协商并签订补充协议，补充协议与本协议具有同等法律效力，补充协议与本协议不一致的内容，以补充协议为准。

第十六条　本合同自甲乙双方签字盖章之日起生效，至双方履行完毕合同项下全部权利义务后终止。

第十七条　本合同一式＿＿＿＿＿份，甲方执有＿＿＿＿＿份，乙方执有＿＿＿＿＿份，各份具有同等法律效力。

————————本行以下无正文————————

甲方：＿＿（盖章）＿＿　　　乙方：＿＿（盖章）＿＿

法定代表人或　　　　　　　　法定代表人或

授权委托人：＿＿（签名）　　授权委托人：＿＿（签名）

＿＿年＿＿月＿＿日　　　　　＿＿年＿＿月＿＿日

附件

1. 服务目录明细清单

2. 乙方重大违约责任表

3. 乙方一般违约责任表

文物艺术品展览场地、信息发布服务合同

甲方：＿＿＿＿＿＿＿＿＿＿＿＿＿＿＿＿

法定代表人：＿＿＿＿＿＿＿＿＿＿＿＿

地址：＿＿＿＿＿＿＿＿＿＿＿＿＿＿＿＿

电话：＿＿＿＿＿＿＿＿＿＿＿＿＿＿＿＿

乙方：＿＿＿＿＿＿＿＿＿＿＿＿＿＿＿＿

法定代表人：＿＿＿＿＿＿＿＿＿＿＿＿

地址：＿＿＿＿＿＿＿＿＿＿＿＿＿＿＿＿

电话：＿＿＿＿＿＿＿＿＿＿＿＿＿＿＿＿

根据《中华人民共和国民法典》《中华人民共和国文物保护法》《中华人民共和国文物保护法实施条例》《艺术品经营管理办法》等相关法律法规规章的规定，甲乙双方经友好协商，本着自愿、平等的原则，就甲方委托乙方协助提供乙方＿＿＿＿＿＿＿＿＿＿场地举办＿＿＿＿＿＿＿＿＿＿并委托乙方在乙方网站为甲方发布＿＿＿＿＿＿＿＿＿＿信息（以下简称"信息"）的有关事宜，订立本合同。

第一条　服务内容

1. 甲方委托乙方协助提供乙方＿＿＿＿＿＿＿＿＿＿场地（详见附件平面图）用于举办＿＿＿＿＿＿＿＿＿＿展览活动，活动信息如下：

（1）活动名称：＿＿＿＿＿＿＿＿＿＿＿＿＿＿＿＿

（2）指导单位：＿＿＿＿＿＿＿＿＿＿＿＿＿＿

（3）主办单位：＿＿＿＿＿＿＿＿＿＿＿＿＿＿

（4）承办单位：＿＿＿＿＿＿＿＿＿＿＿＿＿＿

（5）协办单位：＿＿＿＿＿＿＿＿＿＿＿＿＿＿

（6）展览地址：＿＿＿＿＿＿＿＿＿＿＿＿＿＿

（7）活动时间：＿＿＿＿＿＿＿＿＿＿＿＿＿＿

（8）活动主要内容：＿＿＿＿＿＿＿＿＿＿＿＿

（9）展览开幕式时间：＿＿＿＿＿＿＿＿＿＿＿

2. 在乙方网站发布展览信息。

第二条　服务期限

上述服务应在＿＿年＿＿月＿＿日至＿＿年＿＿月＿＿日执行完毕，如果甲方超出了本合同约定之时间并需要继续延长时，应提前＿＿小时向乙方提出书面申请，乙方于收到甲方申请后＿＿小时内书面答复甲方，乙方未书面答复则视为不同意。如果乙方同意甲方延长场地使用时间，甲方应按每平方米每小时人民币＿＿＿＿＿＿元的标准，向乙方支付费用。乙方免费提供甲方展前＿＿日及展后＿＿日仓储保管空间。

第三条　价款支付及发票开具

1. 上述展览及宣传推广费用共计人民币＿＿＿＿＿＿元（大写：＿＿＿＿＿＿元整）。甲方应于合同签订后的＿＿个工作日内将款项的＿＿％支付给乙方，即人民币＿＿＿＿＿＿元（大写：＿＿＿＿＿＿元整）；展览结束后＿＿个工作日内将余款支付给乙方，即人民币＿＿＿＿＿＿元（大写：＿＿＿＿＿＿元整）。

乙方账号信息如下：

户称：＿＿＿＿＿＿＿＿＿＿＿＿＿＿＿

开户行：＿＿＿＿＿＿＿＿＿＿＿＿＿＿

账号：_____

2. 甲方付款后____个工作日内，乙方出具合法有效的正规发票。

甲方发票信息如下：

名称：_____

纳税人识别号：_____

地址、电话：_____

开户行及账号：_____

第四条　双方权利义务

1. 信息网络发布服务的权利义务

（1）本合同发布的信息文件由甲方按照合同约定的标准提供给乙方。

（2）如果甲方要求制作内容超出本条第二项描述内容，则需要另外签订制作协议。

（3）甲方在乙方网站上发布的信息内容，应当符合国家相关法律法规的规定。乙方有权对不符合国家法律法规规定的信息内容进行删除或更改，并有权拒绝发布该信息。

（4）甲方委托乙方为其制作用于在乙方网站发布的信息，乙方应按乙方网站的技术标准谨慎处理，使信息内容可直接在乙方网站发布，且不会对乙方网站产生计算机病毒感染。

（5）若双方须更改信息发布内容或时间，必须于刊登发布的____个工作日前书面通知对方。若双方无故取消或更改信息内容或发布时间，应按合同总额的____％向对方支付违约金。

（6）甲方的信息发布页面不提供代码插入，所有图片文件均要求放在乙方网站服务器上。

（7）合同期满续约的价格，将按照乙方制定的新的价格政策重新签订合同。

（8）本合同涉及的广告均按屏幕尺寸_____为准，文件格式为_____，甲方应按以上标准提供发布文件素材，否则乙方有权延期发布广告信息。

2. 展览服务的权利义务

（1）甲方负责向乙方提供所有主办及承办单位的证明文件等相关资料。活动内容不能与乙方的形象及定位相冲突。

（2）甲方保证使用乙方场地期间，不得从事除约定外的其他活动，且不违反国家和地方相关法律政策。甲方的展览内容，须符合法律、法规的规定，所有活动方案、展览方案、推广计划必须与乙方协商，并经乙方确认后方可执行。双方均不得利用本次活动从事有损双方声誉的事情。

（3）展场布置由乙方负责，甲方使用前，应对场地进行验收。展览期间，甲方工作人员有义务遵守乙方的场地管理规范，工作人员需办理通行证，佩戴证件出入。若展览期间，工作人员或观众不遵守乙方规定，甲方应当听取乙方提出的建议和意见，并及时做出合理有效的调整。

（4）甲方在展场使用过程中，应监督爱护乙方场地设施，维持展厅秩序，保持场地及周围区域环境整洁。未经允许，不得在场地的门、窗、地面、墙壁、立柱上打洞、钉钉、涂抹、张贴。严禁携带任何危险物品及宠物入场，亦不得擅自启用灯光、私架器材等，禁止吸烟、饮食。如因甲方未能遵守上述规定造成意外事故或毁损，由甲方承担相应赔偿责任。

（5）甲方在场地使用结束后，应当配合乙方清理场地，经乙方清点检查无误后，双方签具的书面验收证明视为验收合格。若甲方未按乙方规定协助清理场地，或场地设施因甲方损坏，责任方应承担清理、修复或赔偿责任，给乙方造成其他损失的一律由责任方负责赔偿。

（6）若甲方在合同签订后，因故无法如期举行活动，甲方所付款项乙方概不退还。不可抗力除外。

（7）在场地租用期间，乙方承担场地安全保护责任。若因甲方人员违反乙方场地安全规定造成人员伤亡，由甲方自行承担。

（8）双方对所有活动方案、展览方案、推广计划有知情权，并有权向对方提出书面整改意见。

（9）自撤展第一日起，甲方应在与乙方商定的时间内完成场地清理工作。否则，自商定撤展最后期限的第一日起，乙方将视所有在场设备、物品为甲方遗弃物，乙方有权自行处理。

第五条　知识产权归属

1. 甲方确认其拥有所提供的原始信息（包括但不限于文字、图片、摄影作品等）的知识产权。

2. 乙方对甲方提供的信息进行加工、制作（包括对物品进行拍照等）需经甲方同意，产生的新作品的知识产权由____方享有。

3. 除本合同规定之工作所需或本合同另有约定外，未经对方事先同意，双方不得擅自使用、复制对方的商标、标志、商业信息、技术及其他资料。

第六条　免责条款

1. 乙方应尽量在甲方信息发布期内不对网站进行改版及改版测试，但基于发展需要，乙方将不定期对乙方网站的服务内容、版面布局、页面设计等方面进行调整，在提前告知甲方后，对改版的新页面进行测试。甲方同意乙方的上述调整与测试，并认同上述调整与测试不会影响合同发布信息内容。

2. 为了网站的正常运行，乙方需要定期或不定期地对网站进行停机维护，如因此类情况造成本合同项下的网络信息不能按计划进行发布，甲方将予以谅解，乙方则有义务尽力避免服务中断或将中断时间限制在最短时间内。

3. 由于电力、网络、电脑、通讯或其他系统的故障、劳动争议以及不可抗力，国际、国内法院的执行或第三方的不作为而造成的乙方不能服务或延迟服务。

4. 对于乙方因上述三种情形而不能按计划发布信息的情况，甲方不视为乙方违约。如上述情况的发生影响了甲方信息发布的时间，乙方应在发布时间上予以顺延。

第七条　其他约定

第八条　情势变更和不可抗力

本合同在履行过程中，合同的基础条件发生了当事人在订立合同时无法预见的、不属于商业风险的重大变化，继续履行合同对于当事人一方明显不公平的，受不利影响的一方当事人可以与对方重新协商；在合理期限内协商不成的，双方当事人可以请求人民法院或者仲裁机构变更或者解除合同。

本合同在履行过程中，如发生战争、突发公共卫生事件、自然灾害、政府原因等不能预见、不能避免、不能克服的不可抗力事件，当事人一方因不可抗力不能履行合同的，根据不可抗力的影响，部分或者全部免除责任，但是法律另有规定的除外。因不可抗力不能履行合同的，应当及时通知对方，以减轻可能给对方造成的损失，并应当在合理期限内提供证明。当事人迟延履行后发生不可抗力的，不免除其违约责任。

第九条　违约责任

1. 任何一方不履行合同义务或者履行合同义务不符合约定的，应当承担继续履行、采取补救措施或者赔偿损失等违约责任。

2. 如甲方逾期付款，每日滞纳金按合同总额的____％收取。如逾期超过____日视为甲方根本违约，乙方可终止合同，并要求甲方支付合同金额____％的违约金或赔偿全部损失。

3. 如甲方未按合同约定使用场地，乙方有权要求支付合同总金额____％的违约金。如乙方未按合同约定为甲方提供信息服务及场地使用，甲方有权要求乙方支付合同总金额____％的违约金。

第十条　争议解决

在本合同履行过程中，如发生争议，双方选择下列第____项方式解决：

1. 双方同意将争议提交至____方所在地有管辖权的人民法院解决。

2. 其他方式解决（包括协商、人民调解、仲裁等合同争议的解决方式）。

第十一条　未尽事宜

本合同如有其他未尽事宜，双方另行协商并签订补充协议，补充协议与本协议具有同等法律效力，补充协议与本协议不一致的内容，以补充协议为准。

第十二条　本合同自甲乙双方签字盖章之日起生效，至双方履行完毕合同项下全部权利义务后终止。

　　第十三条　本合同一式_____份，甲方执有_____份，乙方执有_____份，各份具有同等法律效力。

　　　　　　————————本行以下无正文————————

　　　甲方：____（盖章）____　　　乙方：____（盖章）____

　　　法定代表人或　　　　　　　　法定代表人或

　　　授权委托人：__（签名）__　　授权委托人：__（签名）__

　　　___年___月___日　　　　　　___年___月___日

　　　附件

文物艺术品展览展台、展柜、展具制作与维护、运输、搭建、拆除合同

甲方：_____

法定代表人：_____

地址：_____

电话：_____

乙方：_____

法定代表人：_____

地址：_____

电话：_____

根据《中华人民共和国民法典》《中华人民共和国文物保护法》《中华人民共和国文物保护法实施条例》《艺术品经营管理办法》等有关法律法规规章的规定，甲乙双方经过友好协商，本着自愿、平等的原则，就甲方委托乙方为_____展览的展台、展柜、展具的制作与维护、运输、搭建、拆除有关事宜，订立本合同。

第一条　基本情况

展览名称：_____，时间：_____，地点：_____，展台面积：_____平方米。

第二条　工作内容

展台、展柜、展具制作与维护、运输、搭建、拆除。

第三条　价款支付及发票开具

1. 经双方协商确定，甲方自本合同生效之日起____个工作日内，向乙方支付合同总价款的___%，共计人民币_____元（大写：_____元整）；乙方完成展台、展柜、展具的制作并经甲方审验合格后____个工作日内，甲方向乙方支付合同总价款的___%，共计人民币_____元（大写：_____元整）；乙方完成展台、展柜、展具的运输和搭建后____个工作日内，甲方向乙方支付合同总价款的___%，共计人民币_____元（大写：_____元整）；乙方完成展台、展柜、展具的拆除后____个工作日内，甲方向乙方支付合同总价款的___%，共计人民币_____元（大写：_____元整）。

乙方账号信息如下：

户名：_____

开户行：_____

账　号：_____

2. 乙方在甲方支付完毕全部费后____个工作日内，向甲方开具合法有效的正规发票。

甲方发票信息如下：

名称：_____

纳税人识别号：_____

地址、电话：_____

开户行及账号：_____

第四条　甲方权利义务

1. 审核乙方的全部工作方案。

2. 监督乙方对展出的文物艺术品开展拆包、检验、安装、布置、拆除打包以及相关设备器具的装卸等工作。

3. 在合同履行过程中，对乙方的相关工作提出意见、建议和要求。

4. 应对履行合同过程中获知的乙方的商业秘密、个人信息及其他信息保密。

第五条　乙方权利义务

1. 根据甲方提出的工作内容，制定全部工作方案。

2. 在____年____月____日之前，完成展台、展柜、展具的制作；在____年____年____月____日之前，完成展台、展柜、展具的运输；在____年____月____日之前，完成展台、展柜、展具的搭建；在____年____月____日之前，完成拆除展台、展柜、展具的拆除。

3. 应在可能的情况下，按照甲方根据展位实际情况提出的修改要求进行修改。

4. 负责展台搭建完毕之日起至展台拆除之日，展台的日常维护工作。

5. 应对履行合同过程中获知的甲方的商业秘密、个人信息及其他信息保密。

第六条　知识产权归属

双方约定，因履行本合同所产生的知识产权，选择下列第____项方式确定权利归属：

1. 全部由双方共同共有。

2. 全部归____方所有。

第七条　其他约定

第八条　情势变更和不可抗力

本合同在履行过程中，合同的基础条件发生了当事人在订立合同时无法预见的、不属于商业风险的重大变化，继续履行合同对于当事人一方明显不公平的，受不利影响的一方当事人可以与对方重新协商；在合理期限内协商不成的，双方当事人可以请求人民法院或者仲裁机构变更或者解除合同。

本合同在履行过程中，如发生战争、突发公共卫生事件、自然灾害、政府原因等不能预见、不能避免、不能克服的不可抗力事件，当事人一方因不可抗力不能履行合同的，根据不可抗力的影响，部分或者全部免除责任，但是法律另有规定的除外。因不可抗力不能履行合同的，应当及时通知对方，以减轻可能给对方造成的损失，并应当在合理期限内提供证明。当事人迟延履行后发生不可抗力的，不免除其违约责任。

第九条　违约责任

任何一方如违反本合同约定，则违约方应向守约方支付违约金，违约金的金额为人民币 ＿＿＿＿＿＿ 元（大写：＿＿＿＿＿＿元整）。因一方违约给另一方造成经济损失的，违约方还应赔偿对方遭受的损失。

第十条　争议解决

在本合同履行过程中，如发生争议，双方选择下列第＿＿项方式解决：

1. 双方同意将争议提交至＿＿方所在地有管辖权的人民法院解决。

2. 其他方式解决（包括协商、人民调解、仲裁等合同争议的解决方式)。

第十一条 未尽事宜

本合同如有其他未尽事宜,双方另行协商并签订补充协议,补充协议与本协议具有同等法律效力,补充协议与本协议不一致的内容,以补充协议为准。

第十二条 本合同自甲乙双方签字盖章之日起生效,至双方履行完毕合同项下全部权利义务后终止。

第十三条 本合同一式_____份,甲方执有_____份,乙方执有_____份,各份具有同等法律效力。

————本行以下无正文————

甲方:___(盖章)___   乙方:___(盖章)___
法定代表人或   法定代表人或
授权委托人:__(签名)__   授权委托人:__(签名)__
___年___月___日   ___年___月___日

文创产品合作研发经营合同

甲方：＿＿＿＿＿＿＿＿＿＿＿＿＿＿＿＿＿

法定代表人：＿＿＿＿＿＿＿＿＿＿＿＿＿＿

地址：＿＿＿＿＿＿＿＿＿＿＿＿＿＿＿＿＿

电话：＿＿＿＿＿＿＿＿＿＿＿＿＿＿＿＿＿

乙方：＿＿＿＿＿＿＿＿＿＿＿＿＿＿＿＿＿

法定代表人：＿＿＿＿＿＿＿＿＿＿＿＿＿＿

地址：＿＿＿＿＿＿＿＿＿＿＿＿＿＿＿＿＿

电话：＿＿＿＿＿＿＿＿＿＿＿＿＿＿＿＿＿

根据《中华人民共和国民法典》《中华人民共和国文物保护法》《中华人民共和国文物保护法实施条例》《艺术品经营管理办法》等有关法律法规规章的规定，甲乙双方经过友好协商，本着自愿、平等的原则，就＿＿＿＿＿＿＿文创产品合作经营有关事宜，订立本合同。

第一条　工作内容

1. 研发、展示、销售＿＿＿＿＿＿＿＿文创产品。

2. 研发展示销售期限：＿＿年＿＿月＿＿日至＿＿年＿＿月＿＿日。

3. 展示销售地点：甲方＿＿＿＿＿＿＿＿＿＿＿＿＿

第二条　项目管理

为确保本合同的全面履行，双方采取以下方式对研发展示销售文创产品工作进行组织管理：定期（＿＿个月）开会（含视频会），或者随时保持通讯联系。

甲方指定＿＿＿＿＿＿为甲方项目联系人，联系电话＿＿＿＿＿＿。乙方指定＿＿＿＿＿＿为乙方项目联系人，联系电话＿＿＿＿＿＿。项目联系人承担项目研发展示销售文创产品的日常联络工作。任何一方变更项目联系人，应当及时以书面形式通知另一方。

第三条　价款支付及发票开具

1. 本合同总价款为人民币＿＿＿＿＿＿元（大写：＿＿＿＿＿＿元整）。

本合同签订后＿＿个工作日内，乙方应向甲方交纳全部或部分管理费用共计人民币＿＿＿＿＿＿元（大写：＿＿＿＿＿＿元整）。

乙方交纳部分管理费时，需开具有效银行保函作为履约保证金，银行保函形式需提前征得甲方同意。尾款应于合同履行完毕前＿＿个工作日交纳。

甲方账号信息如下：

户名：＿＿＿＿＿＿＿＿＿＿＿＿＿＿＿＿＿＿＿＿＿

开户行：＿＿＿＿＿＿＿＿＿＿＿＿＿＿＿＿＿＿＿＿

账号：＿＿＿＿＿＿＿＿＿＿＿＿＿＿＿＿＿＿＿＿＿

2. 甲方在乙方全部或部分支付完毕上述相应费用后＿＿个工作日内，向乙方开具合法有效的正规发票。

乙方发票信息如下：

名称：＿＿＿＿＿＿＿＿＿＿＿＿＿＿＿＿＿＿＿＿＿

纳税人识别号：＿＿＿＿＿＿＿＿＿＿＿＿＿

地址、电话：＿＿＿＿＿＿＿＿＿＿＿＿＿＿

开户行及账号：＿＿＿＿＿＿＿＿＿＿＿＿

第四条　甲方权利义务

1. 为乙方提供展示销售的场所及相应的服务保障。

2. 在共同研发的文创产品中提供并使用甲方名称和有关商标、标识。

3. 审核批准展示销售文创产品及包装的最终成品。

4. 在双方正式开始营业前及合作过程中，及时以书面形式告知乙方需要遵守的规章制度，并对乙方工作人员开展培训。

5. 监督检查乙方执行国家法律法规规章和甲方相关制度的情况。如发现有违法违规行为时，有权单方面暂停双方合作。

6. 应对因本合同获知的所有技术秘密、商业秘密和个人信息保密。

第五条　乙方权利义务

1. 应具有合法的经营资质。

2. 应严格遵守国家法律法规，依法纳税。

3. 应自觉遵守甲方的各项规章制度，接受甲方相关部门的监督管理。

4. 应保证所生产的文创产品的质量，所提供的服务应符合国家有关标准。

5. 不得对文创产品进行夸大宣传、虚假宣传。

6. 自行承担合作期间内发生的、因自身原因导致的一切纠纷的法律责任。

7. 未经甲方书面同意，不得擅自转让本合同项下部分或全部义务。

8. 应对因本合同获知的所有技术秘密、商业秘密和个人信息保密。

第六条　知识产权归属

双方约定按照下列第＿＿＿项方式，确定知识产权归属：

1. 乙方履行本合同项目过程中收集的原始资料和照片、文创产品及包装的最终成品的知识产权归甲方所有。未经甲方书面同意，乙方不得复制、泄露、擅自修改、使用、传送或向第三人转让或用于本合同外的项目。

2. 双方共同共有本合同项目实施过程中收集的原始资料和照片、文创产品及包装的最终成品的知识产权。未经一方书面同意，另一方不得复制、泄露、擅自修改、使用、传送或向第三人转让或用于本合同外的项目。

第七条　其他约定

第八条　情势变更和不可抗力

本合同在履行过程中，合同的基础条件发生了当事人在订立合同时无法预见的、不属于商业风险的重大变化，继续履行合同对于当事人一方明显不公平的，受不利影响的一方当事人可以与对方重新协商；在合理期限内协商不成的，双方当事人可以请求人民法院或者仲裁机构变更或者解除合同。

本合同在履行过程中，如发生战争、突发公共卫生事件、自然灾害、政府原因等不能预见、不能避免、不能克服的不可抗力事件，当事人一方因不可抗力不能履行合同的，根据不可抗力的影响，部分或者全部免除责任，但是法律另有规定的除外。因不可抗力不能履行合同的，应当及时通知对方，以减轻可能给对方造成的损失，并应当在合理期限内提供证明。当事人迟延履行后发生不可抗力的，不免除其违约责任。

第九条 违约责任

1. 本合同生效后，若甲方单方终止合同，甲方应就乙方已经提供的服务进行结算，但因乙方违约等原因甲方终止合同的除外。

2. 本合同生效后，若乙方无故终止合同，乙方应返还甲方已经支付的全部费用，并向甲方支付合同总金额____%的违约金，同时赔偿甲方遭受的损失。

3. 乙方未在约定时间内向甲方足额支付合作费的，每迟延一日应按照未支付费用的____%向甲方支付违约金。乙方迟延付款超过____个工作日的，甲方要求乙方限期纠正，如乙方未在甲方要求纠正的期限内完成纠正，甲方有权书面通知乙方解除本合同。

4. 乙方的展示和销售活动，致使甲方形象或声誉受损，甲方有权解除合同，并要求乙方支付违约金人民币____万元整。

5. 未经一方或双方书面许可同意，侵害甲方或双方知识产权的，侵权方除应承担相关法律责任外，还应支付不少于合同总金额的____%的违约金。

6. 双方违反保密义务，均应赔偿给对方造成的全部损失（包括可期待利益和精神损失），同时应按本合同总金额的____%向对方承担违约责任。

7. 双方违反本合同约定的其他违约行为，应按本合同总金额的____%向对方承担违约责任。

第十条 争议解决

在本合同履行过程中，如发生争议，双方选择下列第____项方式解决：

1. 双方同意将争议提交至____方所在地有管辖权的人民法院解决。

2. 其他方式解决（包括协商、人民调解、仲裁等合同争议的解决方式）。

第十一条 未尽事宜

本合同如有其他未尽事宜，双方另行协商并签订补充协议，补充协议与本协议具有同等法律效力，补充协议与本协议不一致的内容，以补充协议为准。

第十二条 本合同自甲乙双方签字盖章之日起生效，至双方履行完毕合同项下全部权利义务后终止。

第十三条 本合同一式_____份，甲方执有_____份，乙方执有_____份，各份具有同等法律效力。

————本行以下无正文————

甲方：____（盖章）____　　乙方：____（盖章）____

法定代表人或　　　　　　　法定代表人或

授权委托人：____（签名）　授权委托人：____（签名）

____年____月____日　　　____年____月____日

微信活动预约升级开发项目合同

甲方：_____

法定代表人：_____

地址：_____

电话：_____

乙方：_____

法定代表人：_____

地址：_____

电话：_____

根据《中华人民共和国民法典》等有关法律规定，甲乙双方经过友好协商，本着自愿、平等的原则，就_____（以下简称项目）事宜，订立本合同。

第一条 项目概述

甲乙双方同意：由乙方根据本合同约定之条件和条款向甲方提供微信公众号建设项目，主要包括如下内容：微信公众号活动预约的设计、开发与测试（详见附件《项目开发需求及报价明细单》）。

第二条 服务内容

1. 微信公众号设计、开发与测试

（1）页面设计：针对甲方的需求，进行微信公众号的页面设计。

（2）软件开发、测试：微信活动预约相关功能开发、测试。

2. 软件系统运维服务

（1）软件系统运维。

（2）服务期限：从项目试运行上线至____年____月____日（具体见合同相关软件系统运维升级内容，以双方协商一致的书面需求变更文档为准）。

第三条　甲方权利义务

1. 根据本合同项目的实际需要和乙方的技术需求，甲方应提供与项目相关的所有数据资料，并保证所提供的资料的完整性、真实性和合法性。

2. 甲方提供的文献材料、图片等著作权归甲方所有，乙方在本合同获取的甲方所有资料不得使用在其他任何商业用途中。甲方应保证提供的资料的合法性以及不侵犯任何第三方的权利，否则甲方应承担全部责任，并赔偿由此给乙方造成的直接经济损失。

3. 按照合同约定的期限和方式向乙方支付合同价款。

第四条　乙方权利义务

1. 按照合同约定日期向甲方收取合同价款。

2. 按照甲方要求按时完成合同规定的项目服务内容。

3. 应确保给甲方提供的服务项目的稳定及安全，确保甲方相关数据不丢失，不泄露。

4. 保证就甲方向乙方提供的图片、资料及电子文档等一切资料仅限于本合同项目开发和服务。保证不将甲方提供的图片、资料及电子文档等一切资料用于商业或非商业用途。保证不向第三方提供甲方的图片、资料及电子文件等一切资料。

5. 在开发过程中，对甲方提出的修改要求，乙方应尽力协助实现，并交甲方验收通过。对有可能影响双方约定的完成时间的要求，乙方有权提出延期请求，由双方协商确定具体时间。

6. 乙方保证其交付给甲方的项目成果不侵犯任何第三方的合法权益。如发生第三方指控甲方侵权的，乙方应当承担全部责任，并赔偿由此给甲方造成的所有损失，但因甲方提供的资料导致侵权的除外。

7. 乙方对甲方委托执行的项目，在甲方正式使用前应当保密，不得向外透露项目内容。

第五条　价款支付及发票开具

1. 项目费用

本合同价款为人民币＿＿＿＿＿＿＿元（大写：＿＿＿＿＿＿＿元整）。

2. 支付方式

本合同签订后＿＿个工作日内甲方支付合同款项的＿＿％，金额为＿＿＿＿＿＿元（大写：＿＿＿＿＿＿元整）。项目软件系统上线提交验收后＿＿个工作日内甲方支付合同款＿＿％，金额为＿＿＿＿＿＿元（大写：＿＿＿＿＿＿元整）。

乙方账号信息如下：

户名：＿＿＿＿＿＿＿＿＿＿＿＿＿＿＿＿＿

开户行：＿＿＿＿＿＿＿＿＿＿＿＿＿＿＿＿

账号：＿＿＿＿＿＿＿＿＿＿＿＿＿＿＿＿＿

合同款项的付款日期以乙方收到甲方所付款项的日期为准。每笔合同款项电汇到达乙方账户或完成银行承兑付款后视为甲方完成相应的付款义务。此日期即本合同计算迟付货款违约金时间的根据。

3. 发票开具

乙方在甲方每次支付完毕上述相应费用后＿＿个工作日内，向甲方开具合法有效的正规发票。

甲方发票信息如下：

名称：＿＿＿＿＿＿＿＿＿＿＿＿＿＿＿＿＿＿

纳税人识别号：＿＿＿＿＿＿＿＿＿＿＿＿＿＿

地址、电话：＿＿＿＿＿＿＿＿＿＿＿＿＿＿＿

开户行及账号：＿＿＿＿＿＿＿＿＿＿＿＿＿＿

第六条 项目周期

根据本项目建设要求，整体完成预计在功能设计及页面设计完成后＿＿个工作日内完成试运行上线。

备注：此为乙方预估的计划时间，根据项目执行情况，由双方协商，再进行相应调整，保证项目按质按量完成。甲方应向乙方提供相应的配合及支持，以确保乙方项目进度按计划推进，并应在乙方提出阶段性确认要求时，及时响应并完成确认工作；项目完成周期如有更改或突发情况，双方应友好协商解决。

第七条 售后服务

1. 根据项目建设要求，乙方提供运维服务。每年的系统运维服务工作时间不超过＿＿人/天的工作量，具体的软件系统运维升级内容以双方协商一致的书面需求变更文档为准。

2. 乙方将提供一流的技术支持和售后服务，并根据用户项目开发完成后的具体要求和实际情况，组织强大的技术力量，制定完善的售后服务计划，建立健全的项目管理制度，确保项目顺利完成及后续期间项目的顺利运行。

3. 项目涵盖服务内容，乙方提供保修服务，服务时限满足甲方项目要求。同时，乙方将至少派遣____名资深工程师参与协助项目管理，提供技术支持，并随时响应用户的各种技术需求。

4. 保修期间，由于平台系统设计本身质量原因造成的任何损伤或损坏，由乙方负责免费维护和更新，其他由于乙方系统以外的意外情况导致的系统问题，平台的保修时间视情况应作适当延长，延长时间由双方友好协商确定。

第八条　保密条款

1. 双方均应严格保守对方的技术秘密、商业秘密、个人信息和其他信息，事先未征得对方书面正式同意，任何一方不得对本合同之外的第三方披露或泄露，也不得将上述信息用于除本合同之外的其他任何目的。同时，保密信息的接收方应妥善保管信息披露方的保密信息。

2. 保密有效期：乙方对甲方商业秘密有充分和绝对的保密义务。只要甲方商业秘密存在，乙方的保密义务即不应免除，并且该义务不应以一方的地位变化、隶属变化、事项纷争、合并分立等为由予以减弱，也不应因甲方实施保密范围内容的转让、合作、赠与或许可行为等受到任何影响。

第九条　知识产权归属

1. 乙方承诺本项目的软件系统及开发取得的成果的所有权归____方所有，乙方在项目建设过程中所完成的各种文件、电子文档、程序以及其他相关资料和文件，其所有权和使用权均归____方所有。

2. 乙方承诺在项目完成验收后，本项目中所有的相关文件，包括成品文件、过程文件等都将完整的转交给甲方。

3. 乙方承诺设计方案和软件成果不涉及第三方的知识产权问题。

第十条　其他约定

第十一条　情势变更和不可抗力

本合同在履行过程中，合同的基础条件发生了当事人在订立合同时无法预见的、不属于商业风险的重大变化，继续履行合同对于当事人一方明显不公平的，受不利影响的一方当事人可以与对方重新协商；在合理期限内协商不成的，双方当事人可以请求人民法院或者仲裁机构变更或者解除合同。

本合同在履行过程中，如发生战争、突发公共卫生事件、自然灾害、政府原因等不能预见、不能避免、不能克服的不可抗力事件，当事人一方因不可抗力不能履行合同的，根据不可抗力的影响，部分或者全部免除责任，但是法律另有规定的除外。因不可抗力不能履行合同的，应当及时通知对方，以减轻可能给对方造成的损失，并应当在合理期限内提供证明。当事人迟延履行后发生不可抗力的，不免除其违约责任。

第十二条　违约责任

1. 任何一方在合同生效后不得擅自解除本合同，否则违约方需向守约方支付合同总价款____%的违约金，违约金不足以弥补守约方遭受的损失的，不足部分由违约方予以补足。

2. 甲方无故延迟付款的，每延迟一日应按合同总价款的____%计付违约金，违约金累计不超过合同总金额的____%。若甲方无故延迟付款超过____个工作日，则乙方有权单方面终止本合同。

3. 因甲方的原因导致项目的开发期限停滞、拖延的，包括但不限于甲方延迟付款、甲方未能及时提供项目的原始信息等，乙方不承担由此造成的迟延履行责任，并相应顺延开发期限。

4. 如出现以下情况，甲方可单方面部分或全部终止本合同，向乙方主张本合同总金额的____%的违约金，并由乙方负责向甲方退回已付款项，同时赔偿甲方因此而遭受的全部损失。

（1）因乙方原因造成乙方未及时履行义务、拒绝履行义务或乙方无法履行合同义务。

（2）乙方单方面解除合同的（合同规定的解除合同条款以外的原因），乙方应赔偿甲方合同总金额的____%作为违约金。

第十三条　争议解决

在本合同履行过程中，如发生争议，双方选择下列第____项方式解决：

1. 双方同意将争议提交至____方所在地有管辖权的人民法院解决。

2. 其他方式解决（包括协商、人民调解、仲裁等合同争议的解决方式）。

第十四条　未尽事宜

本合同如有其他未尽事宜，双方另行协商并签订补充协议，补充协议与本协议具有同等法律效力，补充协议与本协议不一致的内容，以补充协议为准。

第十五条　本合同自甲乙双方签字盖章之日起生效，至双方履行完毕合同项下全部权利义务后终止。

第十六条　本合同一式_____份，甲方执有_____份，乙方执有_____份，各份具有同等法律效力。

————————本行以下无正文————————

甲方：_____（盖章）_____ 乙方：_____（盖章）_____
法定代表人或 法定代表人或
授权委托人：___（签名）___ 授权委托人：___（签名）___
___年___月___日 ___年___月___日

附件

《项目开发需求及报价明细单》

五 委托合同类

文物艺术品影视拍摄合同

甲方：_____

法定代表人：_____

地址：_____

电话：_____

乙方：_____

法定代表人：_____

地址：_____

电话：_____

根据《中华人民共和国民法典》《中华人民共和国文物保护法》《中华人民共和国文物保护法实施条例》《中华人民共和国电影产业促进法》《广播电视管理条例》等有关法律法规的规定，甲乙双方经过友好协商，本着自愿、平等的原则，就_____进行影视拍摄有关事宜，订立本合同。

第一条 拍摄场地

甲方同意乙方拍摄影视作品的场地位于_____。

第二条 拍摄时间

甲乙双方约定，乙方利用上述场地进行拍摄的时间为___年___月___日___时至___年___月___日___时，其中每日的具体拍摄时间以《拍摄方案》为准。

第三条　拍摄方案

甲方于＿＿＿年＿＿＿月＿＿＿日前将包括人员、车辆、器材、拍摄内容等的具体《拍摄方案》报甲方审订，甲方应于收到后＿＿＿个工作日内对拍摄方案进行审订，并回复乙方。

第四条　价款支付及发票开具

1. 经双方协商确定，乙方向甲方支付拍摄费用人民币＿＿＿＿＿＿＿＿元（大写：＿＿＿＿＿＿＿＿元整），该费用包括拍摄场所的使用费、甲方人员和设施的协助费用。

上述拍摄费用，乙方应于＿＿＿年＿＿＿月＿＿＿日前向甲方一次性付清。

甲方账号信息如下：

户名：＿＿＿＿＿＿＿＿＿＿＿＿＿＿＿＿＿＿＿＿

开户行：＿＿＿＿＿＿＿＿＿＿＿＿＿＿＿＿＿＿＿

账号：＿＿＿＿＿＿＿＿＿＿＿＿＿＿＿＿＿＿＿＿

2. 甲方在乙方支付完毕拍摄费用后＿＿＿个工作日内，向乙方开具合法有效的正规发票。

乙方发票信息如下：

名称：＿＿＿＿＿＿＿＿＿＿＿＿＿＿＿＿＿＿＿＿

纳税人识别号：＿＿＿＿＿＿＿＿＿＿＿＿＿＿＿＿

地址、电话：＿＿＿＿＿＿＿＿＿＿＿＿＿＿＿＿＿

开户行及账号：＿＿＿＿＿＿＿＿＿＿＿＿＿＿＿＿

第五条　保证金

乙方应在本合同生效之日起＿＿＿个工作日内向甲方交纳保证金人民币＿＿＿＿＿＿元（大写：＿＿＿＿＿＿元整）。

拍摄期间，如乙方在拍摄活动中违反本合同之约定或《拍摄方案》的要求，侵害甲方权益或危害文物（包括可移动文物和不可移动文物，下同）、艺术品及拍摄场地内甲方设施设备的安全，甲方有权根据违约行为的情节单方面扣除部分或全部保证金作为罚款。拍摄完成后，如乙方依约定完全履行应承担的义务，甲方应将保证金退还给乙方。

第六条　甲方权利义务

1. 在拍摄期间做好拍摄现场安全、消防及文物、艺术品安全的监督管理工作。

2. 做好拍摄现场群众疏导工作。

3. 按照《拍摄方案》要求，做好有关部门协调工作。

4. 应对因本合同所涉项目获知的乙方所有技术秘密、商业秘密、个人信息和其他信息保密。

第七条　乙方权利义务

1. 做好本摄制组工作人员在甲方场地拍摄期间的组织工作及安全防火、文物艺术品安全教育和管理工作，按照有关规定办理消防、安全方面的批准手续。

2. 拍摄期间，自觉遵守消防、保卫、安全生产方面的有关法律规定以及甲方相关规定，摄制组要安排专门的安全员负责安全工作，拍摄活动不得危害文物、艺术品和甲方设施安全，不得破坏周边环境秩序。

3. 拍摄期间，摄制组进出甲方大门应佩戴甲方统一发放的标牌，车辆应按甲方规定办理临时车证。摄制组人员和车辆均应按照《拍摄方案》确定的时间进出，不得将与拍摄活动无关的闲杂人员带入甲方场地。

4. 拍摄期间，如发生意外事故，要及时报告甲方保卫部门并保护现场，甲方会根据文物、艺术品及设施设备损伤程度做出处理决定，乙方应接受甲方的处理决定，并按甲方提出的赔偿金额，在事故发生后____个月内付清赔偿款。

5. 拍摄期间，乙方拍摄人员不得擅自挪动甲方的说明牌、栏杆等，不得把露天文物、艺术品当作道具使用，不得在建筑墙壁、地面上设置任何破坏性的固定装置（包括但不限于钉子、螺铨等），使用高台、摇臂等设备时应与文物、艺术品保持安全距离，设备活动半径不得碰触或位于文物、艺术品上方。

6. 拍摄期间，乙方有义务保持拍摄场地的清洁，乙方工作人员不得在展厅内用餐，不得在拍摄现场乱扔杂物，每日拍摄完毕后应及时清理现场。

7. 拍摄期间，未经甲方许可，乙方不得安排媒体采访。

8. 应对因本合同获知的甲方所有技术秘密、商业秘密、个人信息和其他信息保密。

第八条　违约责任

1. 如甲方违反本合同第六条约定，未向乙方提供符合要求的拍摄场地，应向乙方支付违约金人民币_____元（大写：_____元整）。

2. 如乙方及其工作人员违反本合同第七条约定，在拍摄过程中导致甲方展品、设施、设备损坏或扰乱甲方管理秩序，应向甲方支付违约金，共计人民币_____元（大写：_____元整）。情节特别严重的，甲方有权单方面解除本合同。

3. 任何一方违反本合同其他约定，则违约方应向守约方支付违约金，违约金的金额为合同总价款的____%。因一方违约给另一方或第三方造成经济损失的，违约方应在支付违约金以外另行根据守约方遭受损失的实际情况向另一方或第三方进行赔偿。

第九条　其他约定

_____

第十条　情势变更和不可抗力

本合同在履行过程中，合同的基础条件发生了当事人在订立合同时无法预见的、不属于商业风险的重大变化，继续履行合同对于当事人一方明显不公平的，受不利影响的一方当事人可以与对方重新协商；在合理期限内协商不成的，双方当事人可以请求人民法院或者仲裁机构变更或者解除合同。

本合同在履行过程中，如发生战争、突发公共卫生事件、自然灾害、政府原因等不能预见、不能避免、不能克服的不可抗力事件，当事人一方因不可抗力不能履行合同的，根据不可抗力的影响，部分或者全部免除责任，但是法律另有规定的除外。因不可抗力不能履行合同的，应当及时通知对方，以减轻可能给对方造成的损失，并应当在合理期限内提供证明。当事人迟延履行后发生不可抗力的，不免除其违约责任。

第十一条　争议解决

在本合同履行过程中，如发生争议，双方选择下列第____项方式解决：

1. 双方同意将争议提交至____方所在地有管辖权的人民法院解决。

2. 其他方式解决（包括协商、人民调解、仲裁等合同争议的解决方式）。

_____

第十二条　未尽事宜

本合同如有其他未尽事宜，双方另行协商并签订补充协议，

补充协议与本协议具有同等法律效力，补充协议与本协议不一致的内容，以补充协议为准。

第十三条　本合同自甲乙双方签字盖章之日起生效，至双方履行完毕合同项下全部权利义务后终止。

第十四条　本合同一式_____份，甲方执有_____份，乙方执有_____份，各份具有同等法律效力。

——————本行以下无正文——————

甲方：___（盖章）___　　乙方：___（盖章）___

法定代表人或　　　　　　法定代表人或

授权委托人：_（签名）_　授权委托人：_（签名）_

___年___月___日　　　___年___月___日

文物艺术品印刷合同

甲方：_____

法定代表人：_____

地址：_____

电话：_____

乙方：_____

法定代表人：_____

地址：_____

电话：_____

根据《中华人民共和国民法典》《中华人民共和国文物保护法》《中华人民共和国文物保护法实施条例》《中华人民共和国著作权法》《艺术品经营管理办法》《印刷业管理条例》等有关法律法规规章的规定，甲乙双方经过友好协商，本着自愿、平等的原则，就_____文物艺术品印刷有关事宜，订立本合同。

第一条　项目名称

_____

第二条　项目内容和标准

本项目包含以下内容（可叙述或列表）：

尺寸：＿＿毫米，印数：＿＿本，装订方式：＿＿＿＿＿＿；

封面：＿＿＿＿＿＿印刷，工艺：＿＿＿＿＿＿；

内文：＿＿＿＿＿＿印刷。

第三条　交货要求

1. 交货时间：彩样经甲方书面确认后，乙方在＿＿个工作日内向甲方按彩样标准交清本合同项下印品，期间可以根据甲方需求协商部分交付。

2. 交货地点：甲方指定地点＿＿＿＿＿＿；送货方式：乙方送货上门。

3. 甲方指定收货人：＿＿＿＿＿＿，收货人联系电话：＿＿＿＿＿＿。

第四条　价款支付与发票开具

1. 本合同总金额：人民币＿＿＿＿＿＿元（大写：＿＿＿＿＿＿元整）。

甲方在合同约定的书籍印刷制作完毕并经验收合格后＿＿个工作日内，一次性将合同总价款支付给乙方。

乙方账号信息如下：

户名：＿＿＿＿＿＿＿＿＿＿＿＿＿＿＿＿＿

开户行：＿＿＿＿＿＿＿＿＿＿＿＿＿＿＿

账号：＿＿＿＿＿＿＿＿＿＿＿＿＿＿＿＿＿

2. 乙方在甲方支付完毕印刷费用后＿＿个工作日内，向甲方开具合法有效的正规发票。

甲方发票信息如下：

名称：＿＿＿＿＿＿＿＿＿＿＿＿＿＿＿

纳税人识别号：＿＿＿＿＿＿＿＿＿＿＿＿＿

地址、电话：＿＿＿＿＿＿＿＿＿＿＿＿＿

开户行及账号：＿＿＿＿＿＿＿＿＿＿＿＿＿＿

第五条　甲方权利义务

1. 甲方有义务于＿＿＿年＿＿＿月＿＿＿日前将制作所需素材、资料提供给乙方，乙方收到后应列明细单并签字确认（签字人：＿＿＿＿＿＿＿）。乙方以甲方书面确认的样稿和小样为准，甲方未按时提供并影响制作周期的，交货时间顺延相应天数。

2. 如因甲方原因导致本合同第二条所列细目内容发生改变，并影响制作周期的，交货时间由甲乙双方协商确定。

3. 须将明确完整的设计意图和要求书面传递给乙方，如因甲方原因，导致上述所列制作细目服务项目和内容改变而增加费用，甲方须向乙方追加支付有关费用。

4. 对乙方提供的服务和样品，如设计样稿、印刷样稿、样册等，符合甲方要求的，甲方应在＿＿＿个工作日内以书面的形式（信函、传真、电子邮件）予以签字确认（甲方授权签字代表：＿＿＿＿＿＿＿）。

5. 收到乙方交付的印刷品后，如对印刷品的数量有异议，应在收到印刷品的当天以书面方式提出；如对印刷品的表面质量有异议，应在收到印刷品的＿＿＿个工作日内以书面方式提出，否则视为甲方对乙方交付的印刷品数量和表面质量无异议。甲方提出的异议，乙方应当在＿＿＿个工作日内补足，并承担因此增加的相关费用和延期交付的相关责任。

隐蔽性质量问题及需要拆封包装才能发现的内在质量问题，甲方需在收到印刷品后＿＿＿个月内提出，逾期提出的，推定乙方提供的印刷品符合甲方要求的交付标准。

6. 甲方享有其委托印刷的印刷品的全部知识产权，因甲方提供给乙方的素材所涉著作权或商标侵权引起的法律责任，概由甲方承担，乙方应在收到第三方索赔的书面文件后＿＿个工作日内书面通知甲方，并积极配合甲方妥善解决。

7. 应对履行合同过程获知的乙方的商业秘密、个人信息及其他信息保密。

第六条　乙方权利义务

1. 按照本合同第三条约定的时间向甲方提供成品样品，供甲方检验确认。

2. 保证其履行本合同不会侵犯任何第三方的权利，因乙方原因导致本合同项下印刷品侵犯第三方权利而引起任何诉讼、仲裁索赔的，乙方应承担法律责任，并赔偿由此给甲方造成的全部损失。

3. 应当按照本合同的约定，如期、足数向甲方交付印刷品，产生误差的部分，乙方应当于＿＿个工作日内补足；未按期补足的，甲方有权扣减相应价款并要求乙方支付合同总价款＿＿％的违约金。

4. 乙方不得使用或交由任何第三方使用甲方提供的素材、资料、电脑文件和依本合同完成的设计成果，也不得向任何第三方泄露其合同履行过程中获知的甲方的商业秘密、个人信息及其他保密信息。

在本合同履行过程中，非因甲方原因造成甲方涉密信息泄露的，乙方应承担全部赔偿责任，并支付合同总价款＿＿％的违约金。

本合同因任何原因而终止的，本保密条款依然有效。

第七条　原稿、电脑资料的处理

乙方完成印刷品交付并经甲方验收合格后，应将原稿、资料、电脑文件及其他相关材料移交给甲方，并办理相关手续。

移交完成后，乙方应将样稿、底稿等销毁。

第八条　其他约定

第九条　情势变更和不可抗力

本合同在履行过程中，合同的基础条件发生了当事人在订立合同时无法预见的、不属于商业风险的重大变化，继续履行合同对于当事人一方明显不公平的，受不利影响的一方当事人可以与对方重新协商；在合理期限内协商不成的，双方当事人可以请求人民法院或者仲裁机构变更或者解除合同。

本合同在履行过程中，如发生战争、突发公共卫生事件、自然灾害、政府原因等不能预见、不能避免、不能克服的不可抗力事件，当事人一方因不可抗力不能履行合同的，根据不可抗力的影响，部分或者全部免除责任，但是法律另有规定的除外。因不可抗力不能履行合同的，应当及时通知对方，以减轻可能给对方造成的损失，并应当在合理期限内提供证明。当事人迟延履行后发生不可抗力的，不免除其违约责任。

第十条　违约责任

1. 本合同生效后，在乙方全面履行本合同约定的前提下，甲方单方面解除合同的，应向乙方支付合同总金额＿＿％的违约金，不足以弥补乙方损失的，应赔偿给乙方造成的经济损失。

2. 在乙方全面履行本合同约定义务的前提下，甲方每逾期付款一日，应按照合同总价款的＿＿‰向乙方支付违约金，总额不超过合同总金额的＿＿％。

3. 乙方未按照合同约定交期和质量交付标准向甲方交付印刷品的，每逾期一日，应按未完成交付印刷品金额的＿＿‰向甲方支付违约金。逾期超过＿＿个工作日的，甲方有权解除本合同，不支付任何费用，且乙方应赔偿因此给甲方造成的全部损失。

4. 乙方交付的印刷成品经甲方验收不合格的，乙方应在甲方限定的期限内重做或补正，并再次提交甲方验收。验收仍然不合格的，甲方有权解除本合同，不支付任何费用，且乙方应赔偿因此给甲方造成的全部损失。

5. 乙方违反本合同第六条第 4 款约定，须向甲方支付违约金＿＿＿＿＿元（大写：＿＿＿＿＿元整），还应当赔偿因此给甲方造成的全部损失，包括为解决争议所支付的合理费用。

第十一条　争议解决

在本合同履行过程中，如发生争议，双方选择下列第＿＿项方式解决：

1. 双方同意将争议提交至＿＿方所在地有管辖权的人民法院解决。

2. 其他方式解决（包括协商、人民调解、仲裁等合同争议的解决方式）。

第十二条　未尽事宜

本合同如有其他未尽事宜，双方另行协商并签订补充协议，补充协议与本协议具有同等法律效力，补充协议与本协议不一致的内容，以补充协议为准。

第十三条　本合同自甲乙双方签字盖章之日起生效，至双方履行完毕合同项下全部权利义务后终止。

第十四条　本合同一式＿＿＿＿份，甲方执有＿＿＿＿份，乙方执有_____份，各份具有同等法律效力。

————————本行以下无正文————————

　　甲方：____（盖章）____　　　　乙方：____（盖章）____
　　法定代表人或　　　　　　　　　　法定代表人或
　　授权委托人：__（签名）__　　　　授权委托人：__（签名）__
　　___年___月___日　　　　　　　　___年___月___日

文物艺术品广告信息网络发布委托合同

甲方：＿＿＿＿＿＿＿＿＿＿＿＿＿＿＿

法定代表人：＿＿＿＿＿＿＿＿＿＿＿＿＿

地址：＿＿＿＿＿＿＿＿＿＿＿＿＿＿＿＿

电话：＿＿＿＿＿＿＿＿＿＿＿＿＿＿＿＿

乙方：＿＿＿＿＿＿＿＿＿＿＿＿＿＿＿

法定代表人：＿＿＿＿＿＿＿＿＿＿＿＿＿

地址：＿＿＿＿＿＿＿＿＿＿＿＿＿＿＿＿

电话：＿＿＿＿＿＿＿＿＿＿＿＿＿＿＿＿

根据《中华人民共和国民法典》《中华人民共和国广告法》《艺术品经营管理办法》等法律法规的规定，甲乙双方经友好协商，本着自愿、平等的原则，就乙方为甲方发布＿＿＿＿＿＿广告信息（以下简称信息）的有关事宜，订立本合同。

第一条　信息发布内容

乙方代理甲方在指定网站＿＿＿＿＿＿（即＿＿＿＿＿＿的互联网网站，下同）按以下条件发布广告信息：

＿＿＿＿＿＿＿＿＿＿＿＿＿＿＿＿＿＿＿＿＿＿＿＿＿＿

第二条　合同履行期限

本合同所涉及的产品应在＿＿年＿＿月＿＿日至＿＿年＿＿月＿＿日内执行完毕，若在广告信息发布后＿＿日内甲方未提出书面异议，则视为乙方已完全按照合同要求履行完毕，甲方自愿放弃向乙方提出任何异议或赔偿请求的权利。

第三条 价款支付及发票开具

1. 甲方须于合同签订后的____个工作日内支付全部合同价款，即人民币_____元（大写：_____元整）给乙方。

乙方账号信息如下：

户名：_____

开户行：_____

账号：_____

2. 发票开具

乙方在甲方支付完毕上述费用后____个工作日内，向甲方开具合法有效的正规发票。

甲方发票信息如下：

名称：_____

纳税人识别号：_____

地址、电话：_____

开户行及账号：_____

第四条 双方权利义务

1. 乙方代理甲方在甲方指定网站发布信息所收取的费用中不含文件设计及制作费等其他费用。

2. 本合同发布的信息文件由甲方按照合同约定的标准提供给乙方。

3. 如果甲方要求制作的内容超出本条第 2 款描述的内容，则需要另外签订制作协议。

4. 甲方须在信息发布____小时前（周六日及法定节假日顺

延）（若需乙方进行本条第 2 款免费制作服务，甲方需提前_____小时将发布信息文件提供给乙方）将信息发布文件电子版以 Email 或网络传递、光盘的形式发送到乙方，乙方收件地址为本合同所列地址。因甲方没有按时送达以上信息发布文件或提供的文件不符合广告发布文件规格、要求等原因致使信息不能如期发布的责任由甲方承担；在甲方提供有效的信息发布文件前，为避免该信息位置空白，甲方同意网站发布其他信息；由于甲方未提供有效的信息发布文件，致使信息最终未发布的，甲方仍须按约定支付该条信息的发布费用。

5. 本合同涉及的广告均按屏幕尺寸_____为准，文件格式为_____，甲方应按以上标准提供发布文件素材，否则乙方有权延期发布广告信息。

6. 乙方为甲方发布的信息内容链接地址仅限于甲方指定的网站范围内。

7. 甲方负责对其所提供的信息发布内容进行审校确认，并确保发布内容、图文等的真实性、合法性。如文件中内容、图文出现错误或产生任何纠纷，由甲方自行负责；如甲方发布的信息内容违法或侵权，可能引起法律纠纷，则网站有权在不向甲方告知的情况下对该信息进行删除、屏蔽等技术处理，如因此给网站或乙方造成损失，甲方应全额赔偿，而且甲方已支付的广告费用不予退还。

8. 关于发布后修改的约定：_____

_____

9. 信息发布后，甲方需要更新/更改发布文件，需要提前____小时（周六日及法定节假日顺延）以电子邮件或传真的形式将更新的发布文件发给乙方，原已发布的信息费用仍按合同收取。

10. 甲方在_____网站上发布的信息内容，应当符合国家相关法律法规。网站有权对不符合国家法律法规的信息内容进行删除或更改，并有权拒绝发布该信息，因此给乙方或网站造成的损失由甲方承担。

11. 甲方委托乙方为其制作用于在_____网站发布的信息，乙方应按_____网站的技术标准，谨慎处理甲方的信息内容，使信息内容可直接在_____网站发布，且不会对该网站产生计算机病毒感染。

12. 如果甲方因故取消信息发布或更改发布时间，甲方必须于刊登发布的___个工作日前书面通知乙方，并按合同总额的___%向乙方支付违约金；若甲方未通知或未于约定的日期前通知乙方，则须按合同总金额的___%赔偿乙方损失。

13. 甲方的信息发布页面不提供代码插入，所有图片文件均要求放在_____网站的服务器上。

14. 合同期满续约的价格，将按照网站制定的新的价格政策重新签订合同。

15. 如刊登信息链接至甲方官方网站的，甲方应确保其官网内容、图片等的真实性、合法性，并自行承担由此产生的全部责任。

第五条　承诺与保证

1. 乙方保证在本合同有效期内履行全部的权利与义务。

2. 除事先征得乙方书面同意，甲方不得将本合同提供的信息刊登版位以任何形式转让、转租给第三方。

第六条　知识产权归属

1. 甲方确认其拥有所提供的原始信息（包括但不限于文

字、图片、摄影作品等）的知识产权。

2. 甲方确认＿＿＿＿＿拥有对甲方所提供信息进行加工、制作（包括对物品进行拍照等）后产生的新作品的知识产权。

第七条　保密条款

1. 未经对方许可，任何一方不得向第三方泄露本合同的任何内容及履行情况。

2. 应对因本合同获知的对方的技术秘密、商业秘密、个人信息和其他信息保密。

3. 本合同有效期内及终止后，本保密条款仍具有法律效力。

第八条　免责条款

1. 乙方应尽量协调网站在甲方信息发布期内进行改版及改版测试，但基于发展需要，网站平台方将不定期对＿＿＿＿＿网站的服务内容、版面布局、页面设计等方面进行调整，并对改版的新页面进行测试。甲方同意在上述调整与测试时，认同上述调整与测试不会影响合同发布信息内容。

2. 为了网站的正常运行，需要定期或不定期地对网站进行停机维护，如因此类情况而造成本合同项下的网络信息不能按计划进行发布，甲方将予以谅解，乙方则有义务尽力协调避免服务中断或将中断时间限制在最短时间内。

3. 由于电力、网络、电脑、通讯或其他系统的故障、劳动争议及不可抗力，国际、国内法院的执行或第三方的不作为而造成的不能服务或延迟服务，双方均免责。

4. 对于乙方因上述三种情形而不能按计划发布信息的，甲方不视为乙方违约，乙方应在发布时间上予以顺延。

第九条　其他约定

第十条　情势变更和不可抗力

本合同在履行过程中，合同的基础条件发生了当事人在订立合同时无法预见的、不属于商业风险的重大变化，继续履行合同对于当事人一方明显不公平的，受不利影响的一方当事人可以与对方重新协商；在合理期限内协商不成的，双方当事人可以请求人民法院或者仲裁机构变更或者解除合同。

本合同在履行过程中，如发生战争、突发公共卫生事件、自然灾害、政府原因等不能预见、不能避免、不能克服的不可抗力事件，当事人一方因不可抗力不能履行合同的，根据不可抗力的影响，部分或者全部免除责任，但是法律另有规定的除外。因不可抗力不能履行合同的，应当及时通知对方，以减轻可能给对方造成的损失，并应当在合理期限内提供证明。当事人迟延履行后发生不可抗力的，不免除其违约责任。

第十一条　违约责任

1. 任何一方不履行合同义务或者履行合同义务不符合约定的，应当承担继续履行、采取补救措施或者赔偿损失等违约责任。

2. 如甲方逾期付款，每日滞纳金按合同总额的____％收取。如逾期超过____个工作日，视为甲方根本违约，乙方可终止合同，并要求甲方支付合同金额____％的违约金或赔偿全部损失。

3. 网站漏发、错发甲方广告信息（免责条款约定的情形除外），乙方将按照错/漏一补一原则赔偿甲方损失。

第十二条　争议解决

在本合同履行过程中，如发生争议，双方选择下列第＿＿＿项方式解决：

1. 双方同意将争议提交至＿＿＿方所在地有管辖权的人民法院解决。

2. 其他方式解决（包括协商、人民调解、仲裁等合同争议的解决方式）。

第十三条　未尽事宜

本合同如有其他未尽事宜，双方另行协商并签订补充协议，补充协议与本协议具有同等法律效力，补充协议与本协议不一致的内容，以补充协议为准。

第十四条　本合同自甲乙双方签字盖章之日起生效，至双方履行完毕合同项下全部权利义务后终止。

第十五条　本合同一式＿＿＿＿＿＿＿份，甲方执有＿＿＿＿＿＿＿份，乙方执有＿＿＿＿＿＿＿份，各份具有同等法律效力。

—————本行以下无正文—————

甲方：＿＿＿＿（盖章）＿＿＿＿　　　乙方：＿＿＿＿（盖章）＿＿＿＿

法定代表人或　　　　　　　　　　　　法定代表人或

授权委托人：＿＿（签名）＿＿　　　　授权委托人：＿＿（签名）＿＿

＿＿＿年＿＿月＿＿＿日　　　　　　＿＿＿年＿＿月＿＿＿日

文物艺术品数字节目委托制作合同

甲方：＿＿＿＿＿＿＿＿＿＿＿＿＿＿＿＿

法定代表人：＿＿＿＿＿＿＿＿＿＿＿＿＿

地址：＿＿＿＿＿＿＿＿＿＿＿＿＿＿＿＿

电话：＿＿＿＿＿＿＿＿＿＿＿＿＿＿＿＿

乙方：＿＿＿＿＿＿＿＿＿＿＿＿＿＿＿＿

法定代表人：＿＿＿＿＿＿＿＿＿＿＿＿＿

地址：＿＿＿＿＿＿＿＿＿＿＿＿＿＿＿＿

电话：＿＿＿＿＿＿＿＿＿＿＿＿＿＿＿＿

根据《中华人民共和国民法典》《中华人民共和国著作权法》等相关法律规定，甲乙双方经过友好协商，本着自愿、平等的原则，就甲方委托乙方开展数字节目制作事宜（以下简称项目），订立本合同。

第一条　制作内容

甲方委托乙方利用＿＿＿＿＿＿的方法，采集＿＿＿件文物艺术品的＿＿＿级＿＿＿数据模型，并在＿＿＿级模型的基础上进行加工，制作展示级模型或＿＿＿。

第二条　质量要求

1. 文物艺术品的＿＿＿级模型采集及＿＿＿级模型制作。

2. ＿＿＿级＿＿＿模型的采集和制作要求。

3. ____级模型加工要求。

第三条　制作期限

本合同签订后____个月内，乙方完成项目初步成果；完成项目初步成果且经甲方初审后____个工作日内，乙方应完成本合同项下的全部委托制作项目。

第四条　价款支付及发票开具

1. 本合同总价款为人民币 _____ 元（大写：_____元整）。

本合同签订后____个工作日内，甲方应向乙方支付合同总价款的____%，即_____元（大写：_____元整）；乙方向甲方提交项目最终成果，经甲方验收合格后____个工作日内，甲方应向乙方支付合同总价款的____%的合同余款，即_____元（大写：_____元整）。

乙方账号信息如下：

户名：_____

开户银行：_____

账号：_____

2. 乙方在甲方每次支付完毕上述相应费用后____个工作日内，向甲方开具合法有效的正规发票。

甲方发票信息如下：

名称：_____

纳税人识别号：_____

地址、电话：_____

开户行及账号：_____

第五条　甲方权利义务

1. 在乙方制作过程中，甲方有权了解乙方的工作进度，并有权在合理范围内提出修改方案。乙方项目初步成果制作完成后，甲方有权对委托制作的项目内容进行初审，以确保委托制作的项目内容符合合同的约定及甲方的要求；乙方项目成果全部制作完成，甲方根据要求进行验收。

2. 甲方拥有本合同项下委托制作项目的全部知识产权。

3. 本合同签订后____个工作日内，向乙方提供委托制作项目所需的资料。如乙方在依照合同的约定进行项目制作期间，发现甲方提供的资料不能满足制作项目需要，向甲方提出补充要求时，甲方应当在____个工作日内回复并补充。

4. 应保证提供的资料不侵犯任何第三方的权利，否则应承担相应的责任。

5. 按合同约定的期限和方式向乙方支付合同价款。

6. 保密义务。

（1）保密内容（包括但不限于技术信息、经营信息、个人信息）：甲方未全部支付合同价款前，乙方交付给甲方的所有项目实施、创作文案和图案、影像、数据等资料及个人信息，甲方不得使用和外泄。

（2）涉密人员范围：本项目甲方所有参与工作人员及其他能接触到乙方涉密信息的甲方人员。

（3）保密期限：本项目履行完毕前。

（4）泄密责任：赔偿给乙方造成的经济损失。

第六条　乙方权利义务

1. 按本合同约定向甲方收取合同价款。

2. 在进行项目制作期间，有权要求甲方提供或补充相应的资料，在预定的时间内未得到答复，有权停止工作。

3. 按照合同约定的质量要求，完成本合同项下的全部项目制作，保证内容及技术质量等达到合同要求。

4. 按照本合同约定的期限完成本委托项目制作的全部内容，在项目制作过程中有接受甲方审核的义务。

完成项目初步成果后，应提交甲方进行初审；项目成果全部制作完成后，应提交甲方进行验收。

5. 保证制作项目内容（其中包括画面、音乐、配音等）符合法律规定。

6. 在项目制作过程中，如果甲方提出修改意见，应按甲方的修改意见进行修改，直至甲方满意为止。

7. 保证交付给甲方的项目成果不侵犯任何第三人的合法权益。如发生第三人指控甲方侵权的，乙方应当承担全部责任，并赔偿由此给甲方造成的所有损失。

8. 未经甲方许可，不得私自复制、留存和向第三方传递甲方提供的各种与项目制作有关的资料。项目制作完成后，应将甲方提供的资料退还给甲方。在任何情况下，不得私自在甲方提供的资料的基础上进行本合同以外的再开发。

9. 应当按以下方式向甲方交付委托制作项目成果：

（1）交付的形式及数量：＿＿＿＿＿＿＿＿

（2）交付地点：甲方指定地点。

10. 保密义务。

（1）保密内容（包括但不限于技术信息、经营信息、个人信息）：甲方提供给乙方的所有文字、图片、音像等资料和个人信息不得外传、复制或另作他用。在任何情形下，本条所规定的保密义务在合同履行期间和履行完毕后持续有效。

（2）涉密人员范围：本项目乙方所有参与人员及其他能接触到甲方涉密信息的乙方人员，亦包括乙方根据本合同第六条的约定临时聘请的自然人。

（3）保密期限：甲方提供的资料著作权有效期间内。

（4）泄密责任：赔偿给甲方造成的经济损失。

第七条　未经甲方书面同意，乙方不得将本合同项目的部分或全部工作转让给第三人承担。但乙方根据委托项目制作需要，临时聘用自然人承担项目制作的部分工作，可不经甲方同意。前述自然人进行工作亦需遵守本合同关于保密等的约定，且乙方对前述自然人承担的工作向甲方承担全部责任。

第八条　**风险分担**

在本合同履行过程中，出现在现有技术水平和条件下难以克服的技术困难，从而导致本委托项目失败或部分失败，并造成一方或双方损失的，双方按如下约定承担风险损失：部分失败，甲方接受部分成果的，按劳计酬支付乙方部分酬金；完全失败，乙方退回甲方已支付的合同价款，并向甲方支付合同总价款的____%作为违约金。

双方确定，本合同项目的技术风险按_____的方式认定。认定技术风险的基本内容应当包括技术风险的存在、范围、程度及损失大小等。认定技术风险的基本条件是：

1. 本合同项目在现有技术水平条件下具有足够的难度。

2. 乙方在主观上无过错且经双方认定，委托项目制作工作失败属于合理的失败。

一方发现技术风险存在并有可能致使委托项目制作工作失败或部分失败的情形时，应当在____个工作日内通知另一方，并采取适当措施减少损失。逾期未通知并未采取适当措施而致使损失扩大的，应当就扩大的损失承担赔偿责任。

第九条　其他约定

第十条　情势变更和不可抗力

本合同在履行过程中，合同的基础条件发生了当事人在订立合同时无法预见的、不属于商业风险的重大变化，继续履行合同对于当事人一方明显不公平的，受不利影响的一方当事人可以与对方重新协商；在合理期限内协商不成的，双方当事人可以请求人民法院或者仲裁机构变更或者解除合同。

本合同在履行过程中，如发生战争、突发公共卫生事件、自然灾害、政府原因等不能预见、不能避免、不能克服的不可抗力事件，当事人一方因不可抗力不能履行合同的，根据不可抗力的影响，部分或者全部免除责任，但是法律另有规定的除外。因不可抗力不能履行合同的，应当及时通知对方，以减轻可能给对方造成的损失，并应当在合理期限内提供证明。当事人迟延履行后发生不可抗力的，不免除其违约责任。

第十一条　违约责任

1. 在合同履行过程中，甲方对乙方的项目制作提出修改意见，乙方推诿不予修改或经修改后仍达不到甲方要求，致使该委托制作项目成果达不到甲方要求或超期履行超过____个工作日以上的，甲方可拒绝接受项目成果，并由乙方承担所有经济损失。若对甲方造成其他损失的，乙方还应向甲方赔偿。

2. 甲方应在接到乙方验收申请后____个工作日内进行验收，并提供书面的验收单，明确验收结果。如验收不合格，须在验收单中明确不合格的原因及修改意见，由乙方负责修改。如修改后甲方验收再次不合格的，甲方有权要求乙方返还全部制作费用。若甲方逾期验收，则视为验收合格，乙方不承担任何责任；经与乙方协商，同意延期验收的除外。

3. 甲方有权因其自身原因提前解除本合同，但应就乙方已经完成的工作进行结算。乙方擅自解除合同，应退还甲方已经支付的合同价款，并赔偿给甲方造成的损失，同时支付合同总价款的____%作为违约金。

4. 甲方逾期付款，每逾期一日，应按未支付款项的____%向乙方支付违约金。

5. 乙方延期交付委托制作项目成果的，每逾期一日，应按合同总价款的____%向甲方支付违约金。逾期超过____日，甲方有权解除合同，除乙方应向甲方支付违约金外，甲方有权要求乙方返还甲方已经支付的费用并赔偿甲方遭受的全部损失。

5. 双方的其他违约行为，均需依约承担违约责任并赔偿给对方造成的损失。

第十二条　争议解决

在本合同履行过程中，如发生争议，双方选择下列第____项方式解决：

1. 双方同意将争议提交至____方所在地有管辖权的人民法院解决。

2. 其他方式解决（包括协商、人民调解、仲裁等合同争议的解决方式）。

第十三条　未尽事宜

本合同如有其他未尽事宜，双方另行协商并签订补充协议，补充协议与本协议具有同等法律效力，补充协议与本协议不一致的部分，以补充协议为准。

第十四条　本合同自甲乙双方签字盖章之日起生效，至双方履行完毕合同项下全部权利义务后终止。

第十五条　本合同一式＿＿＿＿＿＿份，甲方执有＿＿＿＿＿＿份，乙方执有＿＿＿＿＿＿份，各份具有同等法律效力。

——————本行以下无正文——————

甲方：＿＿＿（盖章）＿＿＿　　　乙方：＿＿＿（盖章）＿＿＿

法定代表人或　　　　　　　　　　法定代表人或

授权委托人：＿＿（签名）＿＿　　授权委托人：＿＿（签名）＿＿

＿＿年＿＿月＿＿日　　　　　　　＿＿年＿＿月＿＿日

文物艺术品相关人员委托培训合同

甲方：＿＿＿＿＿＿＿＿＿＿＿＿＿＿＿＿＿＿

法定代表人：＿＿＿＿＿＿＿＿＿＿＿＿＿＿

地址：＿＿＿＿＿＿＿＿＿＿＿＿＿＿＿＿＿＿

电话：＿＿＿＿＿＿＿＿＿＿＿＿＿＿＿＿＿＿

乙方：＿＿＿＿＿＿＿＿＿＿＿＿＿＿＿＿＿＿

法定代表人：＿＿＿＿＿＿＿＿＿＿＿＿＿＿

地址：＿＿＿＿＿＿＿＿＿＿＿＿＿＿＿＿＿＿

电话：＿＿＿＿＿＿＿＿＿＿＿＿＿＿＿＿＿＿

根据《中华人民共和国民法典》《中华人民共和国民办教育促进法》《中华人民共和国民办教育促进法实施条例》《干部教育培训工作条例》《艺术品经营管理办法》等法律法规规章的规定，甲乙双方经过友好协商，本着自愿、平等的原则，就＿＿＿＿＿＿委托培训项目有关事宜，订立本合同。

第一条　项目名称

＿＿＿＿＿＿＿＿＿＿＿＿＿＿＿＿＿＿＿＿＿

第二条　对象及人数

＿＿＿＿＿＿＿＿＿＿＿＿＿＿＿＿＿＿＿＿＿

第三条　时间

___年___月___日___时至___年___月___日___时，共计___天或___学时。

第四条　地点或网络培训

_____

第五条　项目管理

为确保本合同的全面履行，双方采取以下方式对培训工作进行组织管理：定期（___个月）开会（含视频会），或者随时保持通讯联系。

甲方指定_____为甲方项目联系人，联系电话_____。乙方指定_____为乙方项目联系人，联系电话_____。项目联系人承担培训过程中的日常联络工作。任何一方变更项目联系人，应当及时以书面形式通知另一方。

第六条　价款支付及发票开具

1. 本合同总价款为人民币_____元（大写：_____元整）。

本合同签订后___个工作日内，甲方应向乙方支付合同总价款的___%，即_____元（大写：_____元整）；乙方完成本合同约定的全部培训工作后___个工作日内，甲方应向乙方支付合同余款，即_____元（大写：_____元整）。

乙方账号信息如下：

户名：_____

开户行：_____

账号：_____

2. 乙方在甲方每次支付完毕上述相应费用后____个工作日内，向甲方开具合法有效的正规发票。

甲方发票信息如下：

名称：_____

纳税人识别号：_____

地址、电话：_____

开户行及账号：_____

第七条　双方权利义务

1. 甲方

（1）向乙方提出培训目标与要求，供乙方制订培训方案。

（2）指导乙方开展招生工作。

（3）监督、指导乙方实施培训工作。

（4）按协议约定方式支付培训项目费用。

（5）应对获知的教师、学员和乙方工作人员的个人信息和其他信息保密。

2. 乙方

（1）根据甲方提出的培训目标与要求制订培训方案，做好前期准备工作。

（2）组织开展招生工作。

（3）提供相关的培训教材、课件或资料。

（4）组织项目实施，做好教学、研讨、考察学习、总结评估和学员管理等各项工作。

（5）培训结束后____个工作日内，向甲方提交项目总结、评估文件及课件、音像资料和完整的学员档案等资料。

（6）应对获知的教师、学员和甲方工作人员的个人信息和其他信息保密。

第八条　知识产权归属

双方约定按照下列第＿＿＿项方式，确定知识产权归属：

1. 乙方实施本合同项目过程中收集的原始资料和照片、使用的课件、录制的音像资料、提交的项目总结以及相关的评估材料的知识产权归甲方所有。未经甲方书面同意，乙方不得复制、泄露、擅自修改、使用、传送或向第三人转让或用于本合同外的项目。

2. 双方共同共有本合同项目实施过程中收集的原始资料和照片、使用的课件、录制的音像资料、提交的项目总结以及相关的评估材料的知识产权。未经一方书面同意，另一方不得复制、泄露、擅自修改、使用、传送或向第三人转让或用于本合同外的项目。

第九条　其他约定

第十条　情势变更和不可抗力

本合同在履行过程中，合同的基础条件发生了当事人在订立合同时无法预见的、不属于商业风险的重大变化，继续履行合同对于当事人一方明显不公平的，受不利影响的一方当事人可以与对方重新协商；在合理期限内协商不成的，双方当事人可以请求人民法院或者仲裁机构变更或者解除合同。

本合同在履行过程中，如发生战争、突发公共卫生事件、自然灾害、政府原因等不能预见、不能避免、不能克服的不可抗力事件，当事人一方因不可抗力不能履行合同的，根据不可抗力的影响，部分或者全部免除责任，但是法律另有规定的除外。因不可抗力不能履行合同的，应当及时通知对方，以减轻可能给对方造成的损失，并应当在合理期限内提供证明。当事人迟延履行后发生不可抗力的，不免除其违约责任。

第十一条　违约责任

1. 甲方

（1）本合同生效后，若甲方单方终止合同，甲方应就乙方已经提供的服务进行结算，但因乙方违约等原因导致甲方终止合同的除外。

（2）甲方应按约定时间支付相应款项，若无故延迟，每逾期一日应向乙方支付应付款项____%的违约金，违约金总额不超过合同总金额的____%。

2. 乙方

（1）本合同生效后，若乙方无故终止合同，乙方应返还甲方已经支付的全部费用，并向甲方支付合同总价款____%的违约金，同时赔偿甲方遭受的损失。

（2）乙方应及时完成本合同规定的工作；乙方提供的培训服务不合格，甲方有权单方解除合同，乙方应返还甲方已经支付的全部费用，并向甲方支付合同总价款____%的违约金，同时赔偿甲方遭受的损失。

（3）乙方未按合同约定的日期完成培训项目，每超过一日，应按合同总价款的____%支付违约金，违约金总额不超过合同总金额的____%；逾期超过____日的，甲方有权单方解除合同，乙方应返还甲方已经支付的全部费用，赔偿甲方遭受的损失，并支付合同总价款的____%的违约金。

（4）未经甲方书面许可同意，乙方以包括但不限于复制、泄露、擅自修改、使用、传送或向第三人转让等方式侵害甲方知识产权的，乙方除应承担相关法律责任外，还应向甲方支付不少于合同总价款____%的违约金。

（5）乙方违反保密义务，应赔偿甲方因此受到的全部损失

（包括可期待利益和精神损失），同时应按本合同总价款的＿＿％
向乙方承担违约责任。

第十二条　争议解决

在本合同履行过程中，如发生争议，双方选择下列第＿＿
项方式解决：

1. 双方同意将争议提交至＿＿方所在地有管辖权的人民法
院解决。

2. 其他方式解决（包括协商、人民调解、仲裁等合同争议
的解决方式）。

————————————

第十三条　未尽事宜

本合同如有其他未尽事宜，双方另行协商并签订补充协议，
补充协议与本协议具有同等法律效力，补充协议与本协议不一
致的内容，以补充协议为准。

第十四条　本合同自甲乙双方签字盖章之日起生效，至双
方履行完毕合同项下全部权利义务后终止。

第十五条　本合同一式＿＿＿＿＿份，甲方执有＿＿＿＿＿份，
乙方执有＿＿＿＿＿份，各份具有同等法律效力。

————————本行以下无正文————————

甲方：＿＿＿（盖章）＿＿＿　　　乙方：＿＿＿（盖章）＿＿＿

法定代表人或　　　　　　　　法定代表人或

授权委托人：＿＿（签名）＿＿　授权委托人：＿＿（签名）＿＿

＿＿年＿＿月＿＿日　　　　　＿＿年＿＿月＿＿日

文物艺术品数字信息化系统项目技术开发委托合同

甲方：_____

法定代表人：_____

地址：_____

电话：_____

乙方：_____

法定代表人：_____

地址：_____

电话：_____

根据《中华人民共和国民法典》等法律法规的规定，甲乙双方经过友好协商，本着自愿、平等的原则，就甲方委托乙方研究开发_____项目（以下简称项目）有关事宜，订立本合同。

第一条　项目内容

1. 项目概述

甲方全权委托乙方进行_____数字信息化系统项目开发、采集、制作及部署服务，乙方为甲方完成_____项目的_____等全部工作。

2. 项目服务内容

第二条　项目要求

乙方应在本合同生效后＿＿个工作日内向甲方提交研究开发计划。研究开发计划应包括以下主要内容：

1. 需求调研及分析；

2. 系统设计；

3. 系统开发；

4. 试运行、正式上线；

5. 项目验收；

6. 系统维护。

第三条　服务期限和地点

1. 服务时间：除本合同另有约定外，自合同签订之日起＿＿个工作日内开发测试完成项目并投入运行。具体项目进展见附件。

2. 服务地点：甲方指定地点。

备注：以上为乙方预估的系统开发、内容制作及数字化采集时间，双方按时间进度确认工作，甲方应向乙方提供相应的配合及支持工作，以确保乙方项目进度按计划推进，因甲方原因导致项目进度推迟，项目交付时间相应顺延。在乙方提交阶段性确认要求时，甲方应在＿＿个工作日内完成相关确认工作，否则项目交付时间根据甲方最终确认时间进行顺延。项目完成周期如有更改或突发情况，双方应友好协商解决。

第四条　甲方权利义务

1. 组成工作领导小组，负责整个项目的进度管理工作，协调各部门之间的配合及双方的沟通与合作等问题。

2. 合同签订后＿＿个工作日内选派、组织掌握计算机知识并/或熟悉业务的管理人员和技术人员，配合乙方合同实施。

3. 参与整个项目全过程，协助配合乙方做好需求调研、方案设计及现场协调等工作，对各项业务的需求报告及时确认，组织相关部门参加各阶段验收工作。

4. 协调各业务部门配合乙方开展工作，保证乙方及时得到业务相关的技术资料、数据资料，提供业务咨询，并提供现场安装的条件和其他支持工作。

5. 按照工作计划进度，及时接受乙方的验收申请，组织并完成验收工作。

本合同履行完毕后，上述技术资料按以下第____方式处理：

（1）退还甲方。

（2）归乙方使用。

第五条　乙方权利义务

1. 合同正式生效后，指定专门人员成立项目组，该项目组全面负责整个项目过程，指定现场实施具体负责人，与甲方项目负责人一起全权负责项目管理和协调项目中出现的问题，管理项目进度、需求变更、协调本方资源等多方面的工作。

2. 确定项目组下设的软件开发及实施人员。项目组的人员如变化应及时通知甲方，对于不能胜任人员应根据甲方要求及时调换。

3. 在甲方配合下，根据本合同及附件各项要求完成软件的需求分析、设计、开发、测试和实施工作，及时发现并解决软件问题，不断完善以达到软件需求和验收标准。

4. 实施过程由乙方按照_____质量体系的要求制定详细规划和工作规范。在甲方配合下，制订详细的每周、每阶段的工作计划，明确双方责任和任务，监督、考核各工作小组的计划执行情况，及时、圆满完成合同约定的内容。

5. 向甲方提供完整的软件相关文档资料。

6. 系统正式运行后，定期回访用户，当软件出现重大缺陷问题并影响到甲方实际应用时，需及时响应并派人到现场解决。

7. 配合甲方完成项目的交付及验收工作。

8. 未经甲方同意，乙方不得将本合同项目部分或全部研究开发工作转让给第三人承担。

9. 不得在向甲方交付研究开发成果之前，自行将研究开发成果转让给第三人。

10. 完成本合同项目的研究开发人员，享有在有关技术成果文件上写明技术成果完成者和取得有关荣誉证书、奖励的权利。

11. 应在向甲方交付研究开发成果后，根据甲方的请求，为甲方指定人员提供技术指导和培训，或提供与使用该研究开发成果相关的技术服务。

12. 应当保证其交付给甲方的研究开发成果不侵犯任何第三人的合法权益。如经人民法院或仲裁机构的生效裁判，确认乙方交付的研究开发成果侵犯第三人权利的，乙方应依前述裁判承担责任。

第六条　价款支付及发票开具

1. 合同价款

本 合 同 总 金 额 为 人 民 币 ＿＿＿＿＿＿ 元 （大 写：＿＿＿＿＿＿元整）。

2. 价款支付

（1）首付款：合同签订后＿＿个工作日内支付合同款项的＿＿％，金额为人民币＿＿＿＿＿＿元（大写：＿＿＿＿＿＿元整）。

（2）进度款：各子服务项目交付验收合格后____个工作日内支付合同款项的____％，金额为人民币_____元（大写：_____元整），按实际交付完成子项分批次支付。

（3）质保款：项目验收满一年后____个工作日内，向乙方支付合同总金额的____％，即人民币_____元（大写：_____元整）。

乙方账号信息如下：

户名：_____

开户行：_____

账号：_____

3. 发票开具

乙方在甲方每次支付完毕上述相应费用后____个工作日内，向甲方开具合法有效的正规发票。

甲方发票信息如下：

名称：_____

纳税人识别号：_____

地址、电话：_____

开户行及账号：_____

第七条　项目成果交付

1. 项目交付成果：_____

2. 项目交付方式：_____

3. 交付时间和地点：系统验收合格后____个工作日内于甲方指定地点交付。

第八条　项目验收

双方确定，按以下标准及方法对乙方完成的研究开发成果进行验收：

1. 本项目的软件系统均由最终用户甲方安排相关人员进行验收，审核内容包括相关软件系统达到项目要求的功能、技术、性能要求，验收标准以与用户方确认的《项目需求说明书》为准。

2. 验收时间：甲方应当在乙方完成项目服务＿＿＿个工作日内进行验收并书面提出异议，逾期则视为甲方验收合格。

第九条　合同变更

双方同意如下合同或软件变更的约定：

1. 凡是涉及工期变更，应由本合同指定的乙方联系人或持有乙方出具的有效授权委托书（加盖乙方公章并有乙方法定代表人签字或签章）的经办人，参与协商并签署书面协议方可生效。

2. 在项目正常实施过程中，由于甲方软件业务和功能需求变更导致的任何软件设计方案、技术架构、性能指标、开发工作、进度计划的调整和增减，以及乙方对于软件功能、性能质量和工作进度的承诺，都必须由本合同指定的乙方联系人或乙方现场授权负责人以报告、会议纪要、备忘录等书面形式签署方可生效。

3. 甲方任何部门和人员向乙方正式提出的功能需求、性能指标、整改意见、变更要求、数据修正等，都必须由本合同指定的甲方联系人或持有甲方出具的有效授权委托书（加盖甲方公章）的经办人签署的书面报告，乙方才予以认可。

违反以上约定的，以双方参与项目人员名义做出的任何口头或书面形式的承诺、行为，都不能代表双方意见，该种行为完全是其个人行为，双方皆同意由此产生的所有法律后果都由其个人承担，无权向对方主张任何权利。

第十条　保密条款

1. 保密内容（包括但不限于技术信息、经营信息和个人信息）：

（1）双方都有责任对对方提供的技术情报、资料数据及商业秘密和个人信息保密，不得向第三方泄露。

（2）未经对方同意，任何一方不得以任何形式公开合同及其相关附件内容。

（3）双方在未征得对方同意的情况下，不得向第三方泄露在项目中接触到的需要保密的情报和资料。

（4）任何一方未征得对方同意，不得为任何其他目的而自行使用或允许他人使用从对方获得的信息（信息指包括但不限于所有的报告、摘录、纪要、文件、计划、报表、复印件等）。

2. 涉密人员范围：双方参与并知悉项目的所有工作人员。

3. 保密期限：合同有效期间及合同终止后____年内。

4. 泄密责任：任何一方违反保密约定，需向对方支付合同总价款____%的违约金，不足以弥补对方损失的，应当另行赔偿。

第十一条　知识产权归属

双方确定有关知识产权归属，选择下列第____项：

1. ____方享有申请专利的权利。专利权取得后的使用和有关利益分配方式由双方另行协商。

2. 双方对本合同有关的知识产权权利归属特别约定如下：本合同履行过程中所产生的知识产权归____方所有。

3. 甲方有权利用乙方按照本合同约定提供的研究开发成果，进行后继改进。由此产生的具有实质性或创造性技术进步特征的新的技术成果及其权利归属，由____方享有。

4. 乙方有权在完成本合同约定的研究开发工作后，利用该项目研究开发成果进行后续改进。由此产生的具有实质性或创造性技术进步特征的新的技术成果及其权利归属，归＿＿方享有。

第十二条　技术服务和指导

1. 内容：自项目验收之日起，乙方提供为期＿＿年的技术服务，服务期满后，如需乙方继续提供服务，双方需另签服务合同。

2. 地点和方式：＿＿＿＿＿＿＿＿＿＿＿＿＿＿＿＿

第十三条　其他约定

＿＿＿＿＿＿＿＿＿＿＿＿＿＿＿＿＿＿＿＿＿＿＿

第十四条　情势变更和不可抗力

本合同在履行过程中，合同的基础条件发生了当事人在订立合同时无法预见的、不属于商业风险的重大变化，继续履行合同对于当事人一方明显不公平的，受不利影响的一方当事人可以与对方重新协商；在合理期限内协商不成的，双方当事人可以请求人民法院或者仲裁机构变更或者解除合同。

本合同在履行过程中，如发生战争、突发公共卫生事件、自然灾害、政府原因等不能预见、不能避免、不能克服的不可抗力事件，当事人一方因不可抗力不能履行合同的，根据不可抗力的影响，部分或者全部免除责任，但是法律另有规定的除外。因不可抗力不能履行合同的，应当及时通知对方，以减轻可能给对方造成的损失，并应当在合理期限内提供证明。当事人迟延履行后发生不可抗力的，不免除其违约责任。

第十五条　违约责任

双方确定，任何一方违反本合同约定，造成研究开发工作停滞、延误或失败的，按以下约定承担违约责任：

1. 甲方每逾期付款一日，应向乙方支付应付款总价款＿＿‰的违约金，违约金总额累计不超过合同总价款的＿＿%。如因最终用户影响，拨款未能及时到位，乙方不得以此为由而不履行本合同规定的义务或要求甲方支付违约金。

2. 甲方不及时组织验收，每逾期一日，应支付乙方合同总价款＿＿‰的违约金，违约金总额不超过合同总价款的＿＿%。

3. 乙方在合同约定的时间内不能完成合同计划的，应当提前做出书面解释，经甲方认可，工期做适当顺延；若甲方不能认可，乙方应承担责任。每逾期一日，应向甲方支付应完成部分合同金额＿＿‰的违约金，违约金总额累计不超过合同总价款的＿＿%。

4. 乙方违反本合同约定造成项目延期的，每逾期一日，应向甲方支付应完成部分合同金额＿＿‰的违约金，违约金总价款累计不超过合同总价款的＿＿%。

5. 乙方违反本合同约定，未为甲方人员提供培训，或未按本项目要求提供有关技术服务的，甲方有权要求乙方立即履行相关义务或采取有效的补救措施。

6. 如因乙方过错，乙方开发成果的部分功能模块经过多次修改后，确实不能达到合同约定标准，双方按乙方开发的符合合同约定的功能模块对应的合同金额结算。

第十六条　争议解决

在本合同履行过程中，如发生争议，双方选择下列第＿＿项方式解决：

1. 双方同意将争议提交至＿＿方所在地有管辖权的人民法院解决。

2. 其他方式解决（包括协商、人民调解、仲裁等合同争议的解决方式）。

第十七条　未尽事宜

本合同如有其他未尽事宜，双方另行协商并签订补充协议，补充协议与本协议具有同等法律效力，补充协议与本协议不一致的内容，以补充协议为准。

第十八条　本合同自甲乙双方签字盖章之日起生效，至双方履行完毕合同项下全部权利义务后终止。

第十九条　本合同一式_____份，甲方执有_____份，乙方执有_____份，各份具有同等法律效力。

————本行以下无正文————

甲方：_____（盖章）　　　乙方：_____（盖章）
法定代表人或　　　　　　　　法定代表人或
授权委托人：____（签名）　　授权委托人：____（签名）
___年___月___日　　　　　　___年___月___日

附件

文物艺术品线上委托拍卖合同

甲方（委托人）：_____

法定代表人：_____

地址：_____

电话：_____

乙方（拍卖人）：_____

法定代表人：_____

地址：_____

电话：_____

根据《中华人民共和国民法典》《中华人民共和国拍卖法》《中华人民共和国文物保护法》《中华人民共和国文物保护法实施条例》《文物拍卖管理办法》《艺术品经营管理办法》等法律法规章的相关规定，甲乙双方经过友好协商，本着自愿、平等的原则，就甲方委托乙方拍卖_____的相关事宜，订立本合同。

第一条　拍卖标的

甲方委托乙方依法拍卖如下标的_____（详见附件《拍卖标的清单》）。

第二条　权属及瑕疵

甲方就委托拍卖标的不可撤销地向乙方保证：自己对所委托拍卖标的拥有所有权或享有处分权，对该拍卖标的的拍卖不会侵害任何第三方的合法权益亦不违反相关法律、法规的规定；并已尽其所知，就该拍卖品的来源和质量及权利瑕疵向乙方进行了全面、详尽的披露和说明，不存在任何隐瞒或虚构之处。如违反上述保证，致使乙方蒙受损失时，甲方应负责赔偿乙方因此所遭受的一切损失，并承担因此而发生的一切费用支出。

第三条　拍卖标的的撤回

甲方在拍卖日前的任何时间，向乙方发出书面通知说明理由后，可撤回其拍卖标的。但撤回拍卖标的时，若该拍卖标的已列入的图录或其他宣传品已开始印刷，则应支付相当于该拍卖标的保险金额＿＿＿％的款项和其他各项费用。如图录或任何其他宣传品尚未印刷，也需支付相当于该拍卖品保险金额＿＿＿％的款项和其他各项费用。

第四条　拍卖标的的保险赔偿

除甲方另有书面指示外，在甲方与乙方订立本合同并将拍卖标的交付乙方后，所有拍卖标的将自动受保于乙方的保险，保险金额以保留价为准（无保留价的，以该拍卖标的约定的保险金额为准；调整拍卖保留价的，以调整后的保留价为准）。凡属因乙方为拍卖标的所购保险承保范围内的事件或灾害所导致的拍卖标的的毁损、灭失，应根据中华人民共和国有关保险的法律和规定处理。乙方在向保险公司进行理赔，并获得保险赔偿后，将保险赔偿款扣除乙方费用（佣金除外）的余款支付给委托人。

第五条 佣金、费用支付及发票

1. 佣金及费用

（1）拍卖成交

a. 佣金为落槌价的＿＿％。

b. 保险费为落槌价的＿＿％。

（2）拍卖未成交

a. 手续费为保留价的＿＿％。

b. 保险费为保留价的＿＿％。

c. 其他费用：文物艺术品鉴别审费＿＿＿＿＿＿元；其他应收费用＿＿＿＿＿＿元。

2. 费用支付

（1）乙方支付成交价款的时限：＿＿＿＿＿＿，支付方式：＿＿＿＿＿＿。

（2）甲方支付未成交费用的时限：＿＿＿＿＿＿，支付方式：＿＿＿＿＿＿。

3. 拍前撤回费用：＿＿＿＿＿＿＿＿＿＿＿＿

4. 收款账号及发票开具

（1）账号信息

甲方账号信息如下：

户名：＿＿＿＿＿＿＿＿＿＿＿＿

开户行：＿＿＿＿＿＿＿＿＿＿＿

账号：＿＿＿＿＿＿＿＿＿＿＿＿

乙方账号信息如下：

户名：＿＿＿＿＿＿＿＿＿＿＿＿

开户行：＿＿＿＿＿＿＿＿＿＿＿

账号：＿＿＿＿＿＿＿＿＿＿＿＿

2. 发票开具

甲方发票信息如下：

名称：＿＿＿＿＿＿＿＿＿＿＿＿＿＿＿＿＿＿

纳税人识别号：＿＿＿＿＿＿＿＿＿＿＿＿＿＿＿

地址、电话：＿＿＿＿＿＿＿＿＿＿＿＿＿＿＿＿

开户行及账号：＿＿＿＿＿＿＿＿＿＿＿＿＿＿＿

乙方发票信息如下：

名称：＿＿＿＿＿＿＿＿＿＿＿＿＿＿＿＿＿＿

纳税人识别号：＿＿＿＿＿＿＿＿＿＿＿＿＿＿＿

地址、电话：＿＿＿＿＿＿＿＿＿＿＿＿＿＿＿＿

开户行及账号：＿＿＿＿＿＿＿＿＿＿＿＿＿＿＿

第六条　双方权利义务

1. 甲方

（1）甲方授权乙方对拍卖标的进行与拍卖有关的各种形式的展示，并印刷、制作拍卖图录及各类宣传品。

（2）甲方保证自己不参与同时也不委托他人代为参与竞买自己委托的拍卖标的。如违反本保证，甲方应自行承担相应法律责任，并赔偿因此给乙方造成的全部损失。

（3）若拍卖标的未成交，甲方应自收到乙方领取通知之日起＿＿个工作日内自负费用取回该拍卖标的，并向乙方支付未拍出手续费及其他各项费用，超过上述期限，每逾一日，乙方有权按保留价的＿＿‰另收保管费，并按拍卖规则之规定处理。

2. 乙方

（1）乙方认为需要对本合同第六条所列拍卖标的进行鉴定的，可以进行鉴定。鉴定结论与本合同载明的拍卖标的状况不符的，乙方有权变更或解除本合同。若拍卖标的因任何原因未上拍，乙方应于拍卖开始前书面告知甲方，甲方应自收到乙方领取通知之日起＿＿＿个工作日内取回该拍卖标的。超过上述期限，每逾一日，乙方有权按保留价的＿＿＿‰另收保管费，并按拍卖规则之规定处理。

（2）乙方对本合同附件所列拍卖标的的拍卖日期、拍卖场次、拍卖地点及拍卖图录中的内容说明等事宜拥有决定权。

3. 根据国家的税务规定，乙方将代扣甲方应缴纳之税费。

4. 拍卖标的成交后，如买受人已按乙方的相关规定付清全部购买价款，乙方应自拍卖成交日起＿＿＿个工作日内将扣除甲方应付佣金及各项费用后的余额，以本合同第五条约定的方式支付给甲方。

第七条　特别约定

本合同所指委托拍卖，拍品仍由甲方保管并于成交后发货给买受人，乙方仅代为上传相关信息至交易平台。甲方应遵守乙方的相关规定，对拍品的真实性及退货保障服务等负责，并同意在不遵守上述规定时，乙方有权扣除保证金。

第八条　其他约定

第九条　情势变更和不可抗力

本合同在履行过程中，合同的基础条件发生了当事人在订立合同时无法预见的、不属于商业风险的重大变化，继续履行合同对于当事人一方明显不公平的，受不利影响的一方当事人可以与对方重新协商；在合理期限内协商不成的，双方当事人可以请求人民法院或者仲裁机构变更或者解除合同。

本合同在履行过程中，如发生战争、突发公共卫生事件、自然灾害、政府原因等不能预见、不能避免、不能克服的不可抗力事件，当事人一方因不可抗力不能履行合同的，根据不可抗力的影响，部分或者全部免除责任，但是法律另有规定的除外。因不可抗力不能履行合同的，应当及时通知对方，以减轻可能给对方造成的损失，并应当在合理期限内提供证明。当事人迟延履行后发生不可抗力的，不免除其违约责任。

第十条　违约责任

甲乙双方在履行本合同过程中，违反上述约定，给对方造成损失，应承担违约责任，并赔偿损失。

第十一条　争议解决

在本合同履行过程中，如发生争议，双方选择下列第＿＿＿项方式解决：

1. 双方同意将争议提交至＿＿＿方所在地有管辖权的人民法院解决。

2. 其他方式解决（包括协商、人民调解、仲裁等合同争议的解决方式）。

第十二条　未尽事宜

本合同如有其他未尽事宜，双方另行协商并签订补充协议，补充协议与本协议具有同等法律效力，补充协议与本协议不一致的内容，以补充协议为准。

第十三条　本合同自甲乙双方签字盖章之日起生效，至双方履行完毕合同项下全部权利义务后终止。

第十四条　本合同一式＿＿＿＿＿＿＿份，甲方执有＿＿＿＿＿＿＿份，乙方执有＿＿＿＿＿＿＿份，各份具有同等法律效力。

————————本行以下无正文————————

甲方：___（盖章）___   乙方：___（盖章）___

法定代表人或   法定代表人或

授权委托人：___（签名）___   授权委托人：___（签名）___

___年___月___日   ___年___月___日

附件

《拍卖标的清单》

文物艺术品委托拍卖合同

甲方（委托人）：_____

法定代表人：_____

地址：_____

电话：_____

乙方（拍卖人）：_____

法定代表人：_____

地址：_____

电话：_____

根据《中华人民共和国民法典》《中华人民共和国拍卖法》《中华人民共和国文物保护法》《中华人民共和国文物保护法实施条例》《文物拍卖管理办法》《艺术品经营管理办法》等法律法规规章的相关规定，甲乙双方经过友好协商，本着自愿、平等的原则，就甲方委托乙方拍卖_____的相关事宜，订立本合同。

第一条　拍卖标的

甲方自愿委托乙方依法拍卖如下标的_____（详见附件《拍卖标的清单》）。

第二条　权属及瑕疵

甲方保证对本合同项下委托拍卖标的拥有所有权或处分权，本合同签署前，甲方应当向乙方提供拍卖标的的详细清单、详细资料以及合法、有效的权属证明材料作为本合同附件，并如实向乙方告知拍卖标的存在的质量和权利瑕疵。

第三条　拍卖标的评估

乙方认为需要对拍卖标的进行评估的，经甲方同意，可以对标的进行评估，评估费用由____方承担。

第四条　拍卖标的保留价

拍卖标的保留价：_____

第五条　拍卖期限及地点

乙方应于____年____月____日至____年____月____日内在_____举办的拍卖会上对本合同所载拍卖标的进行拍卖。

第六条　拍卖标的交付（转移）及其时间、方式

1. 动产类

拍卖标的经拍卖成交的，本标的由_____在_____按拍卖标的清单向买受人移交。买受人在移交清单上签字或盖章，交付始为成立。若拍卖标的由乙方交付（转移）给买受人，甲方应于____年____月____日前，将本合同所载拍卖标的交付乙方，交付地点为_____，交付方式为_____，交付后至拍卖成交时的保管费用由____方承担。

2. 不动产类

拍卖标的经拍卖成交的，在买受人成交款付清之日起____个工作日内，本标的由_____在拍卖标的所在地向买受人移交。拍卖标的权属转移手续由____方办理，费、税由____方承担。

3. 债权类

拍卖标的经拍卖成交后，在买受人成交款付清之日起____个工作日内，由债权人通知债务人，买受人开始行使债权人权利。

4. 其他类

_____

第七条　拍卖佣金、费用及其支付方式

拍卖标的经拍卖成交的，甲方应在交割之日起____个工作日内向乙方交付成交价____%的佣金，支付方式为_____。拍卖标的未成交的，甲方应向乙方支付如下费用：

1. 公告费：_____

2. 项目运作及管理费：_____

第八条　拍卖成交价款支付及发票

1. 拍卖标的经拍卖成交的，乙方应在交割之日起____日内，将拍卖成交款支付给甲方，支付方式为_____。

甲方账号信息如下：

户名：_____

开户行：_____

账号：_____

2. 甲方在乙方支付完毕上述相应费用后____个工作日内，向乙方开具合法有效的正规发票。

乙方发票信息如下：

名称：_____

纳税人识别号：_____

地址、电话：_____

开户行及账号：_____

第九条　拍卖标的撤回与撤销

1. 甲方在拍卖开始前可以撤回拍卖标的。甲方撤回拍卖标的的，应当向乙方支付如下费用：

（1）公告费：_____

（2）项目运作及管理费：_____

2. 乙方有确切证据证明拍卖标的存在下列情况之一的，可以撤除该标的，并有权追究甲方的法律责任：

（1）拍卖标的的权属状况与甲方声明不一致的。

（2）拍卖标的存在甲方未声明的重大瑕疵的。

（3）其他：_____

第十条　拍卖标的未成交的约定

因未成交或买受人未按约定交割等不可归责于乙方的原因致使拍卖标的未成交的，甲乙双方可以续签或解除合同，双方约定解除合同的，甲方应在接到乙方通知之日起____个工作日内领回拍卖标的，逾期未领回的，_____。

第十一条　保密条款

乙方应当对甲方的_____进行保密。

第十二条　其他约定

1. 甲方不得参与竞买，也不得委托他人代为竞买本合同所列各拍卖标的。

2. 乙方不得擅自变更拍卖标的保留价，也不得低于保留价拍卖标的。

3. 乙方不得擅自将拍卖标的委托其他人进行拍卖。联合拍卖须经甲方同意。

4. _____

5. _____

第十三条　情势变更和不可抗力

本合同在履行过程中，合同的基础条件发生了当事人在订立合同时无法预见的、不属于商业风险的重大变化，继续履行合同对于当事人一方明显不公平的，受不利影响的一方当事人可以与对方重新协商；在合理期限内协商不成的，双方当事人可以请求人民法院或者仲裁机构变更或者解除合同。

本合同在履行过程中，如发生战争、突发公共卫生事件、自然灾害、政府原因等不能预见、不能避免、不能克服的不可抗力事件，当事人一方因不可抗力不能履行合同的，根据不可抗力的影响，部分或者全部免除责任，但是法律另有规定的除外。因不可抗力不能履行合同的，应当及时通知对方，以减轻可能给对方造成的损失，并应当在合理期限内提供证明。当事人迟延履行后发生不可抗力的，不免除其违约责任。

第十四条　违约责任

1. 甲方隐瞒拍卖标的瑕疵，应承担违约责任。给乙方和买受人造成损失的，应赔偿其经济损失。

2. 甲方不能按照约定交付拍卖标的，应承担违约责任，并赔偿乙方及买受人的经济损失。

3. 乙方保管不善造成拍卖标的毁损、灭失的，应参照该标的保留价予以赔偿。

4. 乙方没有确切证据撤除拍卖标的的，应承担以下责任：

第十五条　争议解决

在本合同履行过程中，如发生争议，双方选择下列第____项方式解决：

1. 双方同意将争议提交至____方所在地有管辖权的人民法院解决。

2. 其他方式解决（包括协商、人民调解、仲裁等合同争议的解决方式）。

第十六条　未尽事宜

本合同如有其他未尽事宜，双方另行协商并签订补充协议，补充协议与本协议具有同等法律效力，补充协议与本协议不一致的内容，以补充协议为准。

第十七条　本合同自甲乙双方签字盖章之日起生效，至双方履行完毕合同项下全部权利义务后终止。

第十八条　本合同一式＿＿＿＿份，甲方执有＿＿＿＿份，乙方执有＿＿＿＿份，各份具有同等法律效力。

————————本行以下无正文————————

甲方：＿＿＿（盖章）＿＿＿　　　乙方：＿＿＿（盖章）＿＿＿

法定代表人或　　　　　　　　　　法定代表人或

授权委托人：＿＿（签名）＿＿　　授权委托人：＿＿（签名）＿＿

＿＿年＿＿月＿＿日　　　　　　　＿＿年＿＿月＿＿日

附件

《拍卖标的清单》

六　劳务合同类

特聘专业技术人员劳务合同

甲方：_____

法定代表人：_____

地址：_____

电话：_____

乙方：_____

身份证号：_____

受聘前工作单位：_____

家庭地址：_____

邮政编码：_____

电话：_____

因甲方_____工作需要，根据《中华人民共和国民法典》等相关法律的规定，经甲乙双方平等协商一致，自愿签订本劳务合同。

第一条　聘任工作内容

_____

第二条　聘任期限

___年___月___日至___年___月___日。

第三条　报酬支付

聘期内乙方需完成甲方要求的工作任务，甲方向乙方支付相应报酬。

1. 支付标准

甲方根据相关规定于每月＿＿＿日向乙方发放报酬，标准为税后＿＿＿＿＿＿＿＿＿元/月（大写：＿＿＿＿＿＿＿＿＿元/月，乙方个人所得税由甲方代扣代缴）。

2. 支付方式

甲方通过＿＿＿＿＿＿＿＿＿方式向乙方支付上述报酬，乙方账号信息如下：

户名：＿＿＿＿＿＿＿＿＿＿＿＿＿＿＿＿＿

开户行：＿＿＿＿＿＿＿＿＿＿＿＿＿＿＿＿

账号：＿＿＿＿＿＿＿＿＿＿＿＿＿＿＿＿＿

第四条　双方权利义务

1. 甲方

（1）甲方负责乙方在甲方工作期间的行政保障工作（包括为乙方提供办公场所、办公用品等），并办理工作所需的其他必要手续。

（2）甲方应当按期向乙方支付报酬。

（3）对乙方工作进行指导、检查和考核评估。

（4）应对乙方的个人信息保密。

2. 乙方

（1）乙方在甲方工作期间，须遵守甲方的各项规章制度。

（2）乙方在甲方工作期间，应按甲方要求完成＿＿＿＿＿＿＿＿规定的任务。

（3）乙方在甲方工作期间取得的工作成果的所有权及知识

产权均归甲方所有，乙方不得对任何工作资料或成果私留、复制，或转赠他人；不得在聘期结束后，私自向第三方透露有关情况。

（4）乙方应对文物艺术品及本项目信息做好保密工作，不得将文物艺术品有关资料以任何形式擅自留存、复制或带出甲方，不得私自拍摄文物艺术品照片，不得进行仿制，不得私自将相关信息用于发表，更不能将相关文物艺术品的各项信息用作商业目的，一经发现必追究其法律责任。

本项不受本合同失效影响，在本合同失效后继续有效。

第五条　其他约定

1. 在本合同到期前＿＿＿日内，如双方有继续合作意向，可进行协商，另行签订协议。

2. ＿＿＿＿＿＿＿＿＿＿＿＿＿＿＿＿＿＿＿＿＿＿＿＿＿

3. ＿＿＿＿＿＿＿＿＿＿＿＿＿＿＿＿＿＿＿＿＿＿＿＿＿

第六条　情势变更和不可抗力

本合同在履行过程中，合同的基础条件发生了当事人在订立合同时无法预见的、不属于商业风险的重大变化，继续履行合同对于当事人一方明显不公平的，受不利影响的一方当事人可以与对方重新协商；在合理期限内协商不成的，双方当事人可以请求人民法院或者仲裁机构变更或者解除合同。

本合同在履行过程中，如发生战争、突发公共卫生事件、自然灾害、政府原因等不能预见、不能避免、不能克服的不可抗力事件，当事人一方因不可抗力不能履行合同的，根据不可抗力的影响，部分或者全部免除责任，但是法律另有规定的除外。因不可抗力不能履行合同的，应当及时通知对方，以减轻可能给对方造成的损失，并应当在合理期限内提供证明。当事人迟延履行后发生不可抗力的，不免除其违约责任。。

第七条　违约责任

1. 甲方违反本合同有关约定，应承担违约责任。

2. 乙方在甲方工作期间，有下列情形之一的，将终止合同或不再续聘，并赔偿给甲方造成的损失：

（1）违反甲方有关文物艺术品安全的规章制度。

（2）未遵守甲方规章制度，造成资料外泄。

（3）未保质保量完成甲方任务要求。

（4）无故旷工连续＿＿＿个工作日或聘期内累计旷工＿＿＿个工作日以上的。

第八条　争议解决

在本合同履行过程中，如发生争议，双方选择下列第＿＿＿项方式解决：

1. 双方同意将争议提交至＿＿＿方所在地有管辖权的人民法院解决。

2. 其他方式解决（包括协商、人民调解、仲裁等合同争议的解决方式）。

第九条　未尽事宜

本合同如有其他未尽事宜，双方另行协商并签订补充协议，补充协议与本协议具有同等法律效力，补充协议与本协议不一致的内容，以补充协议为准。

第十条　本协议经甲方法定代表人或授权委托人签字并加盖公章、乙双方签字后生效，至双方履行完全部义务后终止。

第十一条　本协议一式＿＿＿＿＿＿份，甲方执有＿＿＿＿＿＿份，乙方执有_____份，每份具同等法律效力。

————————本行以下无正文————————

甲方：_____（盖章）_____　　　乙方：_____（盖章）_____

法定代表人或　　　　　　　　　　　法定代表人或

授权委托人：____（签名）____　　授权委托人：____（签名）____

____年____月____日　　　　　　　____年____月____日

第三部分

《民法典》合同编条文（节选）与原有法律规定对照表

《民法典》合同编条文与相关法律条文对照表①②

《民法典》	相关内容
第三编 合同	
第一分编 通则	
第一章 一般规定	
第四百六十三条 本编调整因合同产生的民事关系	
第四百六十四条 合同是<u>民事主体</u>之间设立、变更、终止民事<u>法律关系</u>的协议。 婚姻、收养、监护等有关身份关系的协议，<u>适用有关该身份关系的法律规定；没有规定的，可以根据其性质参照适用本编规定。</u>	《合同法》第二条 本法所称合同是~~平等主体的自然人、法人、其他组织~~之间设立、变更、终止民事<u>权利义务</u>关系的协议。 婚姻、收养、监护等有关身份关系的协议，适用<u>其他</u>法律的规定。
第四百六十五条 依法成立的合同，受法律保护。 依法成立的合同，**仅**对当事人具有法律约束力，**但是法律另有规定的除外。**	《合同法》第八条 依法成立的合同，对当事人具有法律约束力。~~当事人应当按照约定履行自己的义务，不得擅自变更或者解除合同。~~ *依法成立的合同，受法律保护。* 《民法总则》第一百一十九条 依法成立的合同，对当事人具有法律约束力。

---

① 标识说明：表中加粗部分为《民法典》较原有法律的新增内容；删除线为原有内容的删除；下划线为变动内容（包括部分表述变动）；斜体为吸收其他法律法规、司法解释而来的内容。

② 省略说明：a. 因篇幅问题，表中司法解释未列全文。b.《民法典》中部分表述虽较原有相关法律条文有变化，但实质意义未变，如部分标点符号、"依照"和"依据""二年"和"两年"等。为便于读者阅读，减少不必要的视觉干扰，本表未对这些不影响条文实质意义的变动作严格标识。

《民法典》	相关内容
	第一百三十六条　民事法律行为自成立时生效，但是法律另有规定或者当事人另有约定的除外。 　　行为人非依法律规定或者未经对方同意，不得擅自变更或者解除民事法律行为。
第四百六十六条　当事人对合同条款的理解有争议的，应当<u>依据本法第一百四十二条第一款的规定，确定争议条款的含义</u>。 　　合同文本采用两种以上文字订立并约定具有同等效力的，对各文本使用的词句推定具有相同含义。各文本使用的词句不一致的，应当根据合同的**相关条款、性质**、目的**以及诚信原则等**予以解释。	**《合同法》第一百二十五条**　当事人对合同条款的理解有争议的，应当按照合同所使用的词句、<u>合同的有关条款、合同的目的、交易习惯以及诚实信用原则</u>，确定该条款的<u>真实意思</u>。 　　合同文本采用两种以上文字订立并约定具有同等效力的，对各文本使用的词句推定具有相同含义。各文本使用的词句不一致的，应当根据合同的目的予以解释。 **《民法总则》第一百四十二条第一款**　相对人的意思表示的解释，应当按照所使用的词句，结合相关条款、行为的性质和目的、习惯以及诚信原则，确定意思表示的含义。
第四百六十七条　本法或者其他法律没有明文规定的合同，适用<u>本编</u>通则的规定，并可以参照**适用**<u>本编</u>或者其他法律最相类似合同的规定。	**《合同法》第一百二十四条**　本法<u>分则</u>或者其他法律没有明文规定的合同，适用<u>本法总则</u>的规定，并可以参照<u>本法分则</u>或者其他法律最相类似的规定。

《民法典》	相关内容
在中华人民共和国境内履行的中外合资经营企业合同、中外合作经营企业合同、中外合作勘探开发自然资源合同，适用中华人民共和国法律。	《合同法》第一百二十六条第二款　在中华人民共和国境内履行的中外合资经营企业合同、中外合作经营企业合同、中外合作勘探开发自然资源合同，适用中华人民共和国法律。
第四百六十八条　非因合同产生的债权债务关系，适用有关该债权债务关系法律规定；没有规定的，适用本编通则的有关规定，但是根据其性质不能适用的除外。	
第二章　合同的订立	
第四百六十九条　当事人订立合同，可以采用书面形式、口头形式或者其他形式。 　　书面形式是合同书、信件、电报、电传、传真等可以有形地表现所载内容的形式。 　　以电子数据交换、电子邮件等方式能够有形地表现所载内容，并可以随时调取查用的数据电文，视为书面形式。	《合同法》第十条　当事人订立合同，有书面形式、口头形式和其他形式。 　　法律、行政法规规定采用书面形式的，应当采用书面形式。当事人约定采用书面形式的，应当采用书面形式。 　　《合同法》第十一条　书面形式是指合同书、信件和数据电文（包括电报、电传、传真、电子数据交换和电子邮件）等可以有形地表现所载内容的形式。 　　《民法总则》第一百三十五条　民事法律行为可以采用书面形式、口头形式或者其他形式；法律、行政法规规定或者当事人约定采用特定形式的，应当采用特定形式。

《民法典》	相关内容
第四百七十条　合同的内容由当事人约定，一般包括下列条款： 　　（一）当事人的姓名或者名称和住所； 　　（二）标的； 　　（三）数量； 　　（四）质量； 　　（五）价款或者报酬； 　　（六）履行期限、地点和方式； 　　（七）违约责任 　　（八）解决争议的方法。 　　当事人可以参照各类合同的示范文本订立合同。	《合同法》第十二条　合同的内容由当事人约定，一般包括以下条款： 　　（一）当事人的名称或者姓名和住所； 　　（二）标的； 　　（三）数量； 　　（四）质量； 　　（五）价款或者报酬； 　　（六）履行期限、地点和方式； 　　（七）违约责任； 　　（八）解决争议的方法。 　　当事人可以参照各类合同的示范文本订立合同。
第四百七十一条　当事人订立合同，可以采取要约、承诺方式或者其他方式。	《合同法》第十三条　当事人订立合同，采取要约、承诺方式。
第四百七十二条　要约是希望与他人订立合同的意思表示，该意思表示应当符合下列条件： 　　（一）内容具体确定； 　　（二）表明经受要约人承诺，要约人即受该意思表示约束。	《合同法》第十四条　要约是希望和他人订立合同的意思表示，该意思表示应当符合下列规定： 　　（一）内容具体确定； 　　（二）表明经受要约人承诺，要约人即受该意思 表示约束。
第四百七十三条　要约邀请是希望他人向自己发出要约的表示。拍卖公告、招标公告、招股说明书、债券募集办法、基金招募说明书、商业广告和宣传、寄送的价目表等为要约邀请。 　　商业广告和宣传的内容符合要约条件的，构成要约。	《合同法》第十五条　要约邀请是希望他人向自己发出要约的意思表示。寄送的价目表、拍卖公告、招标公告、招股说明书、商业广告等为要约邀请。 　　商业广告的内容符合要约规定的，视为要约。

《民法典》	相关内容
第四百七十四条　要约生效的时间适用本法第一百三十七条的规定。	**《合同法》第十六条**　要约到达受要约人时生效。 　　采用数据电文形式订立合同，收件人指定特定系统接收数据电文的，该数据电文进入该特定系统的时间，视为到达时间；未指定特定系统的，该数据电文进入收件人的任何系统的首次时间，视为到达时间。 　　**《民法总则》第一百三十七条**　以对话方式作出的意思表示，相对人知道其内容时生效。 　　以非对话方式作出的意思表示，到达相对人时生效。以非对话方式作出的采用数据电文形式的意思表示，相对人指定特定系统接收数据电文的，该数据电文进入该特定系统时生效；未指定特定系统的，相对人知道或者应当知道该数据电文进入其系统时生效。当事人对采用数据电文形式的意思表示的生效时间另有约定的，按照其约定。
第四百七十五条　要约可以撤回。要约的撤回适用本法第一百四十一条的规定。	**《合同法》第十七条**　要约可以撤回。撤回要约的通知应当在要约到达受要约人之前或者与要约同时到达受要约人。 　　**《民法总则》第一百四十一条**　行为人可以撤回意思表示。撤回意思表示的通知应当在意思表示到达相对人前或者与意思表示同时到达相对人。

《民法典》	相关内容
第四百七十六条　　要约可以撤销，**但是**有下列情形之一的**除外**： 　　（一）要约人**以**确定承诺期限或者其他形式明示 要约不可撤销； 　　（二）受要约人有理由认为要约是不可撤销的，并已经为履行合同**做**了**合理**准备工作。	**《合同法》第十八条**　　要约可以撤销。撤销要约的通知应当在受要约人发出承诺通知之前到达受要约人。 　　**《合同法》第十九条**　　有下列情形之一的，要约不得撤销： 　　（一）要约人确定了承诺期限或者以其他形式明 示要约不可撤销； 　　（二）受要约人有理由认为要约是不可撤销的，并已经为履行合同作了准备工作。
第四百七十七条　　撤销邀约的意思表示以对话方式作出的，该意思表示的内容应当在受要约人作出承诺之前为受要约人所知道；撤销邀约的意思表示以非对话方式作出的，应当在受要约人作出承诺之前到达受要约人。	
第四百七十八条　　有下列情形之一的，要约失效： 　　（一）要约**被**拒绝； 　　（二）要约**被**依法撤销； 　　（三）承诺期限届满，受要约人未作出承诺； 　　（四）受要约人对要约的内容作出实质性变更。	**《合同法》第二十条**　　有下列情形之一的，要约失效： 　　（一）拒绝要约的通知到达要约人； 　　（二）要约人依法撤销要约； 　　（三）承诺期限届满，受要约人未作出承诺； 　　（四）受要约人对要约的内容作出实质性变更。

《民法典》	相关内容
第四百七十九条　承诺是受要约人同意要约的意思表示。	《合同法》**第二十一条**　承诺是受要约人同意要约的意思表示。
第四百八十条　承诺应当以通知的方式作出；但是，根据交易习惯或者要约表明可以通过行为作出承诺的除外。	《合同法》**第二十二条**　承诺应当以通知的方式作出，但根据交易习惯或者要约表明可以通过行为作出承诺的除外。
第四百八十一条　承诺应当在要约确定的期限内到达要约人。 　　要约没有确定承诺期限的，承诺应当依照下列规定到达： 　　（一）要约以对话方式作出的，应当即时作出承诺； 　　（二）要约以非对话方式作出的，承诺应当在合理期限内到达。	《合同法》**第二十三条**　承诺应当在要约确定的期限内到达要约人。 　　要约没有确定承诺期限的，承诺应当依照下列规定到达： 　　（一）要约以对话方式作出的，应当即时作出承诺，但当事人另有约定的除外； 　　（二）要约以非对话方式作出的，承诺应当在合理期限内到达。
第四百八十二条　要约以信件或者电报作出的，承诺期限自信件载明的日期或者电报交发之日开始计算。信件未载明日期的，自投寄该信件的邮戳日期开始计算。要约以电话、传真、**电子邮件**等快速通讯方式作出的，承诺期限自要约到达受要约人时开始计算。	《合同法》**第二十四条**　要约以信件或者电报作出的，承诺期限自信件载明的日期或者电报交发之日开始计算。信件未载明日期的，自投寄该信件的邮戳日期开始计算。要约以电话、传真等快速通讯方式作出的，承诺期限自要约到达受要约人时开始计算。
第四百八十三条　承诺生效时合同成立，但是法律另有规定或者当事人另有约定的除外。	《合同法》**第二十五条**　承诺生效时合同成立。

《民法典》	相关内容
第四百八十四条　以通知方式作出的承诺，生效的时间适用本法第一百三十七条的规定。 　承诺不需要通知的，根据交易习惯或者要约的要求作出承诺的行为时生效。	《合同法》第二十六条　承诺通知到达要约人时生效。承诺不需要通知的，根据交易习惯或者要约的要求作出承诺的行为时生效。 　采用数据电文形式订立合同的，承诺到达的时间适用本法第十六条第二款的规定。 　《民法总则》第一百三十七条以对话方式作出的意思表示，相对人知道其内容时生效。 　以非对话方式作出的意思表示，到达相对人时生效。以非对话方式作出的采用数据电文形式的意思表示，相对人指定特定系统接收数据电文的，该数据电文进入该特定系统时生效；未指定特定系统的，相对人知道或者应当知道该数据电文进入其系统时生效。当事人对采用数据电文形式的意思表示的生效时间另有约定的，按照其约定。
第四百八十五条　承诺可以撤回。承诺的撤回适用本法第一百四十一条的规定。	《合同法》第二十七条　承诺可以撤回。撤回承诺的通知应当在承诺通知到达要约人之前或者与承诺通知同时到达要约人。 　《民法总则》第一百四十一条行为人可以撤回意思表示。撤回意思表示的通知应当在意思表示到达相对人前或者与意思表示同时到达相对人。

续表

《民法典》	相关内容
第四百八十六条　受要约人超过承诺期限发出承诺，**或者在承诺期限内发出承诺，按照通常情形不能及时到达要约人的，为新要约；但是**，要约人及时通知受要约人该承诺有效的**除外**。	《合同法》第二十八条　受要约人超过承诺期限发出承诺的，除要约人及时通知受要约人该承诺有效的以外，为新要约。
第四百八十七条　受要约人在承诺期限内发出承诺，按照通常情形能够及时到达要约人，但是因其他原因**致使**承诺到达要约人时超过承诺期限的，除要约人及时通知受要约人因承诺超过期限不接受该承诺外，该承诺有效。	《合同法》第二十九条　受要约人在承诺期限内发出承诺，按照通常情形能够及时到达要约人，但因其他原因承诺到达要约人时超过承诺期限的，除要约人及时通知受要约人因承诺超过期限不接受该承诺的以外，该承诺有效。
第四百八十八条　承诺的内容应当与要约的内容一致。受要约人对要约的内容作出实质性变更的，为新要约。有关合同标的、数量、质量、价款或者报酬、履行期限、履行地点和方式、违约责任和解决争议方法等的变更，是对要约内容的实质性变更。	《合同法》第三十条　承诺的内容应当与要约的内容一致。受要约人对要约的内容作出实质性变更的，为新要约。有关合同标的、数量、质量、价款或者报酬、履行期限、履行地点和方式、违约责任和解决争议方法等的变更，是对要约内容的实质性变更。
第四百八十九条　承诺对要约的内容作出非实质性变更的，除要约人及时表示反对或者要约表明承诺不得对要约的内容作出任何变更外，该承诺有效，合同的内容以承诺的内容为准。	《合同法》第三十一条　承诺对要约的内容作出非实质性变更的，除要约人及时表示反对或者要约表明承诺不得对要约的内容作出任何变更的以外，该承诺有效，合同的内容以承诺的内容为准。

《民法典》	相关内容
第四百九十条　　当事人采用合同书形式订立合同的,自当事人均<u>签名</u>、盖章**或者按指印**时合同成立。在<u>签名</u>、盖章**或者按指印**之前,当事人一方已经履行主要义务,对方接受时,该合同成立。 　　法律、行政法规规定或者当事人约定合同应当采用书面形式订立,当事人未采用书面形式但是一方已经履行主要义务,对方接受时,该合同成立。	《合同法》第三十二条　当事人采用合同书形式订立合同的,自双方当事人<u>签字或者</u>盖章时合同成立。 　　《合同法》第三十七条　采用合同书形式订立合同,在<u>签字或者</u>盖章之前,当事人一方已经履行主要义务,对方接受的,该合同成立。 　　《合同法》第三十六条　法律、行政法规规定或者当事人约定采用书面形式订立合同,当事人未采用书面形式但一方已经履行主要义务,对方接受的,该合同成立。
第四百九十一条　　当事人采用信件、数据电文等形式订立合同要求签订确认书的,签订确认书时合同成立。 　　**当事人一方通过互联网等信息网络发布的商品或者服务信息符合要约条件的,对方选择该商品或者服务并提交订单成功时合同成立,但是当事人另有约定的除外。**	《合同法》第三十三条　当事人采用信件、数据电文等形式订立合同的,可以在合同成立之前要求签订确认书。签订确认书时合同成立。
第四百九十二条　承诺生效的地点为合同成立的地点。 　　采用数据电文形式订立合同的,收件人的主营业地为合同成立的地点;没有主营业地的,其<u>住所地</u>为合同成立的地点。当事人另有约定的,按照其约定。	《合同法》第三十四条　承诺生效的地点为合同成立的地点。 　　采用数据电文形式订立合同的,收件人的主营业地为合同成立的地点;没有主营业地的,其<u>经常居住地</u>为合同成立的地点当事人另有约定的,按照其约定。

续表

《民法典》	相关内容
第四百九十三条　当事人采用合同书形式订立合同的，最后签名、盖章**或者按指印**的地点为合同成立的地点，**但是当事人另有约定的除外**。	《合同法》第三十五条　当事人采用合同书形式订立合同的，双方当事大签字或者盖章的地点为合同成立的地点。
第四百九十四条　国家根据**抢险救灾、疫情防控或者其他**需要下达国家订货任务、指令性任务的，有关**民事主体**之间应当依照有关法律、行政法规规定的权利和义务订立合同。 　　**依照法律、行政法规的规定负有发出要约义务的当事人，应当及时发出合理的要约。** 　　**依照法律、行政法规的规定负有作出承诺义务的当事人，不得拒绝对方合理的订立合同要求。**	《合同法》第三十八条　国家根据需要下达指令性任务或者国家订货任务的，有关<u>法人、其他组织</u>之间应当依照有关法法律、行政法规规定的权利和义务订立合同。
第四百九十五条　*当事人约定在将来一定期限内订立合同的认购书、订购书、预定书等，构成预约合同。* 　　*当事人一方不履行预约合同约定的订立合同义务的，对方可以请求其承担预约合同的违约责任。*	《商品房买卖合同解释》第二条

续表

《民法典》	相关内容
第四百九十六条　格式条款是当事人为了重复使用而预先拟定，并在订立合同时未与对方协商的条款。 　　采用格式条款订立合同的，提供格式条款的一方应当遵循公平原则确定当事人之间的权利和义务，并采取合理的方式<u>提示</u>对方注意免除或者<u>减轻</u>其责任**等与对方有重大利害关系**的条款，按照对方的要求，对该条款予以说明。**提供格式条款的一方未履行提示或者说明义务，致使对方没有注意或者理解与其有重大利害关系的条款的，对方可以主张该条款不成为合同的内容。**	《合同法》第三十九条　采用格式条款订立合同的，提供格式条款的一方应当遵循公平原则确定当事人之间的权利和义务，并采取合理的方式<u>提请</u>对方注意免除或者<u>限制</u>其责任的条款，按照对方的要求，对该条款予以说明。 　　格式条款是当事人为了重复使用而预先拟定，并在订立合同时未与对方协商的条款。
第四百九十七条　有下列情形之一的，该格式条款无效： 　　<u>（一）具有本法第一编第六章第三节和本法第五百零六条规定的无效情形；</u> 　　（二）提供格式条款一方**不合理地**免除或者**减轻其责任**、加重对方责任、**限制对方主要权利**； 　　（三）提供格式条款一方排除对方主要权利。	《合同法》第四十条　格式条款具有本法第五十二条和第五十三条规定情形的，或者提供格式条款一方免除其责任、加重对方责任、排除对方主要权利的，该条款无效。

续表

《民法典》	相关内容
第四百九十八条　对格式条款的理解发生争议的，应当按照通常理解予以解释。对格式条款有两种以上解释的，应当作出不利于提供格式条款一方的解释。格式条款和非格式条款不一致的，应当采用非格式条款。	《合同法》第四十一条　对格式条款的理解发生争议的，应当按照通常理解予以解释。对格式条款有两种以上解释的，应当作出不利于提供格式条款一方的解释。格式条款和非格式条款不一致的，应当采用非格式条款。
第四百九十九条　悬赏人以公开方式声明对完成特定行为的人支付报酬的，完成该行为的人可以请求其支付。	《合同法解释（二）》第三条
第五百条　当事人在订立合同过程中有下列情形之一，**造成**对方损失的，应当承担赔偿责任： 　　（一）假借订立合同，恶意进行磋商； 　　（二）故意隐瞒与订立合同有关的重要事实或者提供虚假情况； 　　（三）有其他违背诚信原则的行为。	《合同法》第四十二条　当事人在订立合同过程中有下列情形之一，给对方造成损失的，应当承担损害赔偿责任： 　　（一）假借订立合同，恶意进行磋商； 　　（二）故意隐瞒与订立合同有关的重要事实或者提供虚假情况； 　　（三）有其他违背诚实信用原则的行为。

《民法典》	相关内容
第五百零一条　当事人在订立合同过程中知悉的商业秘密或者其他应当保密的信息，无论合同是否成立，不得泄露或者不正当地使用；泄露、不正当地使用该商业秘密或者信息，造成对方损失的，应当承担赔偿责任。	《合同法》第四十三条　当事人在订立合同过程中知悉的商业秘密，无论合同是否成立，不得泄露或者不正当地使用。泄露或者不正当地使用该商业秘密给对方造成损失的，应当承担损害赔偿责任。 　　《反不正当竞争法》第九条第四款本法所称的商业秘密，是指不为公众所知悉、具有商业价值并经权利人采取相应保密措施的技术信息经营信息等商业信息。
第三章　合同的效力	
第五百零二条　依法成立的合同，自成立时生效，但是法律另有规定或者当事人另有约定的除外。 　　依照法律、行政法规的规定，合同应当办理批准等手续的，依照其规定。未办理批准等手续影响合同生效的，不影响合同中履行报批等义务条款以及相关条款的效力。应当办理申请批准等手续的当事人未履行义务的，对方可以请求其承担违反该义务的责任。 　　依照法律、行政法规的规定，合同的变更、转让、解除等情形应当办理批准等手续的，适用前款规定。	《合同法》第四十四条　依法成立的合同，自成立时生效。 　　法律、行政法规规定应当办理批准、登记等手续生效的，依照其规定。 　　《合同法解释（一）》第九条 　　《融资租赁合同解释》第三条 　　《城镇房屋租赁合同解释》第四条 　　《商品房买卖合同解释》第六条 　　《技术合同解释》第八条

续表

《民法典》	相关内容
第五百零三条 无权代理人以被代理人的名义订立合同，被代理人已经开始履行合同合同义务或者接受相对人履行的，视为对合同的追认。	《合同法解释（二）》第十二条
第五百零四条 法人的法定代表人或者非法人组织的负责人超越权限订立的合同，除相对人知道或者应当知道其超越权限外，该代表行为有效，订立的合同对法人或者非法人组织发生效力。	《合同法》第五十条 法人或者其他组织的法定代表人、负责人超越权限订立的合同，除相对人知道或者应当知道其超越权限的以外，该代表行为有效。 《担保法解释》第十一条
第五百零五条 当事人超越经营范围订立的合同的效力，应当依照本法第一编第六章第三节和本编的有关规定确定，不得仅以超越经营范围确认合同无效。	《合同法解释（一）》第十条
第五百零六条 合同中的下列免责条款无效： （一）造成对方人身损害的； （二）因故意或者重大过失造成对方财产损失的。	《合同法》第五十三条 合同中的下列免责条款无效： （一）造成对方人身伤害的； （二）因故意或者重大过失造成对方财产损失的。
第五百零七条 合同不生效、无效、被撤销或者终止的，不影响合同中有关解决争议方法的条款的效力。	《合同法》第五十七条 合同无效、被撤销或者终止的，不影响合同中独立存在的有关解决争议方法的条款的效力。

《民法典》	相关内容
第五百零八条　本编对合同的效力没有规定的，适用本法第一编第六章的有关规定。	
第四章　合同的履行	
第五百零九条　当事人应当按照约定全面履行自己的义务。 当事人应当遵循诚信原则，根据合同的性质、目的和交易习惯履行通知、协助、保密等义务。 **当事人在履行合同过程中，应当避免浪费资源、污染环境和破坏生态。**	《合同法》第六十条　当事人应当按照约定全面履行自己的义务。 当事人应当遵循诚实信用原则，根据合同的性质、目的和交易习惯履行通知、协助、保密等义务。
第五百一十条　合同生效后，当事人就质量、价款或者报酬、履行地点等内容没有约定或者约定不明确的，可以协议补充；不能达成补充协议的，按照合同<u>相关</u>条款或者交易习惯确定。	《合同法》第六十一条　合同生效后，当事人就质量、价款或者报酬、履行地点等内容没有约定或者约定不明确的，可以协议补充；不能达成补充协议的，按照合同<u>有关</u>条款或者交易习惯确定。
第五百一十一条　当事人就有关合同内容约定不明确，<u>依据前条规定</u>仍不能确定的，适用下列规定： （一）质量要求不明确的，按照<u>强制性</u>国家标准履行；<u>没有强制性国家标准的，按照推荐性国家标准履行；没有推荐性国家标准的，</u>按照行业标准履行；没有国家标准、行业标准的，按照通常标准或者符合合同目的的特定标准履行。	《合同法》第六十二条　当事人就有关合同内容约定不明确，<u>依照本法第六十一条的规定</u>仍不能确定的，适用下列规定： （一）质量要求不明确的，<u>按照国家标准、行业标准履行</u>；没有国家标准、行业标准的，按照通常标准或者符合合同目的的特定标准履行。 （二）价款或者报酬不明确的，按照订立合同时履行地的市场价格履行；

《民法典》	相关内容
（二）价款或者报酬不明确的，按照订立合同时履行地的市场价格履行；依法应当执行政府定价或者政府指导价的，依照规定履行。 （三）履行地点不明确，给付货币的，在接受货币一方所在地履行；交付不动产的，在不动产所在地履行；其他标的，在履行义务一方所在地履行。 （四）履行期限不明确的，债务人可以随时履行，债权人也可以随时请求履行，但是应当给对方必要的准备时间。 （五）履行方式不明确的，按照有利于实现合同目的的方式履行。 （六）履行费用的负担不明确的，由履行义务一方负担；因债权人原因增加的履行费用，由债权人负担。	依法应当执行政府定价或者政府指导价的，按照规定履行。 （三）履行地点不明确，给付货币的，在接受货币一方所在地履行；交付不动产的，在不动产所在地履行；其他标的，在履行义务一方所在地履行。 （四）履行期限不明确的，债务人可以随时履行，债权人也可以随时要求履行，但应当给对方必要的准备时间。 （五）履行方式不明确的，按照有利于实现合同目的的方式履行。 （六）履行费用的负担不明确的，由履行义务一方负担。
第五百一十二条　通过互联网等信息网络订立的电子合同的标的为交付商品并采用快递物流方式交付的，收货人的签收时间为交付时间。电子合同的标的为提供服务的，生成的电子凭证或者实物凭证中载明的时间为提供服务时间；前述凭证没有载明时间或者载明时间与实际提供服务时间不一致的，以实际提供服务的时间为准。 电子合同的标的物为采用在线传输方式交付的，合同标的物进入对方当事人指定的特定系统且能够	

《民法典》	相关内容
检索识别的时间为交付时间。 　　电子合同当事人对交付商品或者提供服务的方式、时间另有约定的，按照其约定。	
第五百一十三条　执行政府定价或者政府指导价的，在合同约定的交付期限内政府价格调整时，按照交付时的价格计价。逾期交付标的物的，遇价格上涨时，按照原价格执行；价格下降时，按照新价格执行。逾期提取标的物或者逾期付款的，遇价格上涨时，按照新价格执行；价格下降时，按照原价格执行。	《合同法》第六十三条　执行政府定价或者政府指导价的，在合同约定的交付期限内政府价格调整时，按照交付时的价格计价。逾期交付标的物的，遇价格上涨时，按照原价格执行；价格下降时，按照新价格执行。逾期提取标的物或者逾期付款的，遇价格上涨时，按照新价格执行；价格下降时，按照原价格执行。
第五百一十四条　以支付金钱为内容的债，除法律另有规定或者当事人另有约定外，债权人可以请求债务人以实际履行地的法定货币履行。	
第五百一十五条　标的有多项而债务人只需履行其中一项的，债务人享有选择权；但是，法律另有规定、当事人另有约定或者另有交易习惯的除外。 　　享有选择权的当事人在约定期限内或者履行期限届满未作选择，经催告后在合理期限内仍未选择的，选择权转移至对方。	

续表

《民法典》	相关内容
第五百一十六条　当事人行使选择权应当及时通知对方，通知到达对方时，标的确定。标的确定后不得变更，但是经对方同意的除外。 可选择的标的发生不能履行情形的，享有选择权的当事人不得选择不能履行的标的，但是该不能履行的情形是由对方造成的除外。	
第五百一十七条　债权人为二人以上，标的可分，按照份额各自享有债权的，为按份债权；债务人为二人以上，标的可分，按照份额各自负担债务的，为按份债务。 按份债权人或者按份债务人的份额难以确定的，视为份额相同。	《民法总则》第一百七十七条　二人以上依法承担按份责任，能够确定责任大小的，各自承担相应的责任；难以确定责任大小的，平均承担责任。
第五百一十八条　债权人为二人以上，部分或者全部债权人均可以请求债务人履行债务的，为连带债权；债务人为二人以上，债权人可以请求部分或者全部债务人履行全部债务的，为连带债务。 连带债权或者连带债务，由法律规定或者当事人约定。	《民法总则》第一百七十八条第一款、第三款　二人以上依法承担连带责任的，权利人有权请求部分或者全部连带责任人承担责任。 连带责任，由法律规定或者当事人约定。

《民法典》	相关内容
第五百一十九条　连带债务人之间的份额难以确定的，视为份额相同。 　　实际承担债务超过自己份额的连带债务人，有权就超出部分在其他连带债务人未履行的份额范围内向其追偿，并相应地享有债权人的权利，但是不得损害债权人的利益。其他连带债务人对债权人的抗辩，可以向该债务人主张。 　　被追偿的连带债务人不能履行其应分担份额的，其他连带债务人应当在相应范围内按比例分担。	《民法总则》第一百七十八条第二款　连带责任人的责任份额根据各自责任大小确定；难以确定责任大小的，平均承担责任。实际承担责任超过自己责任份额的连带责任人，有权向其他连带责任人追偿。
第五百二十条　部分连带债务人履行、抵销债务或者提存标的物的，其他债务人对债权人的债务在相应范围内消灭；该债务人可以依据前条规定向其他债务人追偿。 　　部分连带债务人的债务被债权人免除的，在该连带债务人应当承担的份额范围内，其他债务人对债权人的债务消灭。 　　部分连带债务人的债务与债权人的债权同归于一人的，在扣除该债务人应当承担的份额后，债权人对其他债务人的债权继续存在。 　　债权人对部分连带债务人的给付受领迟延的，对其他连带债务人发生效力。	

《民法典》	相关内容
第五百二十一条　连带债权人之间的份额难以确定的，视为份额相同。 　　实际受领债权的连带债权人，应当按比例向其他连带债权人返还。 　　连带债权参照适用本章连带债务的有关规定。	
第五百二十二条　当事人约定由债务人向第三人履行债务，债务人未向第三人履行债务或者履行债务不符合约定的，应当向债权人承担违约责任。 　　法律规定或者当事人约定第三人可以直接请求债务人向其履行债务，第三人未在合理期限内明确拒绝，债务人未向第三人履行债务或履行债务不符合约定的，第三人可以请求债务人承担违约责任；债务人对债权人的抗辩，可以向第三人主张。	《合同法》第六十四条　当事人约定由债务人向第三人履行债务的，债务人未向第三人履行债务或者履行债务不符合约定，应当向债权人承担违约责任。
第五百二十三条　当事人约定由第三人向债权人履行债务，第三人不履行债务或者履行债务不符合约定的，债务人应当向债权人承担违约责任。	《合同法》第六十五条　当事人约定由第三人向债权人履行债务的，第三人不履行债务或者履行债务不符合约定，债务人应当向债权人承担违约责任。

续表

《民法典》	相关内容
第五百二十四条 债务人不履行债务，第三人对履行该债务具有合法利益的，第三人有权向债权人代为履行；但是，根据债务性质、按照当事人约定或者依照法律规定只能由债务人履行的除外。 债权人接受第三人履行后，其对债务人的债权转让给第三人，但是债务人和第三人另有约定的除外。	
第五百二十五条 当事人互负债务，没有先后履行顺序的，应当同时履行。一方在对方履行之前有权拒绝其履行<u>请求</u>。一方在对方履行债务不符合约定时，有权拒绝其相应的履行<u>请求</u>。	《合同法》第六十六条 当事人互负债务，没有先后履行顺序的，应当同时履行。一方在对方履行之前有权拒绝其履行<u>要求</u>。一方在对方履行债务不符合约定时，有权拒绝其相应的履行<u>要求</u>。
第五百二十六条 当事人互负债务，有先后履行顺序，应当先履行**债务**一方未履行的，后履行一方有权拒绝其履行<u>请求</u>。先履行一方履行债务不符合约定的，后履行一方有权拒绝其相应的履行<u>请求</u>。	《合同法》第六十七条 当事人互负债务，有先后履行顺序，先履行一方未履行的，后履行一方有权拒绝其履行<u>要求</u>。先履行一方履行债务不符合约定的，后履行一方有权拒绝其相应的履行<u>要求</u>。

续表

《民法典》	相关内容
第五百二十七条　应当先履行债务的当事人，有确切证据证明对方有下列情形之一的，可以中止履行： 　　（一）经营状况严重恶化； 　　（二）转移财产、抽逃资金，以逃避债务； 　　（三）丧失商业信誉； 　　（四）有丧失或者可能丧失履行债务能力的其他情形。 　　当事人没有确切证据中止履行的，应当承担违约责任。	**《合同法》第六十八条**　应当先履行债务的当事人，有确切证据证明对方有下列情形之一的，可以中止履行： 　　（一）经营状况严重恶化； 　　（二）转移财产、抽逃资金，以逃避债务； 　　（三）丧失商业信誉； 　　（四）有丧失或者可能丧失履行债务能力的其他情形。 　　当事人没有确切证据中止履行的，应当承担违约责任。
第五百二十八条　当事人<u>依据前条</u>规定中止履行的，应当及时通知对方。对方提供适当担保<u>的</u>，应当恢复履行。中止履行后，对方在合理期限内未恢复履行能力且未提供适当担保的，**视为以自己的行为表明不履行主要债务**，中止履行的一方可以解除合同**并可以请求对方承担违约责任**。	**《合同法》第六十九条**　当事人<u>依照本法第六十八条</u>的规定中止履行的，应当及时通知对方。对方提供适当担保时，应当恢复履行。中止履行后，对方在合理期限内未恢复履行能力并且未提供适当担保的，中止履行的一方可以解除合同。
第五百二十九条　债权人分立、合并或者变更住所没有通知债务人，致使履行债务发生困难的，债务人可以中止履行或者将标的物提存。	**《合同法》第七十条**　债权人分立、合并或者变更住所没有通知债务人，致使履行债务发生困难的，债务人可以中止履行或者将标的物提存。

续表

《民法典》	相关内容
第五百三十条 债权人可以拒绝债务人提前履行债务，但是提前履行不损害债权人利益的除外。 债务人提前履行债务给债权人增加的费用，由债务人负担。	《合同法》第七十一条 债权人可以拒绝债务人提前履行债务，但提前履行不损害债权人利益的除外。 债务人提前履行债务给债权人增加的费用，由债务人负担。
第五百三十一条 债权人可以拒绝债务人部分履行债务，但是部分履行不损害债权人利益的除外。 债务人部分履行债务给债权人增加的费用，由债务人负担。	《合同法》第七十二条 债权人可以拒绝债务人部分履行债务，但部分履行不损害债权人利益的除外。 债务人部分履行债务给债权人增加的费用，由债务人负担。
第五百三十二条 合同生效后，当事人不得因姓名、名称的变更或者法定代表人、负责人、承办人的变动而不履行合同义务。	《合同法》第七十六条 合同生效后，当事人不得因姓名、名称的变更或者法定代表人、负责人、承办人的变动而不履行合同义务。
第五百三十三条 合同成立后，*合同的基础条件发生了当事人*在订立合同时无法预见的、不属于商业风险的重大变化，继续履行合同对于当事人一方明显不公平的，*受不利影响的当事人可以与对方重新协商；在合理期限内协商不成的*，当事人可以请求人民法院*或者仲裁机构*变更或者解除合同。 人民法院*或者仲裁机构*应当结合案件的实际情况，根据公平原则变更或者解除合同。	《合同法解释（二）》第二十六条

《民法典》	相关内容
第五百三十四条　对当事人利用合同实施危害国家利益、社会公共利益行为的，市场监督管理和其他有关行政主管部门依照法律、行政法规的规定负责监督处理。	《合同法》第一百二十七条　工商行政管理部门和其他有关行政主管部门在各自的职权范围内，依照法律、行政法规的规定，对利用合同危害国家利益、社会公共利益的违法行为，负责监督处理；构成犯罪的，依法追究刑事责任。
第五章　合同的保全	
第五百三十五条　因债务人怠于行使其债权或者与该债权有关的从权利，影响债权人的到期债权实现的，债权人可以向人民法院请求以自己的名义代位行使债务人对相对人的权利，但是该权利专属于债务人自身的除外。 代位权的行使范围以债权人的到期债权为限。债权人行使代位权的必要费用，由债务人负担。 相对人对债务人的抗辩，可以向债权人主张。	《合同法》第七十三条　因债务人怠于行使其到期债权，对债权人造成损害的，债权人可以向人民法院请求以自己的名义代位行使债务人的债权，但该债权专属于债务人自身的除外。 代位权的行使范围以债权人的债权为限。债权人行使代位权的必要费用，由债务人负担。 《合同法解释（一）》第十一条、第十二条、第十三条、第十四条 《诉讼时效规定》第十八条
第五百三十六条　债权人的债权到期前，债务人的债权或者与该债权有关的从权利存在诉讼时效期间即将届满或者未及时申报破产债权等情形，影响债权人的债权实现的，债权人可以代位向债务人的相对人请求其向债务人履行、向破产管理人申报或者作出其他必要的行为。	

续表

《民法典》	相关内容
第五百三十七条　人民法院认定代位权成立的，由债务人的相对人向债权履行义务，债权人接受履行后，债权人与债务人、债务人与相对人之间相应的权利义务终止。债务人对相对人的债权或者与该债权有关的从权利被采取保全执行措施或者债务人破产的依照相关法律的规定处理。	《合同法解释（一）》第二十条
第五百三十八条　债务人以__放弃其债权、放弃债权担保、无__偿转让财产等方式无偿处分财产权益、__或者恶意延长其到期债权__的履行期限__，影响债权人的债权实现的，债权人可以请求人民法院撤销债务人的行为。 第五百三十九条　债务人以明显不合理的低价转让财产、以__明显不合理的高价受让他人财产或者为他人的债务提供担保，影__响债权人的债权实现，债务人的__相对人__知道或者应当知道该情形的，债权人可以请求人民法院撤销债务人的行为。	《合同法》第七十四条第一款　因债务人放弃其到期债权或者无偿转让财产，对债权人造成损害__的__，债权人可以请求人民法院撤销债务人的行为。债务人以明显不合理的低价转让财产，__对债权__人造成损害，并且受让人__知道该情形的，债权人也可以请求人民法院撤销债务人的行为。 《合同法解释（二）》第十八条、第十九条

《民法典》	相关内容
第五百四十条　撤销权的行使范围以债权人的债权为限。债权人行使撤销权的必要费用，由债务人负担。	《合同法》第七十四条第二款　撤销权的行使范围以债权人的债权为限。债权人行使撤销权的必要费用，由债务人负担。
第五百四十一条　撤销权自债权人知道或者应当知道撤销事由之日起一年内行使。自债务人的行为发生之日起五年内没有行使撤销权的，该撤销权消灭。	《合同法》第七十五条　撤销权自债权人知道或者应当知道撤销事由之日起一年内行使。自债务人的行为发生之日起五年内没有行使撤销权的，该撤销权消灭。 《民法总则》第一百五十二条第一款第（一）项　有下列情形之一的，撤销权消灭： （一）当事人自知道或者应当知道撤销事由之日起一年内、重大误解的当事人自知道或者应当知道撤销事由之日起三个月内没有行使撤销权； 当事人自民事法律行为发生之日起五年内没有行使撤销权的，撤销权消灭。 第一百九十九条　法律规定或者当事人约定的撤销权、解除权等权利的存续期间，除法律另有规定外，自权利人知道或者应当知道权利产生之日起计算，不适用有关诉讼时效中止、中断和延长的规定。存续期间届满，撤销权、解除权等权利消灭。

《民法典》	相关内容
第五百四十二条　债务人影响债权人的债权实现的行为被撤销的，自始没有法律约束力。	
第六章　合同的变更和转让	
第五百四十三条　当事人协商一致，可以变更合同。	《合同法》第七十七条第一款当事人协商一致，可以变更合同。
第五百四十四条　当事人对合同变更的内容约定不明确的，推定为未变更。	《合同法》第七十八条　当事人对合同变更的内容约定不明确的，推定为未变更。
第五百四十五条　债权人可以将债权的全部或者部分转让给第三人，但是有下列情形之一的除外： （一）根据债权性质不得转让； （二）按照当事人约定不得转让； （三）依照法律规定不得转让。	《合同法》第七十九条　债权人可以将合同的权利全部或者部分转让给第三人，但有下列情形之一的除外： （一）根据合同性质不得转让； （二）按照当事人约定不得转让； （三）依照法律规定不得转让。
第五百四十六条　债权人转让债权，未通知债务人的，该转让对债务人不发生效力。 债权转让的通知不得撤销，但是经受让人同意的除外。	《合同法》第八十条　债权人转让权利的，应当通知债务人。未经通知，该转让对债务人不发生效力。 债权大转让权利的通知不得撤销，但经受让人同意的除外。

续表

《民法典》	相关内容
第五百四十七条　债权人转让债权的，受让人取得与债权有关的从权利，但是该从权利专属于债权人自身的除外。 受让人取得从权利不因该从权利未办理转移登记手续或者未转移占有而受到影响。	《合同法》第八十一条　债权人转让权利的，受让人取得与债权有关的从权利，但该从权利专属于债权人自身的除外。
第五百四十八条　债务人接到债权转让通知后，债务人对让与人的抗辩，可以向受让人主张。	《合同法》第八十二条　债务人接到债权转让通知后，债务人对让与人的抗辩，可以向受让人主张。 《合同法解释（一）》第二十七条
第五百四十九条　有下列情形之一的，债务人可以向受让人主张抵销： （一）债务人接到债权转让通知时，债务人对让与人享有债权，且债务人的债权先于转让的债权到期或者同时到期； （二）债务人的债权与转让的债权是基于同一合同产生。	《合同法》第八十三条　债务人接到债权转让通知时，债务人对让与人享有债权，并且债务人的债权先于转让的债权到期或者同时到期的，债务人可以向受让人主张抵销。
第五百五十条　因债权转让增加的履行费用，由让与人负担。	
第五百五十一条　债务人将债务的全部或者部分转移给第三人的，应当经债权人同意。 债务人或者第三人可以催告债权人在合理期限内予以同意，债权人未作表示的，视为不同意。	《合同法》第八十四条　债务人将合同的义务全部或者部分转移给第三人的，应当经债权人同意。

续表

《民法典》	相关内容
第五百五十二条 第三人与债务人约定加入债务并通知债权人，或者第三人向债权人表示愿意加入债务，债权人未在合理期限内明确拒绝的，债权人可以请求第三人在其愿意承担的债务范围内和债务人承担连带债务。	
第五百五十三条 债务人转移<u>债务</u>的，新债务人可以主张原债务人对债权人的抗辩；原债务人对债权人享有债权的，新债务人不得向债权人主张抵销。	《合同法》第八十五条 债务人转移<u>义务</u>的，新债务人可以主张原债务人对债权人的抗辩。
第五百五十四条 债务人转移<u>债务</u>的，新债务人应当承担与主债务有关的从债务，但是该从债务专属于原债务人自身的除外。	《合同法》第八十六条 债务人转移<u>义务</u>的，新债务人应当承担与主债务有关的从债务，但该从债务专属于原债务人自身的除外。
第五百五十五条 当事人一方经对方同意，可以将自己在合同中的权利和义务一并转让给第三人。	《合同法》第八十八条 当事人一方经对方同意，可以将自己在合同中的权利和义务一并转让给第三人。
第五百五十六条 合同的权利和义务一并转让的，适用<u>债权转让、债务转移</u>的有关规定。	《合同法》第八十九条 权利和义务一并转让的，适用<u>本法第七十九条、第八十一条至第八十三条、第八十五条至第八十七条</u>的规定。

《民法典》	相关内容
第七章　合同的权利义务终止	
第五百五十七条　有下列情形之一的，**债权债务终止**： （一）债务已经履行； （二）债务相互抵销； （三）债务人依法将标的物提存； （四）债权人免除债务； （五）债权债务同归于一人； （六）法律规定或者当事人约定终止的其他情形。 **合同解除的，该合同的权利义务关系终止。**	**《合同法》第九十一条**　有下列情形之一的，**合同的权利义务**终止： （一）债务已经按照约定履行； （二）合同解除； （三）债务相互抵销； （四）债务人依法将标的物提存； （五）债权人免除债务； （六）债权债务同归于一人； （七）法律规定或者当事人约定终止的其他情形。
第五百五十八条　**债权债务**终止后，当事人应当遵循**诚信**等原则，根据交易习惯履行通知、协助、保密、旧物回收等义务。	**《合同法》第九十二条**　合同的**权利义务**终止后，当事人应当遵循诚实信用原则，根据交易习惯履行通知、协助、保密等义务。 　　**《合同法解释（二）》第二十二条**
第五百五十九条　**债权债务**终止时，债权的从权利同时消灭，但是法律另有规定或者当事人另有约定的除外。	

《民法典》	相关内容
第五百六十条　债务人对同一债权人负担的数个债务种类相同，债务人的给付不足以清偿全部债务的，除当事人另有约定外，由债务人在清偿时指定其履行的债务。 　债务人未作指定的，应当优先履行已到期的债务；数项债务均到期的，优先履行对债权人缺乏担保或者担保最少的债务；均无担保或者担保数额相等的，优先履行债务人负担较重的债务；负担相同的，按照债务到期的先后顺序履行；到期时间相同的，按照债务比例履行。	《合同法解释（二）》第二十条
第五百六十一条　债务人在履行主债务外还应当支付利息和实现债权的有关费用，其给付不足以清偿全部债务的，除当事人另有约定外，应当按照下列顺序履行： 　（一）实现债权的有关费用； 　（二）利息； 　（三）主债务。	《合同法解释（二）》第二十一条
第五百六十二条　当事人协商一致，可以解除合同。 　当事人可以约定一方解除合同的事由。解除合同的事由发生时，解除权人可以解除合同。	《合同法》第九十三条　当事人协商一致，可以解除合同。 　当事人可以约定一方解除合同的条件。解除合同的条件成就时，解除权人可以解除合同。

《民法典》	相关内容
第五百六十三条　有下列情形之一的，当事人可以解除合同： （一）因不可抗力致使不能实现合同目的； （二）在履行期限届满前，当事人一方明确表示或者以自己的行为表明不履行主要债务； （三）当事人一方迟延履行主要债务，经催告后在合理期限内仍未履行； （四）当事人一方迟延履行债务或者有其他违约行为致使不能实现合同目的； （五）法律规定的其他情形。 **以持续履行的债务为内容的不定期合同，当事人可以随时解除合同，但是应当在合理期限之前通知对方。**	《合同法》**第九十四条**　有下列情形之一的，当事人可以解除合同： （一）因不可抗力致使不能实现合同目的； （二）在履行期限届满之前，当事人一方明确表示或者以自己的行为表明不履行主要债务； （三）当事人一方迟延履行主要债务，经催告后在合理期限内仍未履行； （四）当事人一方迟延履行债务或者有其他违约行为致使不能实现合同目的； （五）法律规定的其他情形。 《合同法解释（二）》**第二十六条**
第五百六十四条　法律规定或者当事人约定解除权行使期限，期限届满当事人不行使的，该权利消灭。 法律没有规定或者当事人没有约定解除权行使期限，**自解除权人知道或者应当知道解除事由之日起一年内不行使，或者**经对方催告后在合理期限内不行使的，该权利消灭。	《合同法》**第九十五条**　法律规定或者当事人约定解除权行使期限，期限届满当事人不行使的，该权利消灭。 法律没有规定或者当事人没有约定解除权行使期限，经对方催告后在合理期限内不行使的，该权利消灭。 《民法总则》**第一百九十九条**法律规定或者当事人约定的撤销权、解除权等权利的存续期间，除法律另有规定外，自权利人知道或者应当知道权利产生之日起计算，不适用有关诉讼时效中止、中断和延长的规定。存续期间届满，撤销权、解除权等权利消灭。 《商品房买卖合同解释》**第十五条**

续表

《民法典》	相关内容
第五百六十五条　当事人一方依法主张解除合同的，应当通知对方。合同自通知到达对方时解除；通知载明债务人在一定期限内不履行债务则合同自动解除，债务人在该期限内未履行债务的，合同自通知载明的期限届满时解除。对方对解除合同有异议的，任何一方当事人均可以请求人民法院或者仲裁机构确认解除行为的效力。 当事人一方未通知对方，直接以提起诉讼或者申请仲裁的方式依法主张解除合同，人民法院或者仲裁机构确认该主张的，合同自起诉状副本或者仲裁申请书副本送达对方时解除。	《合同法》第九十六条第一款　当事人一方依照本法第九十三条第二款、第九十四条的规定主张解除合同的，应当通知对方。合同自通知到达对方时解除。对方有异议的，可以请求人民法院或者仲裁机构确认解除的效力。 《合同法解释（二）》第二十四条
第五百六十六条　合同解除后，尚未履行的，终止履行；已经履行的，根据履行情况和合同性质，当事人可以请求恢复原状或者采取其他补救措施，并有权请求赔偿损失。 合同因违约解除的，解除权人可以请求违约方承担违约责任，但是当事人另有约定的除外。 主合同解除后，担保人对债务人应当承担的民事责任仍应承担担保责任，但是担保合同另有约定的除外。	《合同法》第九十七条　合同解除后，尚未履行的，终止履行；已经履行的，根据履行情况和合同性质，当事人可以要求恢复原状、采取其他补救措施，并有权要求赔偿损失。 《民法通则》第一百一十五条　合同的变更或者解除，不影响当事人要求赔偿损失的权利。

续表

《民法典》	相关内容
第五百六十七条 合同的权利义务**关系**终止，不影响合同中结算和清理条款的效力。	《合同法》**第九十八条** 合同的权利义务终止，不影响合同中结算和清理条款的效力。
第五百六十八条 当事人互负债务，该债务的标的物种类、品质相同的，任何一方可以将自己的债务与对方的**到期**债务抵消；**但是，根据债务性质、按照当事人约定**或者依照法律规定不得抵消的除外。 当事人主张抵消的，应当通知对方。通知自到达对方时生效。抵消不得附条件或者附期限。	《合同法》**第九十九条** 当事人互负到期债务，该债务的标的物种类、品质相同的，任何一方可以将自己的债务与对方的债务抵消，但依照法律规定或者按照合同性质不得抵消的除外。当事人主张抵消的，应当通知对方。通知自到达对方时生效。抵消不得附条件或者附期限。 《合同法解释（二）》**第二十三条、第二十四条**
第五百六十九条 当事人互负债务，标的物种类、品质不相同的，经协商一致，也可以抵消。	《合同法》**第一百条** 当事人互负债务，标的物种类、品质不相同的，经双方协商一致，也可以抵消。
第五百七十条 有下列情形之一，难以履行债务的，债务人可以将标的物提存： （一）债权人无正当理由拒绝受领； （二）债权人下落不明； （三）债权人死亡未确定继承人、**遗产管理人**，或者丧失民事行为能力未确定监护人； （四）法律规定的其他情形。 标的物不适于提存或者提存费用过高的，债务人依法可以拍卖或者变卖标的物，提存所得的价款。	《合同法》**第一百零一条** 有下列情形之一，难以履行债务的，债务人可以将标的物提存： （一）债权人无正当理由拒绝受领； （二）债权人下落不明； （三）债权人死亡未确定继承人或者丧失民事行为能力未确定监护人； （四）法律规定的其他情形。 标的物不适于提存或者提存费用过高的，债务人依法可以拍卖或者变卖标的物，提存所得的价款。

《民法典》	相关内容
第五百七十一条　*债务人将标的物或者将标的物依法拍卖、变卖所得价款交付提存部门时，提存成立。* 　*提存成立的，视为债务人在其提存范围内已经交付标的物。*	《合同法解释（二）》第二十五条
第五百七十二条　标的物提存后，债务人应当及时通知债权人或者债权人的继承人、**遗产管理人、监护人、财产代管人**。	《合同法》第一百零二条　标的物提存后，除债权人下落不明的以外，债务人应当及时通知债权人或者债权人的继承人、监护人。
第五百七十三条　标的物提存后，毁损、灭失的风险由债权人承担。提存期间，标的物的孳息归债权人所有。提存费用由债权人负担。	《合同法》第一百零三条　标的物提存后，毁损、灭失的风险由债权人承担。提存期间，标的物的孳息归债权人所有。提存费用由债权人负担。
第五百七十四条　债权人可以随时领取提存物。但是，债权人对债务人负有到期债务的，在债权人未履行债务或者提供担保之前，提存部门根据债务人的要求应当拒绝其领取提存物。 　债权人领取提存物的权利，自提存之日起五年内不行使而消灭，提存物扣除提存费用后归国家所有。**但是，债权人未履行对债务人的到期债务，或者债权人向提存部门书面表示放弃领取提存物权利的，债务人负担提存费用后有权取回提存物。**	《合同法》第一百零四条　债权人可以随时领取提存物，但债权人对债务人负有到期债务的，在债权人未履行债务或者提供担保之前，提存部门根据债务人的要求应当拒绝其领取提存物。 　债权人领取提存物的权利，自提存之日起五年内不行使而消灭，提存物扣除提存费用后归国家所有。

续表

《民法典》	相关内容
第五百七十五条　债权人免除债务人部分或者全部债务的，债权债务部分或者全部终止，**但是债务人在合理期限内拒绝的除外。**	《合同法》第一百零五条　债权人免除债务人部分或者全部债务的，合同的权利义务部分或者全部终止。
第五百七十六条　债权和债务同归于一人的，债权债务终止，但是损害第三人利益的除外。	《合同法》第一百零六条　债权和债务同归于一人的，合同的权利义务终止，但涉及第三人利益的除外。
第八章　违约责任	
第五百七十七条　当事人一方不履行合同义务或者履行合同义务不符合约定的，应当承担继续履行、采取补救措施或者赔偿损失等违约责任。	《合同法》第一百零七条　当事人一方不履行合同义务或者履行合同义务不符合约定的，应当承担继续履行、采取补救措施或者赔偿损失等违约责任。 《民法通则》第一百一十一条　当事人一方不履行合同义务或者履行合同义务不符合约定条件的，另一方有权要求履行或者采取补救措施，并有权要求赔偿损失。
第五百七十八条　当事人一方明确表示或者以自己的行为表明不履行合同义务的，对方可以在履行期限届满前请求其承担违约责任。	《合同法》第一百零八条　当事人一方明确表示或者以自己的行为表明不履行合同义务的，对方可以在履行期限届满之前要求其承担违约责任。

续表

《民法典》	相关内容
第五百七十九条 当事人一方未支付价款、报酬、租金、利息，或者不履行其他金钱债务的，对方可以<u>请求</u>其支付。	《合同法》第一百零九条 当事人一方未支付价款或者报酬的，对方可以<u>要求</u>其支付价款或者报酬。
第五百八十条 当事人一方不履行非金钱债务或者履行非金钱债务不符合约定的，对方可以<u>请求</u>履行，但是有下列情形之一的除外： （一）法律上或者事实上不能履行； （二）债务的标的不适于强制履行或者履行费用过高； （三）债权人在合理期限内未<u>请求</u>履行。 有前款规定的除外情形之一，致使不能实现合同目的的，人民法院或者仲裁机构可以根据当事人的请求终止合同权利义务关系，但是不影响违约责任的承担。	《合同法》第一百一十条 当事人一方不履行非金钱债务或者履行非金钱债务不符合约定的，对方可以<u>要求</u>履行，但有下列情形之一的除外： （一）法律上或者事实上不能履行； （二）债务的标的不适于强制履行或者履行费用过高； （三）债权人在合理期限内未<u>要求</u>履行。
第五百八十一条 当事人一方不履行债务或者履行债务不符合约定，根据债务的性质不得强制履行的，对方可以请求其负担由第三人替代履行的费用。	

续表

《民法典》	相关内容
第五百八十二条 履行不符合约定的，应当按照当事人的约定承担违约责任。对违约责任没有约定或者约定不明确，依据本法第五百一十条的规定仍不能确定的，受损害方根据标的的性质以及损失的大小，可以合理选择请求对方承担修理、重作、更换、退货、减少价款或者报酬等违约责任。	《合同法》第一百一十一条 质量不符合约定的，应当按照当事人的约定承担违约责任。对违约责任没有约定或者约定不明确，依照本法第六十一条的规定仍不能确定的，受损害方根据标的的性质以及损失的大小，可以合理选择要求对方承担修理、更换、重作、退货、减少价款或者报酬等违约责任。 《买卖合同解释》第二十一条、第二十二条、第二十三条
第五百八十三条 当事人一方不履行合同义务或者履行合同义务不符合约定的，在履行义务或者采取补救措施后，对方还有其他损失的，应当赔偿损失。	《合同法》第一百一十二条 当事人一方不履行合同义务或者履行合同义务不符合约定的，在履行义务或者采取补救措施后，对方还有其他损失的，应当赔偿损失。
第五百八十四条 当事人一方不履行合同义务或者履行合同义务不符合约定，造成对方损失的，损失赔偿额应当相当于因违约所造成的损失，包括合同履行后可以获得的利益；但是，不得超过违约一方订立合同时预见到或者应当预见到的因违约可能造成的损失。	《合同法》第一百一十三条 当事人一方不履行合同义务或者履行合同义务不符合约定，给对方造成损失的，损失赔偿额应当相当于因违约所造成的损失，包括合同履行后可以获得的利益，但不得超过违反合同一方订立合同时预见到或者应当预见到的因违反合同可能造成的损失。 经营者对消费者提供商品或者服务有欺诈行为的，依照《中华人民共和国消费者权益保护法》的规定承担损害赔偿责任。 《买卖合同解释》第二十九条、第三十条、第三十一条 《商品房买卖合同解释》第八条、第九条

续表

《民法典》	相关内容
第五百八十五条　　当事人可以约定一方违约时应当根据违约情况向对方支付一定数额的违约金，也可以约定因违约产生的损失赔偿额的计算方法。 　　约定的违约金低于造成的损失的，<u>人民法院或者仲裁机构可以根据当事人的请求予以增加</u>；约定的违约金过分高于造成的损失的，<u>人民法院或者仲裁机构可以根据当事人的请求予以适当减少</u>。 　　当事人就迟延履行约定违约金的，违约方支付违约金后，还应当履行债务。	《合同法》第一百一十四条 　　当事人可以约定一方违约时应当根据违约情况向对方支付一定数额的违约金，也可以约定因违约产生的损失赔偿额的计算方法。 　　约定的违约金低于造成的损失的，<u>当事人可以请求人民法院或者仲裁机构予以增加</u>；约定的违约金过高于造成的损失的，<u>当事人可以请求人民法院或者仲裁机构予以适当减少</u>。 　　当事人就迟延履行约定违约金的，违约方支付违约金后，还应当履行债务。 　　《合同法解释（二）》第二十八条、第二十九条 　　《买卖合同解释》第二十四条、第二十六条、第二十七条 　　《民间借贷规定》第三十条
第五百八十六条　　当事人可以约定一方向对方给付定金作为债权的担保。**定金合同自实际交付定金时成立。** 　　定金的数额由当事人约定；但是，不得超过主合同标的额的百分之二十，超过部分不产生定金的效力。实际交付的定金数额多于或者少于约定数额的，视为变更约定的定金数额。	《合同法》第一百一十五条 　　当事人可以依照《中华人民共和国担保法》约定一方向对方给付定金作为债权的担保。债务人履行债务后，定金应当抵作价款或者收回。给付定金的一方不履行约定的债务的，无权要求返还定金；收受定金的一方不履行约定的债务的，应当双倍返还定金。

《民法典》	相关内容
第五百八十七条　债务人履行债务的，定金应当抵作价款或者收回。给付定金的一方不履行债务**或者履行债务不符合约定，致使不能实现合同目的的**，无权请求返还定金；收受定金的一方不履行债务**或者履行债务不符合约定，致使不能实现合同目的的**，应当双倍返还定金。	**《担保法》第八十九条**　当事人可以约定一方向对方给付定金作为债权的担保。债务人履行债务后，定金应当抵作价款或者收回。给付定金的一方不履行约定的债务的，无权要求返还定金；收受定金的一方不履行约定的债务的，应当双倍返还定金。 　**第九十条**　定金应当以书面形式约定。当事人在定金合同中应当约定交付定金的期限。定金合同从实际交付定金之日起生效。 　**第九十一条**　定金的数额由当事人约定，但不得超过主合同标的额的百分之二十。 　**《担保法解释》第一百一十五条至第一百二十二条**
第五百八十八条　当事人既约定违约金，又约定定金的，一方违约时，对方可以选择适用违约金或者定金条款。 　*定金不足以弥补一方违约造成的损失的，对方可以请求赔偿超过定金数额的损失。*	**《合同法》第一百一十六条**　当事人既约定违约金，又约定定金的，一方违约时，对方可以选择适用违约金或者定金条款。 　**《买卖合同解释》第二十八条**
第五百八十九条　债务人按照约定履行债务，债权人无正当理由拒绝受领的，债务人可以请求债权人赔偿增加的费用。 　在债权人受领迟延期间，债务人无须支付利息。	

《民法典》	相关内容
第五百九十条 当事人一方因不可抗力不能履行合同的，根据不可抗力的影响，部分或者全部免除责任，但是法律另有规定的除外。因不可抗力不能履行合同的，应当及时通知对方，以减轻可能给对方造成的损失，并应当在合理期限内提供证明。 当事人迟延履行后发生不可抗力的，<u>不免除其违约责任</u>。	**《合同法》第一百一十七条** 因不可抗力不能履行合同的，根据不可抗力的影响，部分或者全部免除责任，但法律另有规定的除外。当事人迟延履行后发生不可抗力的，<u>不能免除责任</u>。 <s>本法所称不可抗力，是指不能预见、不能避免并不能克服的客观情况。</s> **第一百一十八条** 当事人一方因不可抗力不能履行合同的，应当及时通知对方，以减轻可能给对方造成的损失，并应当在合理期限内提供证明。 **《民法总则》第一百八十条第二款** 不可抗力是指不能预见、不能避免且不能克服的客观情况。
第五百九十一条 当事人一方违约后，对方应当采取适当措施防止损失的扩大；没有采取适当措施致使损失扩大的，不得就扩大的损失<u>请求</u>赔偿。 当事人因防止损失扩大而支出的合理费用，由违约方<u>负担</u>。	**《合同法》第一百一十九条** 当事人一方违约后，对方应当采取适当措施防止损失的扩大；没有采取适当措施致使损失扩大的，不得就扩大的损失要求赔偿。 当事人因防止损失扩大而支出的合理费用，由违约方承担。 **《民法通则》第一百一十四条** 当事人一方因另一方违反合同受到损失的，应当及时采取措施防止损失的扩大；没有及时采取措施致使损失扩大的，无权就扩大的损失要求赔偿。 **《买卖合同解释》第二十九条、第三十条**

《民法典》	相关内容
第五百九十二条　当事人都违反合同的，**应当**各自承担相应的责任。 　　当事人一方违约造成对方损失，对方对损失的发生有过错的，可以减少相应的损失赔偿额。	《合同法》第一百二十条　当事人双方都违反合同的，应当各自承担相应的责任。
第五百九十三条　当事人一方因第三人的原因造成违约的，应当**依法**向对方承担违约责任。当事人一方和第三人之间的纠纷，依照法律规定或者按照约定**处理**。	《合同法》第一百二十一条　当事人一方因第三人的原因造成违约的，应当向对方承担违约责任。当事人一方和第三人之间的纠纷，依照法律规定或者按照约定解决。
第五百九十四条　因国际货物买卖合同和技术进出口合同争议提起诉讼或者申请仲裁的**时效期间**为四年。	《合同法》第一百二十九条　因国际货物买卖合同和技术进出口合同争议提起诉讼或者申请仲裁的**期限**为四年，自当事人知道或者应当知道其权利受到侵害之日起计算。因其他合同争议提起诉讼或者申请仲裁的期限，依照有关法律的规定。
第二分编　典型合同	
第九章　买卖合同	
第五百九十五条　买卖合同是出卖人转移标的物的所有权于买受人，买受人支付价款的合同。	《合同法》第一百三十条　买卖合同是出卖人转移标的物的所有权于买受人，买受人支付价款的合同。

续表

《民法典》	相关内容
第五百九十六条 买卖合同的内容<u>一般包括标的物的名称、数量、质量、价款、履行期限、履行地点和方式</u>、包装方式、检验标准和方法、结算方式、合同使用的文字及其效力等条款。	《合同法》第一百三十一条 买卖合同的内容<u>除依照本法第十二条的规定以外，还可以包括包</u>装方式、检验标准和方法、结算方式、合同使用的文字及其效力等条款。
第五百九十七条 因出卖人未取得处分权致使标的物所有权不能转移的，买受人可以解除合同并请求出卖人承担违约责任。 法律、行政法规禁止或者限制转让的标的物，依照其规定。	《合同法》第一百三十二条 出卖的标的物，应当属于出卖大所有或者出卖大有权处分。 法律、行政法规禁止或者限制转让的标的物，依照其规定。 《物权法》第四十一条 法律规定专属于国家所有的不动产和动产，任何单位和个人不能取得所有权。 《买卖合同解释》第三条
第五百九十八条 出卖人应当履行向买受人交付标的物或者交付提取标的物的单证，并转移标的物所有权的义务。	《合同法》第一百三十五条 出卖人应当履行向买受人交付标的物或者交付提取标的物的单证，并转移标的物所有权的义务。 《买卖合同解释》第五条、第八条
第五百九十九条 出卖人应当按照约定或者交易习惯向买受人交付提取标的物单证以外的有关单证和资料。	《合同法》第一百三十六条 出卖人应当按照约定或者交易习惯向买受人交付提取标的物单证以外的有关单证和资料。 《买卖合同解释》第七条

续表

《民法典》	相关内容
第六百条　出卖具有知识产权的标的物的，除法律另有规定或者当事人另有约定外，该标的物的知识产权不属于买受人。	**《合同法》第一百三十七条** 出卖具有知识产权的计算机软件等标的物的，除法律另有规定或者当事人另有约定的以外，该标的物的知识产权不属于买受人。
第六百零一条　出卖人应当按照约定的时间交付标的物。约定交付期限的，出卖人可以在该交付期限内的任何时间交付。	**《合同法》第一百三十八条** 出卖人应当按照约定的期限交付标的物。约定交付期间的，出卖人可以在该交付期间内的任何时间交付。
第六百零二条　当事人没有约定标的物的交付期限或者约定不明确的，适用本法第五百一十条、第五百一十一条第四项的规定。	**《合同法》第一百三十九条** 当事人没有约定标的物的交付期限或者约定不明确的，适用本法第六十一条、第六十二条第四项的规定。
第六百零三条　出卖人应当按照约定的地点交付标的物。 　当事人没有约定交付地点或者约定不明确，依据本法第五百一十条的规定仍不能确定的，适用下列规定：	**《合同法》第一百四十一条** 出卖人应当按照约定的地点交付标的物。 　当事人没有约定交付地点或者约定不明确，依照本法第六十一条的规定仍不能确定的，适用下列规定：

《民法典》	相关内容
（一）标的物需要运输的，出卖人应当将标的物交付给第一承运人以运交给买受人； （二）标的物不需要运输，出卖人和买受人订立合同时知道标的物在某一地点的，出卖人应当在该地点交付标的物；不知道标的物在某一地点的，应当在出卖人订立合同时的营业地交付标的物。	（一）标的物需要运输的，出卖人应当将标的物交付给第一承运人以运交给买受人； （二）标的物不需要运输，出卖人和买受人订立合同时知道标的物在某一地点的，出卖人应当在该地点交付标的物；不知道标的物在某一地点的，应当在出卖人订立合同时的营业地交付标的物。 **《买卖合同解释》** 第十一条
第六百零四条　标的物毁损、灭失的风险，在标的物交付之前由出卖人承担，交付之后由买受人承担，但是法律另有规定或者当事人另有约定的除外。	**《合同法》第一百四十二条** 标的物毁损、灭失的风险，在标的物交付之前由出卖人承担，交付之后由买受人承担，但法律另有规定或者当事人另有约定的除外。
第六百零五条　因买受人的原因致使标的物未按照约定的期限交付的，买受人应当自违反约定时起承担标的物毁损、灭失的风险。	**《合同法》第一百四十三条** 因买受人的原因致使标的物不能按照约定的期限交付的，买受人应当自违反约定之日起承担标的物毁损、灭失的风险。 **《商品房买卖合同解释》** 第十一条
第六百零六条　出卖人出卖交由承运人运输的在途标的物，除当事人另有约定外，毁损、灭失的风险自合同成立时起由买受人承担。	**《合同法》第一百四十四条** 出卖人出卖交由承运人运输的在途标的物，除当事人另有约定的以外，毁损、灭失的风险自合同成立时起由买受人承担。 **《买卖合同解释》** 第十三条

《民法典》	相关内容
第六百零七条　*出卖人按照约定将标的物运送至买受人指定地点并交付给承运人后，标的物毁损、灭失的风险由买受人承担。* 当事人没有约定交付地点或者约定不明确，<u>依据本法第六百零三条</u>第二款第一项的规定标的物需要运输的，出卖人将标的物交付给第一承运人后，标的物毁损、灭失的风险由买受人承担。	**《合同法》第一百四十五条** 当事人没有约定交付地点或者约定不明确，<u>依照本法第一百四十一条</u>第二款第一项的规定标的物需要运输的，出卖人将标的物交付给第一承运人后，标的物毁损、灭失的风险由买受人承担。 **《买卖合同解释》第十二条、第十四条**
第六百零八条　出卖人按照约定或者<u>依据本法第六百零三条</u>第二款第二项的规定将标的物置于交付地点，买受人违反约定没有收取的，标的物毁损、灭失的风险自违反约定时起由买受人承担。	**《合同法》第一百四十六条** 出卖人按照约定或者<u>依照本法第一百四十一条</u>第二款第二项的规定将标的物置于交付地点，买受人违反约定没有收取的，标的物毁损、灭失的风险自违反约定之日起由买受人承担。
第六百零九条　出卖人按照约定未交付有关标的物的单证和资料的，不影响标的物毁损、灭失风险的转移。	**《合同法》第一百四十七条** 出卖人按照约定未交付有关标的物的单证和资料的，不影响标的物毁损、灭失风险的转移。
第六百一十条　因标的物不符合质量要求，致使不能实现合同目的的，买受人可以拒绝接受标的物或者解除合同。买受人拒绝接受标的物或者解除合同的，标的物毁损、灭失的风险由出卖人承担。	**《合同法》第一百四十八条** 因标的物质量不符合质量要求，致使不能实现合同目的的，买受人可以拒绝接受标的物或者解除合同。买受人拒绝接受标的物或者解除合同的，标的物毁损、灭失的风险由出卖人承担。

续表

《民法典》	相关内容
第六百一十一条 标的物毁损、灭失的风险由买受人承担的，不影响因出卖人履行<u>义务</u>不符合约定，买受人<u>请求</u>其承担违约责任的权利。	《合同法》第一百四十九条 标的物毁损、灭失的风险由买受人承担的，不影响因出卖人履行<u>债务</u>不符合约定，买受人<u>要求</u>其承担违约责任的权利。
第六百一十二条 出卖人就交付的标的物，负有保证第三人对该标的<u>物</u>不享有任何权利的义务，但是法律另有规定的除外。	《合同法》第一百五十条 出卖人就交付的标的物，负有保证第三人<u>不得向买受人</u>主张任何权利的义务，但法律另有规定的除外。
第六百一十二条 买受人订立合同时知道或者应当知道第三人对买卖的标的物享有权利<u>的</u>，出卖人不承担<u>前条</u>规定的义务。	《合同法》第一百五十一条 买受人订立合同时知道或者应当知道第三人对买卖的标的物享有权利的，出卖人不承担<u>本法</u>第一百五十条规定的义务。
第六百一十四条 买受人有确切证据证明第三人对<u>标的物享有权利</u>的，可以中止支付相应的价款，但<u>是</u>出卖人提供适当担保的除外。	《合同法》第一百五十二条 买受人有确切证据证明第三人<u>可能就标的物主张权利</u>的，可以中止支付相应的价款，但出卖人提供适当担保的除外。
第六百一十五条 出卖人应当按照约定的质量要求交付标的物。出卖人提供有关标的物质量说明的，交付的标的物应当符合该说明的质量要求。	《合同法》第一百五十三条 出卖人应当按照约定的质量要求交付标的物。出卖人提供有关标的物质量说明的，交付的标的物应当符合该说明的质量要求。 　《买卖合同解释》第三十二条、第三十三条

续表

《民法典》	相关内容
第六百一十六条　当事人对标的物的质量要求没有约定或者约定不明确，<u>依据本法第五百一十条</u>的规定仍不能确定的，适用本法<u>第五百一十一条</u>第一项的规定。	**《合同法》第一百五十四条** 当事人对标的物的质量要求没有约定或者约定不明确，<u>依照本法第六十一条</u>的规定仍不能确定的，适用本法<u>第六十二条</u>第一项规定。
第六百一十七条　出卖人交付的标的物不符合质量要求的，买受人可以<u>依据本法第五百八十二条至第五百八十四条的规定请求承担违约责任</u>。	**《合同法》第一百五十五条** 出卖人交付的标的物不符合质量要求的，买受人可以<u>依照本法第一百一十一条的规定要求</u>承担违约责任。
第六百一十八条　当事人约定减轻或者免除出卖人对标的物瑕疵承担的责任，因出卖人故意或者重大过失不告知买受人标的物瑕疵的，出卖人无权主张减轻或者免除责任。	**《买卖合同解释》第三十二条**
第六百一十九条　出卖人应当按照约定的包装方式交付标的物。对包装方式没有约定或者约定不明确，<u>依据本法第五百一十条</u>的规定仍不能确定的，应当按照通用的方式包装；没有通用方式的，应当采取足以保护标的物且**有利于节约资源、保护生态环境**的包装方式。	**《合同法》第一百五十六条** 出卖人应当按照约定的包装方式交付标的物。对包装方式没有约定或者约定不明确，<u>依照本法第六十一条</u>的规定仍不能确定的，应当按照通用的方式包装，没有通用方式的，应当采取足以保护标的物的包装方式。

《民法典》	相关内容
第六百二十条　买受人收到标的物时应当在约定的检验<u>期限</u>内检验。没有约定检验<u>期限</u>的，应当及时检验。	**《合同法》第一百五十七条**买受人收到标的物时应当在约定的检验<u>期间</u>内检验。没有约定检验期间的，应当及时检验。 　　**《买卖合同解释》第十五条、第十六条**
第六百二十一条　当事人约定检验<u>期限</u>的，买受人应当在检验<u>期限</u>内将标的物的数量或者质量不符合约定的情形通知出卖人。买受人怠于通知的，视为标的物的数量或者质量符合约定。 　　当事人没有约定检验<u>期限</u>的，买受人应当在发现或者应当发现标的物的数量或者质量不符合约定的合理<u>期限</u>内通知出卖人。买受人在合理<u>期限</u>内未通知或者自**收到**标的物之日起<u>二年</u>内未通知出卖人的，视为标的物的数量或者质量符合约定；但是，对标的物有质量保证期的，适用质量保证期，不适用该<u>二年</u>的规定。 　　出卖人知道或者应当知道提供的标的物不符合约定的，买受人不受前两款规定的通知时间的限制。	**《合同法》第一百五十八条**当事人约定检验<u>期间</u>的，买受人应当在检验期间内将标的物的数量或者质量不符合约定的情形通知出卖人。买受人怠于通知的，视为标的物的数量或者质量符合约定。 　　当事人没有约定检验<u>期间</u>的，买受人应当在发现或者应当发现标的物的数量或者质量不符合约定的合理<u>期间</u>内通知出卖人。买受人在合理<u>期间</u>内未通知或者自标的物收到之日起<u>两年</u>内未通知出卖人的，视为标的物的数量或者质量符合约定，但对标的物有质量保证期的，适用质量保证期，不适用该两年的规定。 　　出卖人知道或者<u>应当</u>知道提供的标的物不符合约定的，买受人不受前两款规定的通知时间的限制。 　　**《买卖合同解释》第十七条、第十九条、第二十条**

续表

《民法典》	相关内容
第六百二十二条　当事人约定的检验期限过短，根据标的物的性质和交易习惯，买受人在检验期限内难以完成全面检验的，该期限仅视为买受人对外观瑕疵提出异议的期限。 　　约定的检验期限或者质量保证期限短于法律、行政法规规定期限的，应当以法律、行政法规规定的期限为准。	《买卖合同解释》第十八条
第六百二十三条　当事人对检验期限未作约定，买受人签收的送货单、确认单等载明标的物数量、型号、规格的，推定买受人已经对数量和外观瑕疵进行检验，但是有相关证据足以推翻的除外。	《买卖合同解释》第十五条
第六百二十四条　出卖人依照买受人的指示向第三人交付标的物，出卖人和买受人约定的检验标准与买受人和第三人约定的检验标准不一致的，以出卖人和买受人约定的检验标准为准。	《买卖合同解释》第十六条
第六百二十五条　依照法律、行政法规的规定或者按照当事人的约定，标的物在有效使用年限届满后应予回收的，出卖人负有自行或者委托第三人对标的物予以回收的义务。	

续表

《民法典》	相关内容
第六百二十六条　买受人应当按照约定的数额和**支付方式**支付价款。对价款**的数额和支付方式**没有约定或者约定不明确的，适用本法<u>第五百一十条、第五百一十一条第二项和第五项</u>的规定。	《合同法》第一百五十九条　买受人应当按照约定的数额支付价款。对价款没有约定或者约定不明确的，适用本法<u>第六十一条、第六十二条第二项</u>的规定。
第六百二十七条　买受人应当按照约定的地点支付价款。对支付地点没有约定或者约定不明确，<u>依据本法第五百一十条</u>的规定仍不能确定的，买受人应当在出卖人的营业地支付；但是，约定支付价款以交付标的物或者交付提取标的物单证为条件的，在交付标的物或者交付提取标的物单证的所在地支付。	《合同法》第一百六十条　买受人应当按照约定的地点支付价款。对支付地点没有约定或者约定不明确，<u>依照本法第六十一条</u>的规定仍不能确定的，买受人应当在出卖人的营业地支付，但约定支付价款以交付标的物或者交付提取标的物单证为条件的，在交付标的物或者交付提取标的物单证的所在地支付。
第六百二十八条　买受人应当按照约定的时间支付价款。对支付时间没有约定或者约定不明确，依据本法<u>第五百一十条</u>的规定仍不能确定的，买受人应当在收到标的物或者提取标的物单证的同时支付。	《合同法》第一百六十一条　买受人应当按照约定的时间支付价款。对支付时间没有约定或者约定不明确，<u>依照本法第六十一条</u>的规定仍不能确定的，买受人应当在收到标的物或者提取标的物单证的同时支付。

续表

《民法典》	相关内容
《民法典》第六百二十九条 出卖人多交标的物的，买受人可以接收或者拒绝接收多交的部分。买受人接收多交部分的，按照<u>约定的价格支付价款</u>；买受人拒绝接收多交部分的，应当及时通知出卖人。	**《合同法》第一百六十二条** 出卖人多交标的物的，买受人可以接收或者拒绝接收多交的部分。买受人接收多交部分的，按照<u>合同的价格支付价款</u>；买受人拒绝接收多交部分的，应当及时通知出卖人。 **《买卖合同解释》第六条**
第六百三十条 标的物在交付之前产生的孳息，归出卖人所有<u>；</u>交付之后产生的孳息，归买受人所有。**但是，当事人另有约定的除外。**	**《合同法》第一百六十三条** 标的物在交付之前产生的孳息，归出卖人所有<u>，</u>交付之后产生的孳息，归买受人所有。
第六百三十一条 因标的物的主物不符合约定而解除合同的，解除合同的效力及于从物。因标的物的从物不符合约定被解除的，解除的效力不及于主物。	**《合同法》第一百六十四条** 因标的物的主物不符合约定而解除合同的，解除合同的效力及于从物。因标的物的从物不符合约定被解除的，解除的效力不及于主物。
第六百三十二条 标的物为数物，其中一物不符合约定的，买受人可以就该物解除。但是，该物与他物分离使标的物的价值显受损害的，<u>买受人</u>可以就数物解除合同。	**《合同法》第一百六十五条** 标的物为数物，其中一物不符合约定的，买受人可以就该物解除，但该物与他物分离使标的物的价值显受损害的，<u>当事人</u>可以就数物解除合同。

续表

《民法典》	相关内容
第六百三十三条　　出卖人分批交付标的物的，出卖人对其中一批标的物不交付或者交付不符合约定，致使该批标的物不能实现合同目的的，买受人可以就该批标的物解除。 　　出卖人不交付其中一批标的物或者交付不符合约定，致使<u>之后</u>其他各批标的物的交付不能实现合同目的的，买受人可以就该批<u>以及之后</u>其他各批标的物解除。 　　买受人如果就其中一批标的物解除，该批标的物与其他各批标的物相互依存的，可以就已经交付和未交付的各批标的物解除。	《合同法》第一百六十六条 出卖人分批交付标的物的，出卖人对其中一批标的物不交付或者交付不符合约定，致使该批标的物不能实现合同目的的，买受人可以就该批标的物解除。 　　出卖人不交付其中一批标的物或者交付不符合约定，致使<u>今后</u>其他各批标的物的交付不能实现合同目的的，买受人可以就该批<u>以及今后</u>其他各批标的物解除。 　　买受人如果就其中一批标的物解除，该批标的物与其他各批标的物相互依存的，可以就已经交付和未交付的各批标的物解除。
第六百三十四条　　分期付款的买受人未支付到期价款的<u>数额</u>达到全部价款的五分之一，**经催告后在合理期限内仍未支付到期价款的**，出卖人可以请求买受人支付全部价款或者解除合同。 　　出卖人解除合同的，可以向买受人<u>请求</u>支付该标的物的使用费。	《合同法》第一百六十七条 分期付款的买受人未支付到期价款的<u>金额</u>达到全部价款的五分之一的，出卖人可以要求买受人支付全部价款或者解除合同。 　　出卖人解除合同的，可以向买受人<u>要求</u>支付该标的物的使用费。 　　**《买卖合同解释》第三十八条、第三十九条**

《民法典》	相关内容
第六百三十五条　凭样品买卖的当事人应当封存样品，并可以对样品质量予以说明。出卖人交付的标的物应当与样品及其说明的质量相同。	《合同法》第一百六十八条 凭样品买卖的当事人应当封存样品，并可以对样品质量予以说明。出卖人交付的标的物应当与样品及其说明的质量相同。 　《买卖合同解释》第四十条
第六百三十六条　凭样品买卖的买受人不知道样品有隐蔽瑕疵的，即使交付的标的物与样品相同，出卖人交付的标的物的质量仍然应当符合同种物的通常标准。	《合同法》第一百六十九条 凭样品买卖的买受人不知道样品有隐蔽瑕疵的，即使交付的标的物与样品相同，出卖人交付的标的物的质量仍然应当符合同种物的通常标准。
第六百三十七条　试用买卖的当事人可以约定标的物的试用期限。对试用期限没有约定或者约定不明确，<u>依据本法第五百一十条</u>的规定仍不能确定的，由出卖人确定。	《合同法》第一百七十条　试用买卖的当事人可以约定标的物的试用<u>期间</u>。对试用<u>期间</u>没有约定或者约定不明确，依照本法第<u>六十一条</u>的规定仍不能确定的，由出卖人确定。 　《买卖合同解释》第四十二条、第四十三条
第六百三十八条　试用买卖的买受人在试用期内可以购买标的物，也可以拒绝购买。试用期限届满，买受人对是否购买标的物未作表示的，视为购买。 　*试用买卖的买受人在试用期内已经支付部分价款或者对标的物实施出卖、出租、设立担保物权等行为的，视为同意购买。*	《合同法》第一百七十一条 试用买卖的买受人在试用期内可以购买标的物，也可以拒绝购买。试用<u>期间</u>届满，买受人对是否购买标的物未作表示的，视为购买。 　《买卖合同解释》第四十一条

《民法典》	相关内容
第六百三十九条　试用买卖的当事人对标的物使用费没有约定或者约定不明确的，出卖人无权请求买受人支付。	《买卖合同解释》第四十三条
第六百四十条　标的物在试用期内毁损、灭失的风险由出卖人承担。	
第六百四十一条　当事人可以在买卖合同中约定买受人未履行支付价款或者其他义务的，标的物的所有权属于出卖人。 出卖人对标的物保留的所有权，未经登记，不得对抗善意第三人。	《合同法》第一百三十四条　当事人可以在买卖合同中约定买受人未履行支付价款或者其他义务的，标的物的所有权属于出卖人。 《买卖合同解释》第三十四条
第六百四十二条　当事人约定出卖人保留合同标的物的所有权，在标的物所有权转移前，买受人有下列情形之一，造成出卖人损害的，除当事人另有约定外，出卖人有权取回标的物： （一）未按照约定支付价款，经催告后在合理期限内仍未支付； （二）未按照约定完成特定条件； （三）将标的物出卖、出质或者作出其他不当处分。出卖人可以与买受人协商取回标的物；协商不成的，可以参照适用担保物权的实现程序。 取回的标的物价值明显减少的，出卖人有权请求买受人赔偿损失。	《买卖合同解释》第三十五条

《民法典》	相关内容
第六百四十三条　*出卖人依据前条第一款的规定取回标的物后，买受人在双方约定或者出卖人指定的合理回赎期限内，消除出卖人取回标的物的事由的，可以请求回赎标的物。* *买受人在回赎期限内没有回赎标的物，出卖人可以以合理价格将标的物出卖给第三人，出卖所得价款扣除原买受人未支付的价款及必要费用后仍有剩余的，应当返还原买受人；不足部分由原买受人清偿。*	《买卖合同解释》第三十七条
第六百四十四条　招标投标买卖的当事人的权利和义务以及招标投标程序等，依照有关法律、行政法规的规定。	《合同法》第一百七十二条 招标投标买卖的当事人的权利和义务以及招标投标程序等，依照有关法律、行政法规的规定。
第六百四十五条　拍卖的当事人的权利和义务以及拍卖程序等，依照有关法律、行政法规的规定。	《合同法》第一百七十三条 拍卖的当事人的权利和义务以及拍卖程序等，依照有关法律、行政法规的规定。
第六百四十六条　法律对其他有偿合同有规定的，依照其规定；没有规定的，参照**适用**买卖合同的有关规定。	《合同法》第一百七十四条 法律对其他有偿合同有规定的，依照其规定；没有规定的，参照买卖合同的有关规定。

《民法典》	相关内容
第六百四十七条 当事人约定易货交易，转移标的物的所有权的，参照适用买卖合同的有关规定。	《合同法》第一百七十五条 当事人约定易货交易，转移标的物的所有权的，参照买卖合同的有关规定。
第十章 供用电、水、气、热力合同	
第六百四十八条 供用电合同是供电人向用电人供电，用电人支付电费的合同。 向社会公众供电的供电人，不得拒绝用电人合理的订立合同要求。	《合同法》第一百七十六条 供用电合同是供电人向用电人供电，用电人支付电费的合同。
第六百四十九条 供用电合同的内容一般包括供电的方式、质量、时间，用电容量、地址、性质，计量方式，电价、电费的结算方式，供用电设施的维护责任等条款。	《合同法》第一百七十七条 供用电合同的内容包括供电的方式、质量、时间，用电容量、地址、性质，计量方式，电价、电费的结算方式，供用电设施的维护责任等条款。
第六百五十条 供用电合同的履行地点，按照当事人约定；当事人没有约定或者约定不明确的，供电设施的产权分界处为履行地点。	《合同法》第一百七十八条 供用电合同的履行地点按照当事人约定；当事人没有约定或者约定不明确的，供电设施的产权分界处为履行地点。
第六百五十一条 供电人应当按照国家规定的供电质量标准和约定安全供电。供电人未按照国家规定的供电质量标准和约定安全供电，造成用电人损失的，应当承担赔偿责任。	《合同法》第一百七十九条 供电人应当按照国家规定的供电质量标准和约定安全供电。供电人未按照国家规定的供电质量标准和约定安全供电，造成用电人损失的，应当承担损害赔偿责任。

续表

《民法典》	相关内容
第六百五十二条　供电人因供电设施计划检修、临时检修、依法限电或者用电人违法用电等原因，需要中断供电时，应当按照国家有关规定事先通知用电人；未事先通知用电人中断供电，造成用电人损失的，应当承担赔偿责任。	《合同法》第一百八十条　供电人因供电设施计划检修、临时检修、依法限电或者用电人违法用电等原因，需要中断供电时，应当按照国家有关规定事先通知用电人。未事先通知用电人中断供电，造成用电人损失的，应当承担损害赔偿责任。 《电力供应与使用条例》第二十八条
第六百五十三条　因自然灾害等原因断电，供电人应当按照国家有关规定及时抢修；未及时抢修，造成用电人损失的，应当承担赔偿责任。	《合同法》第一百八十一条　因自然灾害等原因断电，供电人应当按照国家有关规定及时抢修。未及时抢修，造成用电人损失的，应当承担损害赔偿责任。
第六百五十四条　用电人应当按照国家有关规定和当事人的约定及时支付电费。用电人逾期不支付电费的，应当按照约定支付违约金。经催告用电人在合理期限内仍不支付电费和违约金的，供电人可以按照国家规定的程序中止供电。 供电人依据前款规定中止供电的，应当事先通知用电人。	《合同法》第一百八十二条　用电人应当按照国家有关规定和当事人的约定及时交付电费。用电人逾期不交付电费的，应当按照约定支付违约金。经催告用电人在合理期限内仍不交付电费和违约金的，供电人可以按照国家规定的程序中止供电。

《民法典》	相关内容
第六百五十五条　用电人应当按照国家有关规定和当事人的约定安全、**节约和计划**用电。用电人未按照国家有关规定和当事人的约定用电，造成供电人损失的，应当承担赔偿责任。	《合同法》第一百八十三条用电人应当按照国家有关规定和当事人的约定安全用电。用电人未按照国家有关规定和当事人的约定安全用电，造成供电人损失的，应当承担损害赔偿责任。
第六百五十六条　供用水、供用气、供用热力合同，参照**适用**供用电合同的有关规定。	《合同法》第一百八十四条供用水、供用气、供用热力合同，参照供用电合同的有关规定。
第十一章　赠与合同	
第六百五十七条　赠与合同是赠与人将自己的财产无偿给予受赠人，受赠人表示接受赠与的合同。	《合同法》第一百八十五条赠与合同是赠与人将自己的财产无偿给予受赠人，受赠人表示接受赠与的合同。
第六百五十八条　赠与人在赠与财产的权利转移之前可以撤销赠与。 **经过公证的赠与合同或者依法不得撤销的**具有救灾、扶贫、**助残**等公益、道德义务性质的赠与合同，不适用前款规定。	《合同法》第一百八十六条赠与人在赠与财产的权利转移之前可以撤销赠与。 　　具有救灾、扶贫等社会公益、道德义务性质的赠与合同或者经过公证的赠与合同，不适用前款规定。
第六百五十九条　赠与的财产依法需要办理登记**或者其他**手续的，应当办理有关手续。	《合同法》第一百八十七条赠与的财产依法需要办理登记等手续的，应当办理有关手续。

续表

《民法典》	相关内容
第六百六十条 经过公证的**赠与合同或者依法不得撤销的**具有救灾、扶贫、**助残**等公益、道德义务性质的赠与合同，赠与人不交付赠与财产的，受赠人可以**请求**交付。 **依据前款规定应当交付的赠**与财产因赠与人故意或者重大过失致使毁损、灭失的，赠与人应当承担赔偿责任。	《合同法》第一百八十八条 具有救灾、扶贫等社会公益、道德义务性质的赠与合同或者经过公证的赠与合同，赠与人不交付赠与的财产的，受赠人可以<u>要求</u>交付。 第一百八十九条 因赠与人故意或者重大过失致使赠与的财产毁损、灭失的，赠与人应当承担损害赔偿责任。
第六百六十一条 赠与可以附义务。 赠与附义务的，受赠人应当按照约定履行义务。	《合同法》第一百九十条 赠与可以附义务。 赠与附义务的，受赠人应当按照约定履行义务。
第六百六十二条 赠与的财产有瑕疵的，赠与人不承担责任。附义务的赠与，赠与的财产有瑕疵的，赠与人在附义务的限度内承担与出卖人相同的责任。 赠与人故意不告知瑕疵或者保证无瑕疵，造成受赠人损失的，应当承担赔偿责任。	《合同法》第一百九十一条 赠与的财产有瑕疵的，赠与人不承担责任。附义务的赠与，赠与的财产有瑕疵的，赠与人在附义务的限度内承担与出卖人相同的责任。 赠与人故意不告知瑕疵或者保证无瑕疵，造成受赠人损失的，应当承担损害赔偿责任。

《民法典》	相关内容
第六百六十三条　受赠人有下列情形之一的，赠与人可以撤销赠与： 　　（一）严重侵害赠与人或者赠与人近亲属**的合法权益**； 　　（二）对赠与人有扶养义务而不履行； 　　（三）不履行赠与合同约定的义务。 　　赠与人的撤销权，自知道或者应当知道撤销<u>事由</u>之日起一年内行使。	《合同法》第一百九十二条受赠人有下列情形之一的，赠与人可以撤销赠与： 　　（一）严重侵害赠与人或者赠与人的近亲属； 　　（二）对赠与人有扶养义务而不履行； 　　（三）不履行赠与合同约定的义务。 　　赠与人的撤销权，自知道或者应当知道撤销<u>原因</u>之日起一年内行使。
第六百六十四条　因受赠人的违法行为致使赠与人死亡或者丧失民事行为能力的，赠与人的继承人或者法定代理人可以撤销赠与。 　　赠与人的继承人或者法定代理人的撤销权，自知道或者应当知道撤销<u>事由</u>之日起六个月内行使。	《合同法》第一百九十三条因受赠人的违法行为致使赠与人死亡或者丧失民事行为能力的，赠与人的继承人或者法定代理人可以撤销赠与。 　　赠与人的继承人或者法定代理人的撤销权，自知道或者应当知道撤销<u>原因</u>之日起六个月内行使。
第六百六十五条　撤销权人撤销赠与的，可以向受赠人<u>请求</u>返还赠与的财产。	《合同法》第一百九十四条撤销权人撤销赠与的，可以向受赠人<u>要求</u>返还赠与的财产。
第六百六十六条　赠与人的经济状况显著恶化，严重影响其生产经营或者家庭生活的，可以不再履行赠与义务。	《合同法》第一百九十五条赠与人的经济状况显著恶化，严重影响其生产经营或者家庭生活的，可以不再履行赠与义务。

《民法典》	相关内容
第十二章 借款合同	
第六百六十七条 借款合同是借款人向贷款人借款，到期返还借款并支付利息的合同。	**《合同法》第一百九十六条** 借款合同是借款人向贷款人借款，到期返还借款并支付利息的合同。
第六百六十八条 借款合同应当采用书面形式，但是自然人之间借款另有约定的除外。 借款合同的内容一般包括借款种类、币种、用途、数额、利率、期限和还款方式等条款。	**《合同法》第一百九十七条** 借款合同采用书面形式，但自然人之间借款另有约定的除外。 借款合同的内容包括借款种类、币种、用途、数额、利率、期限和还款方式等条款。 **《民间借贷规定》第一条**
第六百六十九条 订立借款合同，借款人应当按照贷款人的要求提供与借款有关的业务活动和财务状况的真实情况。	**《合同法》第一百九十九条** 订立借款合同，借款人应当按照贷款人的要求提供与借款有关的业务活动和财务状况的真实情况。
第六百七十条 借款的利息不得预先在本金中扣除。利息预先在本金中扣除的，应当按照实际借款数额返还借款并计算利息。	**《合同法》第二百条** 借款的利息不得预先在本金中扣除。利息预先在本金中扣除的，应当按照实际借款数额返还借款并计算利息。 **《民间借贷规定》第二十七条**
第六百七十一条 贷款人未按照约定的日期、数额提供借款，造成借款人损失的，应当赔偿损失。 借款人未按照约定的日期、数额收取借款的，应当按照约定的日期、数额支付利息。	**《合同法》第二百零一条** 贷款人未按照约定的日期、数额提供借款，造成借款人损失的，应当赔偿损失。 借款人未按照约定的日期、数额收取借款的，应当按照约定的日期、数额支付利息。

右上角：续表

《民法典》	相关内容
第六百七十二条　贷款人按照约定可以检查、监督借款的使用情况。借款人应当按照约定向贷款人定期提供有关财务会计报表**或者其他**资料。	《合同法》第二百零二条　贷款人按照约定可以检查、监督借款的使用情况。借款人应当按照约定向贷款人定期提供有关财务会计报表等资料。
第六百七十三条　借款人未按照约定的借款用途使用借款的，贷款人可以停止发放借款、提前收回借款或者解除合同。	《合同法》第二百零三条　借款人未按照约定的借款用途使用借款的，贷款人可以停止发放借款、提前收回借款或者解除合同。
第六百七十四条　借款人应当按照约定的期限支付利息。对支付利息的期限没有约定或者约定不明确，<u>依据本法第五百一十条的规定仍不能确定</u>，借款期间不满一年的，应当在返还借款时一并支付；借款期间一年以上的，应当在每届满一年时支付，剩余期间不满一年的，应当在返还借款时一并支付。	《合同法》第二百零五条　借款人应当按照约定的期限支付利息。对支付利息的期限没有约定或者约定不明确，<u>依照本法第六十一条的规定仍不能确定</u>，借款期间不满一年的，应当在返还借款时一并支付；借款期间一年以上的，应当在每届满一年时支付，剩余期间不满一年的，应当在返还借款时一并支付。
第六百七十五条　借款人应当按照约定的期限返还借款。对借款期限没有约定或者约定不明确，<u>依据本法第五百一十条的规定仍不能确定的</u>，借款人可以随时返还；贷款人可以催告借款人在合理期限内返还。	《合同法》第二百零六条　借款人应当按照约定的期限返还借款。对借款期限没有约定或者约定不明确，<u>依照本法第六十一条的规定仍不能确定的</u>，借款人可以随时返还；贷款人可以催告借款人在合理期限内返还

续表

《民法典》	相关内容
第六百七十六条　借款人未按照约定的期限返还借款的，应当按照约定或者国家有关规定支付逾期利息。	《合同法》第二百零七条　借款人未按照约定的期限返还借款的，应当按照约定或者国家有关规定支付逾期利息。 《民间借贷规定》第二十九条、第三十条
第六百七十七条　借款人提前返还借款的，除当事人另有约定外，应当按照实际借款的期间计算利息。	《合同法》第二百零八条　借款人提前偿还借款的，除当事人另有约定的以外，应当按照实际借款的期间计算利息。 《民间借贷规定》第三十二条
第六百七十八条　借款人可以在还款期限届满前向贷款人申请展期；贷款人同意的，可以展期。	《合同法》第二百零九条　借款人可以在还款期限届满之前向贷款人申请展期。贷款人同意的，可以展期。
第六百七十九条　自然人之间的借款合同，自贷款人提供借款时成立。	《合同法》第二百一十条　自然人之间的借款合同，自贷款人提供借款时生效。
第六百八十条　禁止高利放贷，借款的利率不得违反国家有关规定。 借款合同对支付利息没有约定的，视为没有利息。 借款合同对支付利息约定不明确，当事人不能达成补充协议的，按照当地或者当事人的交易方式、交易习惯、市场利率等因素确定利息；自然人之间借款的，视为没有利息。	《合同法》第二百一十一条　自然人之间的借款合同对支付利息没有约定或者约定不明确的，视为不支付利息。 自然人之间的借款合同约定支付利息的，借款的利率不得违反国家有关限制借款利率的规定。 《民间借贷规定》第二十五条、第二十六条、第三十一条

《民法典》	相关内容
第十三章　保证合同	
第一节　一般规定	
第六百八十一条　保证合同是为保障债权的实现，保证人和债权人约定，当债务人不履行到期债务或者发生当事人约定的情形时，保证人履行债务或者承担责任的合同。	
第六百八十二条　保证合同是**主债权债务**合同的从合同。主**债权债务**合同无效的，保证合同无效，<u>但是法律另有规定的除外</u>。 　　<u>保证合同</u>被确认无效后，债务人、保证人、债权人有过错的，应当根据其过错各自承担相应的民事责任。	《担保法》第五条　担保合同是主合同的从合同，主合同无效，担保合同无效。<u>担保合同另有约定的，按照约定</u>。 　　担保合同被确认无效后，债务人、担保人、债权人有过错的，应当根据其过错各自承担相应的民事责任。 　　《担保法解释》第七条、第八条、第九条、第十条
第六百八十三条　**机关法人**不得为保证人，但是经国务院批准为使用外国政府或者国际经济组织贷款进行转贷的除外。 　　以公益为目的的非营利法人、非法人组织不得为保证人。	《担保法》第八条　国家机关不得为保证人，但经国务院批准为使用外国政府或者国际经济组织贷款进行转贷的除外。

续表

《民法典》	相关内容
第六百八十四条　保证合同的内容一般包括被保证的主债权的种类、数额，债务人履行债务的期限，保证的方式、范围和期间等条款。	**《担保法》第十五条**　保证合同应当包括以下内容： 　　（一）被保证的主债权种类、数额； 　　（二）债务人履行债务的期限； 　　（三）保证的方式； 　　（四）保证担保的范围； 　　（五）保证的期间； 　　（六）双方认为需要约定的其他事项。 　　保证合同不完全具备前款规定内容的，可以补正。
第六百八十五条　保证合同可以是单独订立的书面合同，也可以是主债权债务合同中的保证条款。 　　*第三人单方以书面形式向债权人作出保证的，债权人接收且未提出异议的，保证合同成立。*	**《担保法》第十三条**　保证人与债权人应当以书面形式订立保证合同。 　　**《担保法解释》第二十二条**
第六百八十六条　保证的方式包括一般保证和连带责任保证。 　　当事人在保证合同中对保证方式没有约定或者约定不明确的，按照一般保证承担保证责任。	**《担保法》第十六条**　保证的方式有： 　　一般保证； 　　连带责任保证。 　　**第十九条**　当事人对保证方式没有约定或者约定不明确的，按照连带责任保证承担保证责任。 　　**《担保法解释》第三十二条**

《民法典》	相关内容
第六百八十七条　当事人在保证合同中约定，债务人不能履行债务时，由保证人承担保证责任的，为一般保证。一般保证的保证人在主合同纠纷未经审判或者仲裁，并就债务人的财产依法强制执行仍不能履行债务前，有权拒绝向债权人承担保证责任，但是有下列情形之一的除外： （一）债务人下落不明，且无财产可供执行； （二）人民法院已经受理债务人破产案件； （三）债权人有证据证明债务人的财产不足以履行全部债务或者丧失履行债务能力； （四）保证人书面表示放弃本款规定的权利。	《担保法》第十七条　当事人在保证合同中约定，债务人不能履行债务时，由保证人承担保证责任的，为一般保证。一般保证的保证人在主合同纠纷未经审判或者仲裁，并就债务人财产依法强制执行仍不能履行债务前，对债权人可以拒绝承担保证责任。 有下列情形之一的，保证人不得行使前款规定的权利： （一）债务人住所变更，致使债权人要求其履行债务发生重大困难的； （二）人民法院受理债务人破产案件，中止执行程序的； （三）保证人以书面形式放弃前款规定的权利。 《担保法解释》第二十五条、第二十六条
第六百八十八条　当事人在保证合同中约定保证人和债务人对债务承担连带责任的，为连带责任保证。 连带责任保证的债务人不履行到期债务或者发生当事人约定的情形时，债权人可以请求债务人履行债务，也可以请求保证人在其保证范围内承担保证责任。	《担保法》第十八条　当事人在保证合同中约定保证人与债务人对债务承担连带责任的，为连带责任保证。 连带责任保证的债务人在主合同规定的债务履行期届满没有履行债务的，债权人可以要求债务人履行债务，也可以要求保证人在其保证范围内承担保证责任。 《担保法解释》第二十七条

续表

《民法典》	相关内容
第六百八十九条　保证人可以要求债务人提供反担保。	**《担保法》第四条**　第三人为债务人向债权人提供担保时，可以要求债务人提供反担保。 反担保适用本法担保的规定。 **《担保法解释》第二条、第九条**
第六百九十条　保证人与债权人可以协商订立最高额保证的合同，约定在最高债权额限度内就一定期间连续发生的债权提供保证。 　　最高额保证合同除适用本章规定外，参照适用本法第二编最高额抵押权的有关规定。	**《担保法》第十四条**　保证人与债权人可以就单个主合同分别订立保证合同，也可以协议在最高债权额限度内就一定期间连续发生的借款合同或者某项商品交易合同订立一个保证合同。 **《担保法解释》第二十三条**
第二节　保证责任	
第六百九十一条　保证的范围包括主债权及其利息、违约金、损害赔偿金和实现债权的费用。当事人另有约定的，按照其约定。	**《担保法》第二十一条第一款**　保证担保的范围包括主债权及利息、违约金、损害赔偿金和实现债权的费用。保证合同另有约定的，按照约定。
第六百九十二条　保证期间是确定保证人承担保证责任的期间，不发生中止、中断和延长。 　　债权人与保证人可以约定保证期间，但是约定的保证期间早于主债务履行期限或者与主债务履行期限同时届满的，视为没有约定；*没有约定或者约定不明确的，保证期间为主债务履行期限届满之日起六个月。* 　　债权人与债务人对主债务履行期限没有约定或者约定不明确的，保证期间自债权人请求债务人履行债务的宽限期届满之日起计算。	**《担保法解释》第三十一条、第三十二条、第三十三条**

《民法典》	相关内容
第六百九十三条　一般保证的债权人未在保证期间内对债务人提起诉讼或者申请仲裁的，保证人<u>不再承担保证责任</u>。 　　<u>连带责任保证的债权人未在保证期间请求保证人主张承担保证责任的</u>，保证人<u>不再承担</u>保证责任。	《担保法》第二十五条　一般保证的保证人与债权人未约定保证期间的，保证期间为主债务履行期届满之日起六个月。 　　在合同约定的保证期间和前款规定的保证期间，债权人未对债务人提起诉讼或者申请仲裁的，保证人免除保证责任；债权人已提起诉讼或者申请仲裁的保证期间适用诉讼时效中断的规定。 　　**第二十六条**　连带责任保证的保证人与债权人未约定保证期间的，债权人有权自主债务履行期届满之日起六个月内要求保证人承担保证责任。 　　<u>在合同约定的保证期间和前款规定的保证期间，债权人未要求保证承担保证责任的</u>，保证人<u>免除保证责任</u>。
第六百九十四条　*一般保证的债权人在保证期间届满前对债务人提起诉讼或者申请仲裁的，从<u>保证人拒绝承担保证责任的权利消灭之日起</u>，开始计算保证债务的诉讼时效。* 　　*连带责任保证的债权人在保证期间届满前请求保证人承担保证责任的，从债权人请求保证人承担保证责任之日起，开始计算保证债务的诉讼时效。*	《担保法解释》第三十四条

《民法典》	相关内容
第六百九十五条 债权人和债务人未经保证人书面同意，协商变更主债权债务合同内容，减轻债务的，保证人仍对变更后的债务承担保证责任；加重债务的，保证人对加重的部分不承担保证责任。 债权人和债务人变更主债权债务合同履行期限作了变更，未经保证人书面同意的，保证期间不受影响。	《担保法解释》第三十条
第六百九十六条 <u>债权人转让全部或者部分债权，未通知保证人的，该转让对保证人不发生效力。</u> 保证人与债权人约定禁止债权转让，债权人未经保证人书面同意转让债权的，保证人对受让人不再承担保证责任。	《担保法》第二十二条 保证期间，<u>债权人依法将主债权转让给第三人的，保证人在原保证担保的范围内继续承担保证责任。</u>保证合同另有约定的，按照约定。 《担保法解释》第二十八条
第六百九十七条 <u>债权人未经保证人书面同意，允许债务人转移全部或者部分债务，保证人对未经其同意转移的债务不再承担保证责任，</u>但是债权人和保证人另有约定的除外。 第三人加入债务的，保证人的保证责任不受影响。	《担保法》第二十三条 保证期间，<u>债权人许可债务人转让债务的，应当取得保证人书面同意，保证人对未经其同意转让的债务，不再承担保证责任。</u> 《担保法解释》第二十九条

续表

《民法典》	相关内容
第六百九十八条　一般保证的保证人在主债务履行期限届满后，向债权人提供债务人可供执行财产的真实情况，债权人放弃或者怠于行使权利致使该财产不能被执行的，保证人在其提供可供执行财产的价值范围内不再承担保证责任。	《担保法解释》第二十四条
第六百九十九条　同一债务有两个以上保证人的，保证人应当按照保证合同约定的保证份额，承担保证责任；没有约定保证份额的，<u>债权人可以请求任何一个保证人在其保证范围内承担保证责任。</u>	《担保法》第十二条　同一债务有两个以上保证人的，保证人应当按照保证合同约定的保证份额，承担保证责任。没有约定保证份额的，~~保证人承担连带责任，~~<u>债权人可以要求任何一个保证人承担全部保证责任，保证人都负有担保全部债权实现的义务。</u>~~已经承担保证责任的保证人，有权向债务人追偿，或者要求承担连带责任的其他保证人清偿其应当承担的份额。~~ **担保法解释第十九条、第二十条、第二十一条**
第七百条　保证人承担保证责任后，除当事人另有约定外，<u>有权在其承担保证责任的范围内向债务人追偿，享有债权人对债务人的权利，但是不得损害债权人的利益。</u>	《担保法》第三十一条　保证人承担保证责任后，有权向债务人追偿。 《担保法解释》第四十二条、第四十三条

《民法典》	相关内容
第七百零一条　保证人可以主张债务人对债权人的抗辩。债务人放弃抗辩的，保证人仍有权向债权人主张抗辩。	**《担保法》第二十条第一款**一般保证和连带责任保证的保证人享有债务的抗辩权。债务人放弃对债务的抗辩权的，保证人仍有权抗辩。
第七百零二条　债务人对债权人享有抵销权或者撤销权的，保证人可以在相应范围内拒绝承担保证责任。	
第十四章　租赁合同	
第七百零三条　租赁合同是出租人将租赁物交付承租人使用、收益，承租人支付租金的合同。	**《合同法》第二百一十二条**租赁合同是出租人将租赁物交付承租人使用、收益，承租人支付租金的合同。
第七百零四条　租赁合同的内容一般包括租赁物的名称、数量、用途、租赁期限、租金及其支付期限和方式、租赁物维修等条款。	**《合同法》第二百一十三条**租赁合同的内容包括租赁物的名称、数量、用途、租赁期限、租金及其支付期限和方式、租赁物维修等条款。
第七百零五条　租赁期限不得超过二十年。超过二十年的，超过部分无效。 　　租赁期限届满，当事人可以续订租赁合同；但是，约定的租赁期限自续订之日起不得超过二十年。	**《合同法》第二百一十四条**租赁期限不得超过二十年。超过二十年的，超过部分无效。 　　租赁期间届满，当事人可以续订租赁合同，但约定的租赁期限自续订之日起不得超过二十年。

《民法典》	相关内容
第七百零六条　当事人未依照法律、行政法规规定办理租赁合同登记备案手续的，不影响合同的效力。	
第七百零七条　租赁期限六个月以上的，应当采用书面形式。当事人未采用书面形式，无法确定租赁期限的，视为不定期租赁。	《合同法》第二百一十五条 租赁期限六个月以上的，应当采用书面形式。当事人未采用书面形式的，视为不定期租赁。 《城镇房屋租赁合同解释》第四条
第七百零八条　出租人应当按照约定将租赁物交付承租人，并在租赁期限内保持租赁物符合约定的用途。	《合同法》第二百一十六条 出租人应当按照约定将租赁物交付承租人，并在租赁期间保持租赁物符合约定的用途。
第七百零九条　承租人应当按照约定的方法使用租赁物。对租赁物的使用方法没有约定或者约定不明确，依据本法第五百一十条的规定仍不能确定的，应当根据租赁物的性质使用。	《合同法》第二百一十七条 承租人应当按照约定的方法使用租赁物。对租赁物的使用方法没有约定或者约定不明确，依照本法第六十一条的规定仍不能确定的，应当按照租赁物的性质使用。
第七百一十条　承租人未按照约定的方法或未根据租赁物的性质使用租赁物，致使租赁物受到损耗的，不承担赔偿责任。	《合同法》第二百一十八条 承租人按照约定的方法或者租赁物的性质使用租赁物，致使租赁物受到损耗的，不承担损害赔偿责任。

续表

《民法典》	相关内容
第七百一十一条　承租人未按照约定的方法或者**未根据**租赁物的性质使用租赁物，致使租赁物受到损失的，出租人可以解除合同并**请求**赔偿损失。	**《合同法》第二百一十九条**承租人未按照约定的方法或者租赁物的性质使用租赁物，致使租赁物受到损失的，出租人可以解除合同并要求赔偿损失。 　　**《城镇房屋租赁合同解释》第七条**
第七百一十二条　出租人应当履行租赁物的维修义务，**但是**当事人另有约定的除外。	**《合同法》第二百二十条**　出租人应当履行租赁物的维修义务，但当事人另有约定的除外。
《民法典》第七百一十三条承租人在租赁物需要维修时可以**请求**出租人在合理期限内维修。出租人未履行维修义务的，承租人可以自行维修，维修费用由出租人负担。因维修租赁物影响承租人使用的，应当相应减少租金或者延长租期。 　　因承租人的过错致使租赁物需要维修的，出租人不承担前款规定的维修义务。	**《合同法》第二百二十一条**承租人在租赁物需要维修时可以**要求**出租人在合理期限内维修。出租人未履行维修义务的，承租人可以自行维修，维修费用由出租人负担。因维修租赁物影响承租人使用的，应当相应减少租金或者延长租期。
第七百一十四条　承租人应当妥善保管租赁物，因保管不善造成租赁物毁损、灭失的，应当承担赔偿责任。	**《合同法》第二百二十二条**承租人应当妥善保管租赁物，因保管不善造成租赁物毁损、灭失的，应当承担损害赔偿责任。

《民法典》	相关内容
第七百一十五条　承租人经出租人同意，可以对租赁物进行改善或者增设他物。 承租人未经出租人同意，对租赁物进行改善或者增设他物的，出租人可以<u>请求</u>承租人恢复原状或者赔偿损失。	《合同法》第二百二十三条 承租人经出租人同意，可以对租赁物进行改善或者增设他物。 承租人未经出租人同意，对租赁物进行改善或者增设他物的，出租人可以<u>要求</u>承租人恢复原状或者赔偿损失。 **《城镇房屋租赁合同解释》第九条至第十四条**
第七百一十六条　承租人经出租人同意，可以将租赁物转租给第三人。承租人转租的，承租人与出租人之间的租赁合同继续有效；第三人**造成**租赁物损失的，承租人应当赔偿损失。 承租人未经出租人同意转租的，出租人可以解除合同。	《合同法》第二百二十四条 承租人经出租人同意，可以将租赁物转租给第三人。承租人转租的，承租人与出租人之间的租赁合同继续有效，第三人对租赁物造成损失的，承租人应当赔偿损失。 承租人未经出租人同意转租的，出租人可以解除合同。 **《城镇房屋租赁合同解释》第十六条、第十八条**
第七百一十七条　承租人经出租人同意将租赁物转租给第三人，转租期限超过承租人剩余租赁期限的，超过部分的约定对出租人不具有法律约束力，但是出租人与承租人另有约定的除外。	**《城镇房屋租赁合同解释》第十五条**

续表

《民法典》	相关内容
第七百一十八条 出租人知道或者应当知道承租人转租，但是在六个月内未提出异议的，视为出租人同意转租。	《城镇房屋租赁合同解释》第十六条
第七百一十九条 承租人拖欠租金的，次承租人可以代承租人支付其欠付的租金和违约金，但是转租合同对出租人不具有法律约束力的除外。 次承租人代为支付的租金和违约金，可以充抵次承租人应当向承租人支付的租金；超出其应付的租金数额的，可以向承租人追偿。	《城镇房屋租赁合同解释》第十七条
第七百二十条 在租赁期限内因占有、使用租赁物获得的收益，归承租人所有，但是当事人另有约定的除外。	《合同法》第二百二十五条 在租赁期间因占有、使用租赁物获得的收益，归承租人所有，但当事人另有约定的除外。
第七百二十一条 承租人应当按照约定的期限支付租金。对支付**租金**的期限没有约定或者约定不明确，依据本法第五百一十条的规定仍不能确定，租赁期限不满一年的，应当在租赁期限届满时支付；租赁期限一年以上的，应当在每届满一年时支付，剩余期限不满一年的，应当在租赁期限届满时支付。	《合同法》第二百二十六条 承租人应当按照约定的期限支付租金。对支付期限没有约定或者约定不明确，依照本法第六十一条的规定仍不能确定，租赁期间不满一年的，应当在租赁期间届满时支付；租赁期间一年以上的，应当在每届满一年时支付，剩余期间不满一年的，应当在租赁期间届满时支付。

续表

《民法典》	相关内容
第七百二十二条　承租人无正当理由未支付或者迟延支付租金的，出租人可以<u>请求</u>承租人在合理期限内支付；承租人逾期不支付的，出租人可以解除合同。	《合同法》第二百二十七条 承租人无正当理由未支付或者迟延支付租金的，出租人可以<u>要求</u>承租人在合理期限内支付。承租人逾期不支付的，出租人可以解除合同。
第七百二十三条　因第三人主张权利，致使承租人不能对租赁物使用、收益的，承租人可以<u>请求</u>减少租金或者不支付租金。 　　第三人主张权利的，承租人应当及时通知出租人。	《合同法》第二百二十八条 因第三人主张权利，致使承租人不能对租赁物使用、收益的，承租人可以<u>要求</u>减少租金或者不支付租金。 　　第三人主张权利的，承租人应当及时通知出租人。
第七百二十四条　*有下列情形之一，非因承租人原因致使租赁物无法使用的，承租人可以解除合同：* 　　*（一）租赁物被司法机关或者行政机关依法查封；* 　　*（二）租赁物权属有争议；* 　　*（三）租赁物具有违反法律、行政法规关于使用条件的强制性规定情形。*	《城镇房屋租赁合同解释》第八条
第七百二十五条　租赁物在**承租人按照**租赁合同占有**期限内**发生所有权变动的，不影响租赁合同的效力。	《合同法》第二百二十九条 租赁物在租赁**期间**发生所有权变动的，不影响租赁合同的效力。 　　《城镇房屋租赁合同解释》第二十条

续表

《民法典》	相关内容
第七百二十六条　出租人出卖租赁房屋的，应当在出卖之前的合理期限内通知承租人，承租人享有以同等条件优先购买的权利；但是，*房屋按份共有人行使优先购买权或者出租人将房屋出卖给近亲属的除外。* 　*出租人履行通知义务后，承租人在十五日内未明确表示购买的，视为承租人放弃优先购买权。*	《合同法》第二百三十条　出租人出卖租赁房屋的，应当在出卖之前的合理期限内通知承租人，承租人享有以同等条件优先购买的权利。 　《城镇房屋租赁合同解释》第二十一条、第二十二条、第二十四条
第七百二十七条　*出租人委托拍卖人拍卖租赁房屋的，应当在拍卖五日前通知承租人。承租人未参加拍卖的，视为放弃优先购买权。*	《城镇房屋租赁合同解释》第二十三条
第七百二十八条　*出租人未通知承租人或者有其他妨害承租人行使优先购买权情形的，承租人可以请求出租人承担损害赔偿责任。但是，出租人与第三人订立的房屋买卖合同的效力不受影响。*	《城镇房屋租赁合同解释》第二十一条
第七百二十九条　因不可归责于承租人的事由，致使租赁物部分或者全部毁损、灭失的，承租人可以<u>请求</u>减少租金或者不支付租金；因租赁物部分或者全部毁损、灭失，致使不能实现合同目的的，承租人可以解除合同。	《合同法》第二百三十一条 因不可归责于承租人的事由，致使租赁物部分或者全部毁损、灭失的，承租人可以<u>要求</u>减少租金或者不支付租金；因租赁物部分或者全部毁损、灭失，致使不能实现合同目的的，承租人可以解除合同。

《民法典》	相关内容
第七百三十条　当事人对租赁期限没有约定或者约定不明确，<u>依据本法第五百一十条</u>的规定仍不能确定的，视为不定期租赁；当事人可以随时解除合同，但是应当在合理期限之前通知<u>对方</u>。	《合同法》第二百三十二条　当事人对租赁期限没有约定或者约定不明确，<u>依照本法第六十一条</u>的规定仍不能确定的，视为不定期租赁。当事人可以随时解除合同，但<u>出租大</u>解除合同应当在合理期限之前通知<u>承租人</u>。
第七百三十一条　租赁物危及承租人的安全或者健康的，即使承租人订立合同时明知该租赁物质量不合格，承租人仍然可以随时解除合同。	《合同法》第二百三十三条　租赁物危及承租人的安全或者健康的，即使承租人订立合同时明知该租赁物质量不合格，承租人仍然可以随时解除合同。
第七百三十二条　承租人在房屋租赁<u>期限内</u>死亡的，与其生前共同居住的人<u>或者共同经营人</u>可以按照原租赁合同租赁该房屋。	《合同法》第二百三十四条　承租人在房屋租赁<u>期间</u>死亡的，与其生前共同居住的人可以按照原租赁合同租赁该房屋。 《城镇房屋租赁合同解释》第十九条
第七百三十三条　租赁<u>期限</u>届满，承租人应当返还租赁物。返还的租赁物应符合按照约定或者<u>根据</u>租赁物的性质使用后的状态。	《合同法》第二百三十五条　租赁<u>期间</u>届满，承租人应当返还租赁物。返还的租赁物应符合按照约定或者租赁物的性质使用后的状态。
第七百三十四条　租赁<u>期限</u>届满，承租人继续使用租赁物，出租人没有提出异议的，原租赁合同继续有效，但是租赁期限为不定期。 **租赁期限届满，房屋承租人享有以同等条件优先承租的权利。**	《合同法》第二百三十六条　租赁<u>期间</u>届满，承租人继续使用租赁物，出租人没有提出异议的，原租赁合同继续有效，但租赁期限为不定期。

续表

《民法典》	相关内容
第十五章 融资租赁合同	
第七百三十五条 融资租赁合同是出租人根据承租人对出卖人、租赁物的选择，向出卖人购买租赁物，提供给承租人使用，承租人支付租金的合同。	《合同法》第二百三十七条 融资租赁合同是出租人根据承租人对出卖人、租赁物的选择，向出卖人购买租赁物，提供给承租人使用，承租人支付租金的合同。
第七百三十六条 融资租赁合同的内容一般包括租赁物的名称、数量、规格、技术性能、检验方法，租赁期限，租金构成及其支付期限和方式，币种，租赁期限届满租赁物的归属等条款。 融资租赁合同应当采用书面形式。	《合同法》第二百三十八条 融资租赁合同的内容包括租赁物名称、数量、规格、技术性能、检验方法、租赁期限、租金构成及其支付期限和方式、币种、租赁期间届满租赁物的归属等条款。 融资租赁合同应当采用书面形式。
第七百三十七条 当事人以虚构租赁物方式订立的融资租赁合同无效。	
第七百三十八条 *依照法律、行政法规的规定，承租人对于租赁物的经营使用应当取得行政许可的，出租人未取得行政许可不影响融资租赁合同的效力。*	《融资租赁合同解释》第三条
第七百三十九条 出租人根据承租人对出卖人、租赁物的选择订立的买卖合同，出卖人应当按照约定向承租人交付标的物，承租人享有与受领标的物有关的买受人的权利。	《合同法》第二百三十九条 出租人根据承租人对出卖人、租赁物的选择订立的买卖合同，出卖人应当按照约定向承租人交付标的物，承租人享有与受领标的物有关的买受人的权利。 《融资租赁合同解释》第五条

《民法典》	相关内容
第七百四十条 *出卖人违反向承租人交付标的物的义务，有下列情形之一的，承租人可以拒绝受领出卖人向其交付的租赁物：* *（一）租赁物严重不符合约定；* *（二）未按照约定交付租赁物，经承租人或者出租人催告后在合理期限内仍未交付。* *承租人拒绝受领租赁物的，应当及时通知出租人。*	**《融资租赁合同解释》第五条**
第七百四十一条 出租人、出卖人、承租人可以约定，出卖人不履行买卖合同义务的，由承租人行使索赔的权利。承租人行使索赔权利的，出租人应当协助。	**《合同法》第二百四十条** 出租人、出卖人、承租人可以约定，出卖人不履行买卖合同义务的，由承租人行使索赔的权利。承租人行使索赔权利的，出租人应当协助。
第七百四十二条 *承租人对出卖人行使索赔权利，不影响其履行支付租金的义务。但是，承租人依赖出租人的技能确定租赁物或者出租人干预选择租赁物的，承租人可以请求减免相应租金。*	**《融资租赁合同解释》第六条**

续表

《民法典》	相关内容
第七百四十三条　出租人有下列情形之一，致使承租人对出卖人行使索赔权利失败的，承租人有权请求出租人承担相应的责任： （一）明知租赁物有质量瑕疵而不告知承租人； （二）承租人行使索赔权利时，未及时提供必要协助。 出租人怠于行使只能由其对出卖人行使的索赔权利，造成承租人损失的，承租人有权请求出租人承担赔偿责任。	《融资租赁合同解释》第十八条
第七百四十四条　出租人根据承租人对出卖人、租赁物的选择订立的买卖合同，未经承租人同意，出租人不得变更与承租人有关的合同内容。	《合同法》第二百四十一条 出租人根据承租人对出卖人、租赁物的选择订立的买卖合同，未经承租人同意，出租人不得变更与承租人有关的合同内容。 《融资租赁合同解释》第八条
第七百四十五条　出租人对<u>租赁物享有的所有权</u>，未经登记，不得对抗善意第三人。	《合同法》第二百四十二条 出租人<u>享有租赁物的所有权</u>。承租人破产的，租赁物不属于破产财产。 《融资租赁合同解释》第七条、第九条、第十条
第七百四十六条　融资租赁合同的租金，除当事人另有约定外，应当根据购买租赁物的大部分或者全部成本以及出租人的合理利润确定。	《合同法》第二百四十三条 融资租赁合同的租金，除当事人另有约定的以外，应当根据购买租赁物的大部分或者全部成本以及出租人的合理利润确定。

续表

《民法典》	相关内容
第七百四十七条 租赁物不符合约定或者不符合使用目的的,出租人不承担责任。但是,承租人依赖出租人的技能确定租赁物或者出租人干预选择租赁物的除外。	《合同法》第二百四十四条 租赁物不符合约定或者不符合使用目的的,出租人不承担责任,但承租人依赖出租人的技能确定租赁物或者出租人干预选择租赁物的除外。 《融资租赁合同解释》第十九条
第七百四十八条 出租人应当保证承租人对租赁物的占有和使用。 出租人有下列情形之一的,承租人有权请求其赔偿损失: (一)无正当理由收回租赁物; (二)无正当理由妨碍、干扰承租人对租赁物的占有和使用; (三)因出租人的原因致使第三人对租赁物主张权利; (四)不当影响承租人对租赁物占有和使用的其他情形。	《合同法》第二百四十五条 出租人应当保证承租人对租赁物的占有和使用。 《融资租赁合同解释》第十七条
第七百四十九条 承租人占有租赁物期间,租赁物造成第三人人身损害或者财产损失的,出租人不承担责任。	《合同法》第二百四十六条 承租人占有租赁物期间,租赁物造成第三人的人身伤害或者财产损害的,出租人不承担责任。
第七百五十条 承租人应当妥善保管、使用租赁物。 承租人应当履行占有租赁物期间的维修义务。	《合同法》第二百四十七条 承租人应当妥善保管、使用租赁物。 承租人应当履行占有租赁物期间的维修义务。

《民法典》	相关内容
第七百五十一条　承租人占有租赁物期间，租赁物毁损、灭失的，出租人有权请求承租人继续支付租金，但是法律另有规定或者当事人另有约定的除外。	《融资租赁合同解释》第七条
第七百五十二条　承租人应当按照约定支付租金。承租人经催告后在合理期限内仍不支付租金的，出租人可以<u>请求</u>支付全部租金；也可以解除合同，收回租赁物。	《合同法》第二百四十八条　承租人应当按照约定支付租金。承租人经催告后在合理期限内仍不支付租金的，出租人可以<u>要求</u>支付全部租金；也可以解除合同，收回租赁物。 《融资租赁合同解释》第十二条、第二十条、第二十一条
第七百五十三条　承租人未经出租人同意，将租赁物转让、抵押、质押、投资入股或者以其他方式处分的，出租人可以解除融资租赁合同。	《融资租赁合同解释》第十二条
第七百五十四条　有下列情形之一的，出租人或者承租人可以解除融资租赁合同： （一）出租人与出卖人订立的买卖合同解除、被确认无效或者被撤销，且未能重新订立买卖合同； （二）租赁物因不可归责于当事人的原因毁损、灭失，且不能修复或者确定替代物； （三）因出卖人的原因致使融资租赁合同的目的不能实现。	《融资租赁合同解释》第十一条

《民法典》	相关内容
第七百五十五条 融资租赁合同因买卖合同解除、被确认无效或者被撤销而解除，出卖人、租赁物系由承租人选择的，出租人有权请求承租人赔偿相应损失；但是，因出租人原因致使买卖合同解除、被确认无效或者被撤销的除外。 出租人的损失已经在买卖合同解除、被确认无效或者被撤销时获得赔偿的，承租人不再承担相应的赔偿责任。	《融资租赁合同解释》第十六条
第七百五十六条 融资租赁合同因租赁物交付承租人后意外毁损、灭失等不可归责于当事人的原因解除的，出租人可以请求承租人按照租赁物折旧情况给予补偿。	《融资租赁合同解释》第十五条
第七百五十七条 出租人和承租人可以约定租赁期限届满租赁物的归属；对租赁物的归属没有约定或者约定不明确，<u>依据本法第五百一十条的规定</u>仍不能确定的，租赁物的所有权归出租人。	《合同法》第二百五十条 出租人和承租人可以约定租赁期间届满租赁物的归属。对租赁物的归属没有约定或者约定不明确，<u>依照本法第六十一条的规定</u>仍不能确定的，租赁物的所有权归出租人。 **《融资租赁合同解释》第十条**

续表

《民法典》	相关内容
第七百五十八条　当事人约定租赁期限届满租赁物归承租人所有，承租人已经支付大部分租金，但是无力支付剩余租金，出租人因此解除合同收回租赁物，收回的租赁物的价值超过承租人欠付的租金以及其他费用的，承租人可以请求相应返还。 　　当事人约定租赁期限届满租赁物归出租人所有，因租赁物毁损、灭失或者附合、混合于他物致使承租人不能返还的，出租人有权请求承租人给予合理补偿。	**《合同法》第二百四十九条** 　当事人约定租赁期间届满租赁物归承租人所有，承租人已经支付大部分租金，但无力支付剩余租金，出租人因此解除合同收回租赁物的，收回的租赁物的价值超过承租人欠付的租金以及其他费用的，承租人可以要求部分返还。 　　**《融资租赁合同解释》第十条**
第七百五十九条　当事人约定租赁期限届满，承租人仅需向出租人支付象征性价款的，视为约定的租金义务履行完毕后租赁物的所有权归承租人。	
第七百六十条　融资租赁合同无效，当事人就该情形下租赁物的归属有约定的，按照其约定；没有约定或者约定不明确的，租赁物应当返还出租人。但是，因承租人原因致使合同无效，出租人不请求返还或者返还后会显著降低租赁物效用的，租赁物的所有权归承租人，由承租人给予出租人合理补偿。	**《融资租赁合同解释》第四条**

《民法典》	相关内容
第十六章　保理合同	
第七百六十一条　保理合同是应收账款债权人将现有的或者将有的应收账款转让给保理人，保理人提供资金融通、应收账款管理或者催收、应收账款债务人付款担保等服务的合同。	
第七百六十二条　保理合同的内容一般包括业务类型、服务范围、服务期限、基础交易合同情况、应收账款信息、保理　融资款或者服务报酬及其支付方式等条款。 保理合同应当采用书面形式。	
第七百六十三条　应收账款债权人与债务人虚构应收账款作为转让标的，与保理人订立保理合同的，应收账款债务人不得以应收账款不存在为由对抗保理人，但是保理人明知虚构的除外。	
第七百六十四条　保理人向应收账款债务人发出应收账款转让通知的，应当表明保理人身份并附有必要凭证。	
第七百六十五条　应收账款债务人接到应收账款转让通知后，应收账款债权人与债务人无正当理由协商变更或者终止基础交易合同，对保理人产生不利影响的，对保理人不发生效力。	

《民法典》	相关内容
第七百六十六条 当事人约定有追索权保理的，保理人可以向应收账款债权人主张返还保理融资款本息或者回购应收账款债权，也可以向应收账款债务人主张应收账款债权。保理人向应收账款债务人主张应收账款债权，在扣除保理融资款本息和相关费用后有剩余的，剩余部分应当返还给应收账款债权人。	
第七百六十七条 当事人约定无追索权保理的，保理人应当向应收账款债务人主张应收账款债权，保理人取得超过保理融资款本息和相关费用的部分，无需向应收账款债权人返还。	
第七百六十八条 应收账款债权人就同一应收账款订立多个保理合同，致使多个保理人主张权利的，已经登记的先于未登记的取得应收账款；均已经登记的，按照登记时间的先后顺序受偿取得应收账款；均未登记的，由最先到达应收账款债务人的转让通知中载明的保理人取得应收账款；既未登记也未通知的，按照保理融资款或者服务报酬的比例取得应收账款。	

《民法典》	相关内容
第七百六十九条　本章没有规定的，适用本编第六章债权转让的有关规定。	
第十七章　承揽合同	
第七百七十条　承揽合同是承揽人按照定作人的要求完成工作，交付工作成果，定作人支付报酬的合同。 承揽包括加工、定作、修理、复制、测试、检验等工作。	《合同法》第二百五十一条 承揽合同是承揽人按照定作人的要求完成工作，交付工作成果，定作人给付报酬的合同。 承揽包括加工、定作、修理、复制、测试、检验等工作。
第七百七十一条　承揽合同的内容一般包括承揽的标的、数量、质量、报酬，承揽方式，材料的提供，履行期限，验收标准和方法等条款。	《合同法》第二百五十二条 承揽合同的内容包括承揽的标的、数量、质量、报酬、承揽方式、材料的提供、履行期限、验收标准和方法等条款。
第七百七十二条　承揽人应当以自己的设备、技术和劳力，完成主要工作，但是当事人另有约定的除外。 承揽人将其承揽的主要工作交由第三人完成的，应当就该第三人完成的工作成果向定作人负责；未经定作人同意的，定作人也可以解除合同。	《合同法》第二百五十三条 承揽人应当以自己的设备、技术和劳力，完成主要工作，但当事人另有约定的除外。 承揽人将其承揽的主要工作交由第三人完成的，应当就该第三人完成的工作成果向定作人负责；未经定作人同意的，定作人也可以解除合同。

《民法典》	相关内容
第七百七十三条　承揽人可以将其承揽的辅助工作交由第三人完成。承揽人将其承揽的辅助工作交由第三人完成的，应当就该第三人完成的工作成果向定作人负责。	**《合同法》第二百五十四条** 承揽人可以将其承揽的辅助工作交由第三人完成。承揽人将其承揽的辅助工作交由第三人完成的，应当就该第三人完成的工作成果向定作人负责。
第七百七十四条　承揽人提供材料的，应当按照约定选用材料，并接受定作人检验。	**《合同法》第二百五十五条** 承揽人提供材料的，承揽大应当按照约定选用材料，并接受定作人检验。
第七百七十五条　定作人提供材料的，应当按照约定提供材料。承揽人对定作人提供的材料应当及时检验，发现不符合约定时，应当及时通知定作人更换、补齐或者采取其他补救措施。 　　承揽人不得擅自更换定作人提供的材料，不得更换不需要修理的零部件。	**《合同法》第二百五十六条** 定作人提供材料的，定作大应当按照约定提供材料。承揽人对定作人提供的材料，应当及时检验，发现不符合约定时，应当及时通知定作人更换、补齐或者采取其他补救措施。 　　承揽人不得擅自更换定作人提供的材料，不得更换不需要修理的零部件。
第七百七十六条　承揽人发现定作人提供的图纸或者技术要求不合理的，应当及时通知定作人。因定作人怠于答复等原因造成承揽人损失的，应当赔偿损失。	**《合同法》第二百五十七条** 承揽人发现定作人提供的图纸或者技术要求不合理的，应当及时通知定作人。因定作人怠于答复等原因造成承揽人损失的，应当赔偿损失。

《民法典》	相关内容
第七百七十七条 定作人中途变更承揽工作的要求，造成承揽人损失的，应当赔偿损失。	《合同法》第二百五十八条 定作人中途变更承揽工作的要求，造成承揽人损失的，应当赔偿损失。
第七百七十八条 承揽工作需要定作人协助的，定作人有协助的义务。定作人不履行协助义务致使承揽工作不能完成的，承揽人可以催告定作人在合理期限内履行义务，并可以顺延履行期限；定作人逾期不履行的，承揽人可以解除合同。	《合同法》第二百五十九条 承揽工作需要定作人协助的，定作人有协助的义务。定作人不履行协助义务致使承揽工作不能完成的，承揽人可以催告定作人在合理期限内履行义务，并可以顺延履行期限；定作人逾期不履行的，承揽人可以解除合同。
第七百七十九条 承揽人在工作期间，应当接受定作人必要的监督检验。定作人不得因监督检验妨碍承揽人的正常工作。	《合同法》第二百六十条 承揽人在工作期间，应当接受定作人必要的监督检验。定作人不得因监督检验妨碍承揽人的正常工作。
第七百八十条 承揽人完成工作的，应当向定作人交付工作成果，并提交必要的技术资料和有关质量证明。定作人应当验收该工作成果。	《合同法》第二百六十一条 承揽人完成工作的，应当向定作人交付工作成果，并提交必要的技术资料和有关质量证明。定作人应当验收该工作成果。
第七百八十一条 承揽人交付的工作成果不符合质量要求的，定作人可以**合理选择**请求承揽人承担修理、重作、减少报酬、赔偿损失等违约责任。	《合同法》第二百六十二条 承揽人交付的工作成果不符合质量要求的，定作人可以要求承揽人承担修理、重作、减少报酬、赔偿损失等违约责任。

续表

《民法典》	相关内容
第七百八十二条 定作人应当按照约定的期限支付报酬。对支付报酬的期限没有约定或者约定不明确，<u>依据本法第五百一十条</u>的规定仍不能确定的，定作人应当在承揽人交付工作成果时支付；工作成果部分交付的，定作人应当相应支付。	**《合同法》第二百六十三条** 定作人应当按照约定的期限支付报酬。对支付报酬的期限没有约定或者约定不明确，<u>依据本法第六十一条</u>的规定仍不能确定的，定作人应当在承揽人交付工作成果时支付；工作成果部分交付的，定作人应当相应支付。
第七百八十三条 定作人未向承揽人支付报酬或者材料费等价款的，承揽人对完成的工作成果享有留置权**或者有权拒绝交付**，但**是**当事人另有约定的除外。	**《合同法》第二百六十四条** 定作人未向承揽人支付报酬或者材料费等价款的，承揽人对完成的工作成果享有留置权，但当事人另有约定的除外。 **《担保法》第八十四条** 第一款因保管合同、运输合同、加工承揽合同发生的债权，债务人不履行债务的，债权人有留置权。
第七百八十四条 承揽人应当妥善保管定作人提供的材料以及完成的工作成果，因保管不善造成毁损、灭失的，应当承担赔偿责任。	**《合同法》第二百六十五条** 承揽人应当妥善保管定作人提供的材料以及完成的工作成果，因保管不善造成毁损、灭失的，应当承担损害赔偿责任。
第七百八十五条 承揽人应当按照定作人的要求保守秘密，未经定作人许可，不得留存复制品或者技术资料。	**《合同法》第二百六十六条** 承揽人应当按照定作人的要求保守秘密，未经定作人许可，不得留存复制品或者技术资料。

《民法典》	相关内容
第七百八十六条 共同承揽人对定作人承担连带责任，但是当事人另有约定的除外。	《合同法》第二百六十七条 共同承揽人对定作人承担连带责任，但当事人另有约定的除外。
第七百八十七条 定作人在承揽人完成工作前可以随时解除合同，造成承揽人损失的，应当赔偿损失。	《合同法》第二百六十八条 定作人可以随时解除承揽合同，造成承揽人损失的，应当赔偿损失。
第十八章　建设工程施工合同	
第七百八十八条 建设工程合同是承包人进行工程建设，发包人支付价款的合同。 建设工程合同包括工程勘察、设计、施工合同。	《合同法》第二百六十九条 建设工程合同是承包人进行工程建设，发包人支付价款的合同。 建设工程合同包括工程勘察、设计、施工合同。
第七百八十九条 建设工程合同应当采用书面形式。	《合同法》第二百七十条 建设工程合同应当采用书面形式。
第七百九十条 建设工程的招标投标活动，应当依照有关法律的规定公开、公平、公正进行。	《合同法》第二百七十一条 建设工程的招标投标活动，应当依照有关法律的规定公开、公平、公正进行。 《招标投标法》第三条 在中华人民共和国境内进行下列工程建设项目包括项目的勘察、设计、施工、监理以及与工程建设有关的重要设备、材料等的采购，必须进行招标： （一）大型基础设施、公用事业等关系社会公共利益、公众安全的项目； （二）全部或者部分使用国有资金投资或者国家融资的项目；

《民法典》	相关内容
	（三）使用国际组织或者外国政府贷款、援助资金的项目。 前款所列项目的具体范围和规模标准，由国务院发展计划部门会同国务院有关部门制订，报国务院批准。
第七百九十一条　发包人可以与总承包人订立建设工程合同，也可以分别与勘察人、设计人、施工人订立勘察、设计、施工承包合同。发包人不得将应当由一个承包人完成的建设工程<u>支解</u>成若干部分发包给<u>数个</u>承包人。 　　总承包人或者勘察、设计、施工承包人经发包人同意，可以将自己承包的部分工作交由第三人完成。第三人就其完成的工作成果与总承包人或者勘察、设计、施工承包人向发包人承担连带责任。承包人不得将其承包的全部建设工程转包给第三人或者将其承包的全部建设工程<u>支解</u>以后以分包的名义分别转包给第三人。 　　禁止承包人将工程分包给不具备相应资质条件的单位。禁止分包单位将其承包的工程再分包。建设工程主体结构的施工必须由承包人自行完成。	**《合同法》第二百七十二条** 发包人可以与总承包人订立建设工程合同，也可以分别与勘察人、设计人、施工人订立勘察、设计、施工承包合同。发包人不得将应当由一个承包人完成的建设工程<u>肢解</u>成若干部分发包给<u>几个</u>承包人。 　　总承包人或者勘察、设计、施工承包人经发包人同意，可以将自己承包的部分工作交由第三人完成。第三人就其完成的工作成果与总承包人或者勘察、设计、施工承包人向发包人承担连带责任。承包人不得将其承包的全部建设工程转包给第三人或者将其承包的全部建设工程<u>肢解</u>以后以分包的名义分别转包给第三人。 　　禁止承包人将工程分包给不具备相应资质条件的单位。禁止分包单位将其承包的工程再分包。建设工程主体结构的施工必须由承包人自行完成。 　　**《建工合同解释》第四条**

《民法典》	相关内容
第七百九十二条　国家重大建设工程合同，应当按照国家规定的程序和国家批准的投资计划、可行性研究报告等文件订立。	《合同法》第二百七十三条 国家重大建设工程合同，应当按照国家规定的程序和国家批准的投资计划、可行性研究报告等文件订立。
第七百九十三条　建设工程施工合同无效，但是建设工程经验收合格的，可以参照合同关于工程价款的约定折价补偿承包人。 　　建设工程施工合同无效，且建设工程经验收不合格的，按照以下情形处理： 　　（一）修复后的建设工程经验收合格的，发包人可以请求承包人承担修复费用； 　　（二）修复后的建设工程经验收不合格的，承包人无权请求参照合同关于工程价款的约定折价补偿。 　　发包人对因建设工程不合格造成的损失有过错的，应当承担相应的责任。	《建工合同解释》第二条、第三条 　　《建工合同解释（二）》第三条
第七百九十四条　勘察、设计合同的内容一般包括提交有关基础资料和概预算等文件的期限、质量要求、费用以及其他协作件等条款。	《合同法》第二百七十四条 勘察、设计合同的内容包括提交有关基础资料和文件（包括概预算）的期限、质量要求、费用以及其他协作条件等条款。

《民法典》	相关内容
第七百九十五条　施工合同的内容**一般**包括工程范围、建设工期、中间交工工程的开工和竣工时间、工程质量、工程造价、技术资料交付时间、材料和设备供应责任、拨款和结算、竣工验收、质量保修范围和质量保证期、相互协作等条款。	《合同法》第二百七十五条　施工合同的内容包括工程范围、建设工期、中间交工工程的开工和竣工时间、工程质量、工程造价、技术资料交付时间、材料和设备供应责任、拨款和结算、竣工验收、质量保修范围和质量保证期、双方相互协作等条款。
第七百九十六条　建设工程实行监理的，发包人应当与监理人采用书面形式订立委托监理合同。发包人与监理人的权利和义务以及法律责任，应当依照<u>本编</u>委托合同以及其他有关法律、行政法规的规定。	《合同法》第二百七十六条　建设工程实行监理的，发包人应当与监理人采用书面形式订立委托监理合同。发包人与监理人的权利和义务以及法律责任，应当依照<u>本法</u>委托合同以及其他有关法律、行政法规的规定。
第七百九十七条　发包人在不妨碍承包人正常作业的情况下，可以随时对作业进度、质量进行检查。	《合同法》第二百七十七条　发包人在不妨碍承包人正常作业的情况下，可以随时对作业进度、质量进行检查。
第七百九十八条　隐蔽工程在隐蔽以前，承包人应当通知发包人检查。发包人没有及时检查的，承包人可以顺延工程日期，并有权<u>请求</u>赔偿停工、窝工等损失。	《合同法》第二百七十八条　隐蔽工程在隐蔽以前，承包人应当通知发包人检查。发包人没有及时检查的，承包人可以顺延工程日期，并有权<u>要求</u>赔偿停工、窝工等损失。

《民法典》	相关内容
第七百九十九条　建设工程竣工后，发包人应当根据施工图纸及说明书、国家颁发的施工验收规范和质量检验标准及时进行验收。验收合格的，发包人应当按照约定支付价款，并接收该建设工程。 建设工程竣工经验收合格后，方可交付使用；未经验收或者验收不合格的，不得交付使用。	《合同法》第二百七十九条 建设工程竣工后，发包人应当根据施工图纸及说明书、国家颁发的施工验收规范和质量检验标准及时进行验收。验收合格的，发包人应当按照约定支付价款，并接收该建设工程。建设工程竣工经验收合格后，方可交付使用；未经验收或者验收不合格的，不得交付使用。 《建工合同解释》第十三条至第十五条
第八百条　勘察、设计的质量不符合要求或者未按照期限提交勘察、设计文件拖延工期，造成发包人损失的，勘察人、设计人应当继续完善勘察、设计，减收或者免收勘察、设计费并赔偿损失。	《合同法》第二百八十条　勘察、设计的质量不符合要求或者未按照期限提交勘察、设计文件拖延工期，造成发包人损失的，勘察人、设计人应当继续完善勘察、设计，减收或者免收勘察、设计费并赔偿损失。
第八百零一条　因施工人的原因致使建设工程质量不符合约定的，发包人有权请求施工人在合理期限内无偿修理或者返工、改建。经过修理或者返工、改建后，造成逾期交付的，施工人应当承担违约责任。	《合同法》第二百八十一条　因施工人的原因致使建设工程质量不符合约定的，发包人有权要求施工人在合理期限内无偿修理或者返工、改建。经过修理或者返工、改建后，造成逾期交付的，施工人应当承担违约责任。 《建工合同解释》第十一条

《民法典》	相关内容
第八百零二条　因承包人的原因致使建设工程在合理使用期限内造成人<u>身损害</u>和财产<u>损失</u>的，承包人应当承担赔偿责任。	**《合同法》第二百八十二条** 因承包人的原因致使建设工程在合理使用期限内造成人身和财产<u>损害</u>的，承包人应当承担损害赔偿责任。
第八百零三条　发包人未按照约定的时间和要求提供原材料、设备、场地、资金、技术资料的，承包人可以顺延工程日期，并有权<u>请求</u>赔偿停工、窝工等损失。	**《合同法》第二百八十三条** 发包人未按照约定的时间和要求提供原材料、设备、场地、资金、技术资料的，承包人可以顺延工程日期，并有权<u>要求</u>赔偿停工、窝工等损失。 **《建工合同解释》第九条**
第八百零四条　因发包人的原因致使工程中途停建、缓建的，发包人应当采取措施弥补或者减少损失，赔偿承包人因此造成的停工、窝工、倒运、机械设备调迁、材料和构件积压等损失和实际费用。	**《合同法》第二百八十四条** 因发包人的原因致使工程中途停建、缓建的，发包人应当采取措施弥补或者减少损失，赔偿承包人因此造成的停工、窝工、倒运、机械设备调迁、材料和构件积压等损失和实际费用。 **《建工合同解释》第十二条**
第八百零五条　因发包人变更计划，提供的资料不准确，或者未按期限提供必需的勘察、设计工作条件而造成勘察、设计的返工、停工或者修改设计，发包人应当按照勘察人、设计人实际消耗的工作量增付费用。	**《合同法》第二百八十五条** 因发包人变更计划，提供的资料不准确，或者未按照期限提供必需的勘察、设计工作条件而造成勘察、设计的返工、停工或者修改设计，发包人应当按照勘察人、设计人实际消耗的工作量增付费用。

续表

《民法典》	相关内容
第八百零六条 承包人将建设工程转包、违法分包的，发包人可以解除合同。 发包人提供的主要建筑材料、建筑构配件和设备不符合强制性标准或者不履行协助义务，致使承包人无法施工，经催告后在合理期限内仍未履行相应义务的，承包人可以解除合同。 合同解除后，已经完成的建设工程质量合格的，发包人应当按照约定支付相应的工程价款；已经完成的建设工程质量不合格的，参照本法第七百九十三条的规定处理。	《建工合同解释》第八条、第十条第一款、第三条
第八百零七条 发包人未按照约定支付价款的，承包人可以催告发包人在合理期限内支付价款。发包人逾期不支付的，除根据建设工程的性质不宜折价、拍卖外，承包人可以与发包人协议将该工程折价，也可以请求人民法院将该工程依法拍卖。建设工程的价款就该工程折价或者拍卖的价款优先受偿。	《合同法》第二百八十六条 发包人未按照约定支付价款的，承包人可以催告发包人在合理期限内支付价款。发包人逾期不支付的，除按照建设工程的性质不宜折价、拍卖的以外，承包人可以与发包人协议将该工程折价，也可以申请人民法院将该工程依法拍卖。建设工程的价款就该工程折价或者拍卖的价款优先受偿。 《建工合同解释》第十九条至二十二条 《建工合同解释（二）》第二十条至二十二条
第八百零八条 本章没有规定的，适用承揽合同的有关规定。	《合同法》第二百八十七条 本章没有规定的，适用承揽合同的有关规定。

续表

《民法典》	相关内容
第十九章 运输合同	
第一节 一般规定	
第八百零九条 运输合同是承运人将旅客或者货物从起运地点运输到约定地点，旅客、托运人或者收货人支付票款或者运输费用的合同。	**《合同法》第二百八十八条** 运输合同是承运人将旅客或者货物从起运地点运输到约定地点，旅客、托运人或者收货人支付票款或者运输费用的合同。
第八百一十条 从事公共运输的承运人不得拒绝旅客、托运人通常、合理的运输要求。	**《合同法》第二百八十九条** 从事公共运输的承运人不得拒绝旅客、托运人通常、合理的运输要求。
第八百一十一条 承运人应当在约定<u>期限</u>或者合理期限内将旅客、货物安全运输到约定地点	**《合同法》第二百九十条** 承运人应当在约定<u>期间</u>或者合理<u>期</u>间内将旅客、货物安全运输到约定地点。
第八百一十二条 承运人应当按照约定的或者通常的运输路线将旅客、货物运输到约定地点。	**《合同法》第二百九十一条** 承运人应当按照约定的或者通常的运输路线将旅客、货物运输到约定地点。
第八百一十三条 旅客、托运人或者收货人应当支付票款或者运输费用。承运人未按照约定路线或者通常路线运输增加票款或者运输费用的，旅客、托运人或者收货人可以拒绝支付增加部分的票款或者运输费用。	**《合同法》第二百九十二条** 旅客、托运人或者收货人应当支付票款或者运输费用。承运人未按照约定路线或者通常路线运输增加票款或者运输费用的，旅客、托运人或者收货人可以拒绝支付增加部分的票款或者运输费用。

《民法典》	相关内容
第二节　客运合同	
第八百一十四条　客运合同自承运人向旅客**出具**客票时成立，但是当事人另有约定或者另有交易习惯的除外。	《合同法》第二百九十三条客运合同自承运人向旅客**交付**客票时成立，但当事人另有约定或者另有交易习惯的除外。
第八百一十五条　旅客应当**按照有效客票记载的时间、班次和座位号**乘<u>坐</u>。旅客无票乘<u>坐</u>、超程乘<u>坐</u>、越级乘<u>坐</u>或者持<u>不符合减价条件的</u>优惠客票乘<u>坐</u>的，应当补交票款，承运人可以按照规定加收票款；旅客不<u>支付</u>票款的，承运人可以拒绝运输。 　　**实名制客运合同的旅客丢失客票的，可以请求承运人挂失补办，承运人不得再次收取票款和其他不合理费用。**	《合同法》第二百九十四条旅客应当持有效客票乘<u>运</u>。旅客无票乘<u>运</u>、超程乘<u>运</u>、越级乘<u>运</u>或者持失效客票乘<u>运</u>的，应当补交票款，承运人可以按照规定加收票款。旅客不<u>交付</u>票款的，承运人可以拒绝运输。
第八百一十六条　旅客因自己的原因不能按照客票记载的时间乘坐的，应当在约定的<u>期限</u>内办理退票或者变更手续；逾期办理的，承运人可以不退票款，并不再承担运输义务。	《合同法》第二百九十五条旅客因自己的原因不能按照客票记载的时间乘坐的，应当在约定的<u>时间</u>内办理退票或者变更手续。逾期办理的，承运人可以不退票款，并不再承担运输义务。
第八百一十七条　旅客随身**携带行李应当符合约定的限量和品类要求**；超过限量**或者违反品类要求**携带行李的，应当办理托运手续。	《合同法》第二百九十六条旅客在运输中应当按照约定的限量携带行李。超过限量携带行李的，应当办理托运手续。

续表

《民法典》	相关内容
第八百一十八条　旅客不得随身携带或者在行李中夹带易燃、易爆、有毒、有腐蚀性、有放射性以及可能危及运输工具上人身和财产安全的危险物品或者违禁物品。 　　旅客违反前款规定的，承运人可以将危险物品或者违禁物品卸下、销毁或者送交有关部门。旅客坚持携带或者夹带危险物品或者违禁物品的，承运人应当拒绝运输。	《合同法》第二百九十七条 旅客不得随身携带或者在行李中夹带易燃、易爆、有毒、有腐蚀性、有放射性以及有可能危及运输工具上人身和财产安全的危险物品或者其他违禁物品。 　　旅客违反前款规定的，承运人可以将违禁物品卸下、销毁或者送交有关部门。旅客坚持携带或者夹带违禁物品的，承运人应当拒绝运输。
第八百一十九条　承运人应当严格履行安全运输义务，及时告知旅客安全运输应当注意的事项。旅客对承运人为安全运输所作的合理安排应当积极协助和配合。	《合同法》第二百九十八条 承运人应当向旅客及时告知有关不能正常运输的重要事由和安全运输应当注意的事项。
第八百二十条　承运人应当按照有效客票记载的时间、班次和座位号运输旅客。承运人迟延运输或者有其他不能正常运输情形的，应当及时告知和提醒旅客，采取必要的安置措施，并根据旅客的要求安排改乘其他班次或者退票；由此造成旅客损失的，承运人应当承担赔偿责任，但是不可归责于承运人的除外。	《合同法》第二百九十九条 承运人应当按照客票载明的时间和班次运输旅客。承运人迟延运输的，应当根据旅客的要求安排改乘其他班次或者退票。

《民法典》	相关内容
第八百二十一条　承运人擅自降低服务标准的，应当根据旅客的请求退票或者减收票款；提高服务标准的，不得加收票款。	《合同法》第三百条　承运人擅自变更运输工具而降低服务标准的，应当根据旅客的要求退票或者减收票款；提高服务标准的，不应当加收票款。
第八百二十二条　承运人在运输过程中，应当尽力救助患有急病、分娩、遇险的旅客。	《合同法》第三百零一条　承运人在运输过程中，应当尽力救助患有急病、分娩、遇险的旅客。
第八百二十三条　承运人应当对运输过程中旅客的伤亡承担赔偿责任；但是，伤亡是旅客自身健康原因造成的或者承运人证明伤亡是旅客故意、重大过失造成的除外。 　　前款规定适用于按照规定免票、持优待票或者经承运人许可搭乘的无票旅客。	《合同法》第三百零二条　承运人应当对运输过程中旅客的伤亡承担损害赔偿责任，但伤亡是旅客自身健康原因造成的或者承运人证明伤亡是旅客故意、重大过失造成的除外。 　　前款规定适用于按照规定免票、持优待票或者经承运人许可搭乘的无票旅客。
第八百二十四条　在运输过程中旅客随身携带物品毁损、灭失，承运人有过错的，应当承担赔偿责任。 　　旅客托运的行李毁损、灭失的，适用货物运输的有关规定。	《合同法》第三百零三条　在运输过程中旅客自带物品毁损、灭失，承运人有过错的，应当承担损害赔偿责任。 　　旅客托运的行李毁损、灭失的，适用货物运输的有关规定。

《民法典》	相关内容
第三节 货运合同	
第八百二十五条 托运人办理货物运输，应当向承运人准确表明收货人的**姓名**、名称或者凭指示的收货人，货物的名称、性质、**重量**、数量，收货地点等有关货物运输的必要情况。 　　因托运人申报不实或者遗漏重要情况，造成承运人损失的，托运人应当承担赔偿责任。	《合同法》第三百零四条 托运人办理货物运输，应当向承运人准确表明收货人的名称或者姓名或者凭指示的收货人，货物的名称、性质、重量、数量，收货地点等有关货物运输的必要情况。 　　因托运人申报不实或者遗漏重要情况，造成承运人损失的，托运人应当承担损害赔偿责任。
第八百二十六条 货物运输需要办理审批、检验等手续的，托运人应当将办理完有关手续的文件提交承运人。	《合同法》第三百零五条 货物运输需要办理审批、检验等手续的，托运人应当将办理完有关手续的文件提交承运人。
第八百二十七条 托运人应当按照约定的方式包装货物。对包装方式没有约定或者约定不明确的，适用本法<u>第六百一十九条</u>的规定。 　　托运人违反前款规定的，承运人可以拒绝运输。	《合同法》第三百零六条 托运人应当按照约定的方式包装货物。对包装方式没有约定或者约定不明确的，适用本法<u>第一百五十六条</u>的规定。 　　托运人违反前款规定的，承运人可以拒绝运输。

《民法典》	相关内容
第八百二十八条　托运人托运易燃、易爆、有毒、有腐蚀性、有放射性等危险物品的，应当按照国家有关危险物品运输的规定对危险物品妥善包装，做出危险物品标志和标签，并将有关危险物品的名称、性质和防范措施的书面材料提交承运人。托运人违反前款规定的，承运人可以拒绝运输，也可以采取相应措施以避免损失的发生，因此产生的费用由托运人负担。	《合同法》第三百零七条　托运人托运易燃、易爆、有毒、有腐蚀性、有放射性等危险物品的，应当按照国家有关危险物品运输的规定对危险物品妥善包装，作出危险物标志和标签，并将有关危险物品的名称、性质和防范措施的书面材料提交承运人。 托运人违反前款规定的，承运人可以拒绝运输，也可以采取相应措施以避免损失的发生，因此产生的费用由托运人承担。
第八百二十九条　在承运人将货物交付收货人之前，托运人可以要求承运人中止运输、返还货物、变更到达地或者将货物交给其他收货人，但是应当赔偿承运人因此受到的损失。	《合同法》第三百零八条　在承运人将货物交付收货人之前，托运人可以要求承运人中止运输、返还货物、变更到达地或者将货物交给其他收货人，但应当赔偿承运人因此受到的损失。
第八百三十条　货物运输到达后，承运人知道收货人的，应当及时通知收货人，收货人应当及时提货。收货人逾期提货的，应当向承运人支付保管费等费用。	《合同法》第三百零九条　货物运输到达后，承运人知道收货人的，应当及时通知收货人，收货人应当及时提货。收货人逾期提货的，应当向承运人支付保管费等费用。

续表

《民法典》	相关内容
第八百三十一条 收货人提货时应当按照约定的期限检验货物。对检验货物的期限没有约定或者约定不明确，依据本法第五百一十条的规定仍不能确定的，应当在合理期限内检验货物。收货人在约定的期限或者合理期限内对货物的数量、毁损等未提出异议的，视为承运人已经按照运输单证的记载交付的初步证据。	《合同法》第三百一十条 收货人提货时应当按照约定的期限检验货物。对检验货物的期限没有约定或者约定不明确，依照本法第六十一条的规定仍不能确定的，应当在合理期限内检验货物。收货人在约定的期限或者合理期限内对货物的数量、毁损等未提出异议的，视为承运人已经按照运输单证的记载交付的初步证据。
第八百三十二条 承运人对运输过程中货物的毁损、灭失承担赔偿责任。但是，承运人证明货物的毁损、灭失是因不可抗力、货物本身的自然性质或者合理损耗以及托运人、收货人的过错造成的，不承担赔偿责任。	《合同法》第三百一十一条 承运人对运输过程中货物的毁损、灭失承担损害赔偿责任，但承运人证明货物的毁损、灭失是因不可抗力、货物本身的自然性质或者合理损耗以及托运人、收货人的过错造成的，不承担损害赔偿责任。
第八百三十三条 货物的毁损、灭失的赔偿额，当事人有约定的，按照其约定；没有约定或者约定不明确，依据本法第五百一十条的规定仍不能确定的，按照交付或者应当交付时货物到达地的市场价格计算。法律、行政法规对赔偿额的计算方法和赔偿限额另有规定的，依照其规定。	《合同法》第三百一十二条 货物的毁损、灭失的赔偿额，当事人有约定的，按照其约定；没有约定或者约定不明确，依照本法第六十一条的规定仍不能确定的，按照交付或者应当交付时货物到达地的市场价格计算。法律、行政法规对赔偿额的计算方法和赔偿限额另有规定的，依照其规定。

续表

《民法典》	相关内容
第八百三十四条　两个以上承运人以同一运输方式联运的，与托运人订立合同的承运人应当对全程运输承担责任；损失发生在某一运输区段的，与托运人订立合同的承运人和该区段的承运人承担连带责任。	《合同法》第三百一十三条　两个以上承运人以同一运输方式联运的，与托运人订立合同的承运人应当对全程运输承担责任。损失发生在某一运输区段的，与托运人订立合同的承运人和该区段的承运人承担连带责任。
第八百三十五条　货物在运输过程中因不可抗力灭失，未收取运费的，承运人不得<u>请求</u>支付运费；已经收取运费的，托运人可以<u>请求</u>返还。法律另有规定的，依照其规定。	《合同法》第三百一十四条　货物在运输过程中因不可抗力灭失，未收取运费的，承运人不得<u>要求</u>支付运费；已收取运费的，托运人可以<u>要求</u>返还。
第八百三十六条　托运人或者收货人不支付运费、保管费<u>或者</u>其他费用的，承运人对相应的运输货物享有留置权，但是当事人另有约定的除外。	《合同法》第三百一十五条　托运人<u>或者</u>收货人不支付运费、保管费<u>以及</u>其他运输费用的，承运人对相应的运输货物享有留置权，但当事人另有约定的除外。 《担保法》第八十四条　因保管合同、运输合同、加工承揽合同发生的债权，债务人不履行债务的，债权人有留置权。 法律规定可以留置的其他合同，适用前款规定。当事人可以在合同中约定不得留置的物。
第八百三十七条　收货人不明或者收货人无正当理由拒绝受领货物的，承运人依法可以提存货物。	《合同法》第三百一十六条　收货人不明或者收货人无正当理由拒绝受领货物的，依照本法第一百零一条的规定，承运人可以提存货物。

续表

《民法典》	相关内容
第四节　多式联运合同	
第八百三十八条　多式联运经营人负责履行或者组织履行多式联运合同，对全程运输享有承运人的权利，承担承运人的义务。	《合同法》**第三百一十七条**多式联运经营人负责履行或者组织履行多式联运合同，对全程运输享有承运人的权利，承担承运人的义务。
第八百三十九条　多式联运经营人可以与参加多式联运的各区段承运人就多式联运合同的各区段运输约定相互之间的责任；但是，该约定不影响多式联运经营人对全程运输承担的义务。	《合同法》**第三百一十八条**多式联运经营人可以与参加多式联运的各区段承运人就多式联运合同的各区段运输约定相互之间的责任，但该约定不影响多式联运经营人对全程运输承担的义务。
第八百四十条　多式联运经营人收到托运人交付的货物时，应当签发多式联运单据。按照托运人的要求，多式联运单据可以是可转让单据，也可以是不可转让单据。	《合同法》**第三百一十九条**多式联运经营人收到托运人交付的货物时，应当签发多式联运单据。按照托运人的要求，多式联运单据可以是可转让单据，也可以是不可转让单据。
第八百四十一条　因托运人托运货物时的过错造成多式联运经营人损失的，即使托运人已经转让多式联运单据，托运人仍然应当承担赔偿责任。	《合同法》**第三百二十条**因托运人托运货物时的过错造成多式联运经营人损失的，即使托运人已经转让多式联运单据，托运人仍然应当承担损害赔偿责任。

《民法典》	相关内容
第八百四十二条　货物的毁损、灭失发生千多式联运的某一运输区段的，多式联运经营人的赔偿责任和责任限额，适用调整该区段运输方式的有关法律规定；货物毁损、灭失发生的运输区段不能确定的，依照本章规定承担赔偿责任。	《合同法》第三百二十一条货物的毁损、灭失发生于多式联运的某一运输区段的，多式联运经营人的赔偿责任和责任限额，适用调整该区段运输方式的有关法律规定。货物毁损、灭失发生的运输区段不能确定的，依照本章规定承担损害赔偿责任。
第二十章　技术合同	
第一节　一般规定	
第八百四十三条　技术合同是当事人就技术开发、转让、许可、咨询或者服务订立的确立相互之间权利和义务的合同。	《合同法》第三百二十二条技术合同是当事人就技术开发、转让、咨询或者服务订立的确立相互之间权利和义务的合同。
第八百四十四条　订立技术合同，应当有利千**知识产权的保护**和科学技术的进步，<u>促进</u>科学技术成果的**研发**、转化、应用和推广。	《合同法》第三百二十三条订立技术合同，应当有利于科学技术的进步，<u>加速</u>科学技术成果的转化、应用和推广。
第八百四十五条　技术合同的内容一般包括项目**的**名称，标的的内容、范围和要求，履行的计划、地点和方式，技术**信息**和资料的保密，技术成果的归属和收益的**分配**办法，验收标准和方法，名词和术语的解释**等**条款。	《合同法》第三百二十四条技术合同的内容由当事人约定，一般包括以下条款： 　　（一）项目名称； 　　（二）标的的内容、范围和要求； 　　（三）履行的计划、进度、期限、地点、地域和方式；

续表

《民法典》	相关内容
与履行合同有关的技术背景资料、可行性论证和技术评价报告、项目任务书和计划书、技术标准、技术规范、原始设计和工艺文件，以及其他技术文档，按照当事人的约定可以作为合同的组成部分。 　　技术合同涉及专利的，应当注明发明创造的名称、专利申请人和专利权人、申请日期、申请号、专利号以及专利权的有效期限。	（四）技术情报和资料的保密； 　　（五）风险责任的承担； 　　（六）技术成果的归属和收益的分成办法； 　　（七）验收标准和方法； 　　（八）价款、报酬或者使用费及其支付方式； 　　（九）违约金或者损失赔偿的计算方法； 　　（十）解决争议的方法； 　　（十一）名词和术语的解释。 　　与履行合同有关的技术背景资料、可行性论证和技术评价报告、项目任务书和计划书、技术标准、技术规范、原始设计和工艺文件，以及其他技术文档，按照当事人的约定可以作为合同的组成部分。 　　技术合同涉及专利的，应当注明发明创造的名称、专利申请人和专利权人、申请日期、申请号、专利号以及专利权的有效期限。
第八百四十六条　技术合同价款、报酬或者使用费的支付方式由当事人约定，可以采取一次总算、一次总付或者一次总算、分期支付，也可以采取提成支付或者提成支付附加预付入门费的方式。	《合同法》第三百二十五条 技术合同价款、报酬或者使用费的支付方式由当事人约定，可以采取一次总算、一次总付或者一次总算、分期支付，也可以采取提成支付或者提成支付附加预付入门费的方式。

《民法典》	相关内容
约定提成支付的，可以按照产品价格、实施专利和使用技术秘密后新增的产值、利润或者产品销售额的一定比例提成，也可以按照约定的其他方式计算。提成支付的比例可以采取固定比例、逐年递增比例或者逐年递减比例。约定提成支付的，当事人<u>可以</u>约定查阅有关会计<u>账目</u>的办法。	约定提成支付的，可以按照产品价格、实施专利和使用技术秘密后新增的产值、利润或者产品销售额的一定比例提成，也可以按照约定的其他方式计算。提成支付的比例可以采取固定比例、逐年递增比例或者逐年递减比例。 约定提成支付的，当事人<u>应当</u>在合同中约定查阅有关会计<u>帐</u>目的办法。 **《技术合同解释》第十四条**
第八百四十七条　职务技术成果的使用权、转让权属于法人或者<u>非法人</u>组织的，法人或者<u>非法人</u>组织可以就该项职务技术成果订立技术合同。法人或者<u>非法人</u>组织订立技术合同转让职务技术成果时，职务技术成果的完成人享有以同等条件优先受让的权利。 　　职务技术成果是执行法人或者<u>非法人</u>组织的工作任务，或者主要是利用法人或者<u>非法人</u>组织的物质技术条件所完成的技术成果。	**《合同法》第三百二十六条** 职务技术成果的使用权、转让权属于法人或者<u>其他</u>组织的，法人或者<u>其他</u>组织可以就该项职务技术成果订立技术合同。法人或者其他组织应当从使用和转让该项职务技术成果所取得的收益中提取一定比例，对完成该项职务技术成果的个人给予奖励或者报酬。法人或者<u>其他</u>组织订立技术合同转让职务技术成果时，职务技术成果的完成人享有以同等条件优先受让的权利。 　　职务技术成果是执行法人或者<u>其他</u>组织的工作任务，或者主要是利用法人或者<u>其他</u>组织的物质技术条件所完成的技术成果。 **《技术合同解释》第二条、第三条、第十六条**

《民法典》	相关内容
第八百四十八条 非职务技术成果的使用权、转让权属于完成技术成果的个人，完成技术成果的个人可以就该项非职务技术成果订立技术合同。	**《合同法》第三百二十七条** 非职务技术成果的使用权、转让权属于完成技术成果的个人，完成技术成果的个人可以就该项非职务技术成果订立技术合同。 **《技术合同解释》第五条、第六条**
第八百四十九条 完成技术成果的个人享有在有关技术成果文件上写明自己是技术成果完成者的权利和取得荣誉证书、奖励的权利。	**《合同法》第三百二十八条** 完成技术成果的个人有在有关技术成果文件上写明自己是技术成果完成者的权利和取得荣誉证书、奖励的权利。
第八百五十条 非法垄断技术或者侵害他人技术成果的技术合同无效。	**《合同法》第三百二十九条** 非法垄断技术、妨碍技术进步或者侵害他人技术成果的技术合同无效。 **《技术合同解释》第十条至第十三条**
第二节　技术开发合同	
第八百五十一条 技术开发合同是当事人之间就新技术、新产品、新工艺、**新品种**或者新材料及其系统的研究开发所订立的合同。 技术开发合同包括委托开发合同和合作开发合同。 技术开发合同应当采用书面形式。 当事人之间就具有产业**实用**价值的科技成果实施转化订立的合同，参照**适用**技术开发合同的**有关**规定。	**《合同法》第三百三十条** 技术开发合同是指当事人之间就新技术、新产品、新工艺或者新材料及其系统的研究开发所订立的合同。 技术开发合同包括委托开发合同和合作开发合同。 技术开发合同应当采用书面形式。 当事人之间就具有产业<u>应用</u>价值的科技成果实施转化订立的合同，参照技术开发合同的规定。 **《技术合同解释》第十七、第十八条**

《民法典》	相关内容
第八百五十二条　委托开发合同的委托人应当按照约定支付研究开发经费和报酬，提供技术资料，**提出研究开发要求**，完成协作事项，接受研究开发成果。	《合同法》第三百三十一条委托开发合同的委托人应当按照约定支付研究开发经费和报酬；提供技术资料、原始数据；完成协作事项；接受研究开发成果。
第八百五十三条　委托开发合同的研究开发人应当按照约定制定和实施研究开发计划，合理使用研究开发经费，按期完成研究开发工作，交付研究开发成果，提供有关的技术资料和必要的技术指导，帮助委托人掌握研究开发成果。	《合同法》第三百三十二条委托开发合同的研究开发人应当按照约定制定和实施研究开发计划；合理使用研究开发经费；按期完成研究开发工作，交付研究开发成果，提供有关的技术资料和必要的技术指导，帮助委托人掌握研究开发成果。
第八百五十四条　委托开发合同的当事人违反约定造成研究开发工作停滞、延误或者失败的，应当承担违约责任。	《合同法》第三百三十三条委托人违反约定造成研究开发工作停滞、延误或者失败的，应当承担违约责任。 第三百三十四条　研究开发人违反约定造成研究开发工作停滞、延误或者失败的，应当承担违约责任。
第八百五十五条　合作开发合同的当事人应当按照约定进行投资，包括以技术进行投资，分工参与研究开发工作，协作配合研究开发工作。	《合同法》第三百三十五条合作开发合同的当事人应当按照约定进行投资，包括以技术进行投资；分工参与研究开发工作；协作配合研究开发工作。 《技术合同解释》第十九条

《民法典》	相关内容
第八百五十六条 合作开发合同的当事人违反约定造成研究开发工作停滞、延误或者失败的，应当承担违约责任。	**《合同法》第三百三十六条** 合作开发合同的当事人违反约定造成研究开发工作停滞、延误或者失败的，应当承担违约责任。
第八百五十七条 作为技术开发合同标的的技术已经由他人公开，致使技术开发合同的履行没有意义的，当事人可以解除合同。	**《合同法》第三百三十七条** 因作为技术开发合同标的的技术已经由他人公开，致使技术开发合同的履行没有意义的，当事人可以解除合同。
第八百五十八条 技术开发合同履行过程中，因出现无法克服的技术困难，致使研究开发失败或者部分失败的，该风险由当事人约定；没有约定或者约定不明确，依据本法第五百一十条的规定仍不能确定的，风险由当事人合理分担。 当事人一方发现前款规定的可能致使研究开发失败或者部分失败的情形时，应当及时通知另一方并采取适当措施减少损失；没有及时通知并采取适当措施，致使损失扩大的，应当就扩大的损失承担责任。	**《合同法》第三百三十八条** 在技术开发合同履行过程中，因出现无法克服的技术困难，致使研究开发失败或者部分失败的，该风险责任由当事人约定。没有约定或者约定不明确，依照本法第六十一条的规定仍不能确定的，风险责任由当事人合理分担。 当事人一方发现前款规定的可能致使研究开发失败或者部分失败的情形时，应当及时通知另一方并采取适当措施减少损失。没有及时通知并采取适当措施，致使损失扩大的，应当就扩大的损失承担责任。

《民法典》	相关内容
第八百五十九条 委托开发完成的发明创造,除**法律另有规定或者**当事人另有约定外,申请专利的权利属于研究开发人。研究开发人取得专利权的,委托人可以<u>依法</u>实施该专利。 研究开发人转让专利申请权的,委托人享有以同等条件优先受让的权利。	《合同法》第三百三十九条 委托开发完成的发明创造,除当事人另有约定的以外,申请专利的权利属于研究开发人。研究开发人取得专利权的,委托人可以<u>免费</u>实施该专利。 研究开发人转让专利申请权的,委托人享有以同等条件优先受让的权利。
第八百六十条 合作开发完成的发明创造,申请专利的权利属于合作开发的当事人共有;当事人一方转让其共有的专利申请权的,其他各方享有以同等条件优先受让的权利。**但是,当事人另有约定的除外。** 合作开发的当事人一方声明放弃其共有的专利申请权的,**除当事人另有约定外,**可以由另一方单独申请或者由其他各方共同申请。申请人取得专利权的,放弃专利申请权的一方可以免费实施该专利。 合作开发的当事人一方不同意申请专利的,另一方或者其他各方不得申请专利。	《合同法》第三百四十条 合作开发完成的发明 创造,除当事人另有约定的以外,申请专利的权利属于合作开发的当事人共有。当事人一方转让其共有的专利申请权的,其他各方享有以同等条件优先受让的权利。 合作开发的当事人一方声明放弃其共有的专利申请权的,可以由另一方单独申请或者由其他各方共同申请。申请人取得专利权的,放弃专利申请权的一方可以免费实施该专利。 合作开发的当事人一方不同意申请专利的,另一方或者其他各方不得申请专利。

续表

《民法典》	相关内容
第八百六十一条　委托开发或者合作开发完成的技术秘密成果的使用权、转让权以及**收益**的分配办法，由当事人约定；没有约定或者约定不明确，<u>依据本法第五百一十条</u>的规定仍不能确定的，**在没有相同技术方案被授予专利前，**当事人均有使用和转让的权利。但是，委托开发的研究开发人不得在向委托人交付研究开发成果之前，将研究开发成果转让给第三人。	**《合同法》第三百四十一条**委托开发或者合作开发完成的技术秘密成果的使用权、转让权以及<u>利益</u>的分配办法，由当事人约定。没有约定或者约定不明确，<u>依照本法第六十一条</u>的规定仍不能确定的，当事人均有使用和转让的权利，但委托开发的研究开发人不得在向委托人交付研究开发成果之前，将研究开发成果转让给第三人。 　　**《技术合同解释》第二十条、二十一条**
第三节　技术转让合同和技术许可合同	
第八百六十二条　技术转让合同是合法拥有技术的权利人，将现有特定的专利、专利申请、技术秘密的相关权利让与他人所订立的合同。 　　技术许可合同是合法拥有技术的权利人，将现有特定的专利、技术秘密的相关权利许可他人实施、使用所订立的合同。 　　技术转让合同和技术许可合同中关于提供实施技术的专用设备、原材料或者提供有关的技术咨询、技术服务的约定，属于合同的组成部分。	**《技术合同解释》第二十二条**

续表

《民法典》	相关内容
第八百六十三条　技术转让合同包括专利权转让、专利申请权转让、技术秘密转让等合同。 　　**技术许可合同包括专利实施许可、技术秘密使用许可等合同。** 　　技术转让合同和**技术许可合**同应当采用书面形式。	**《合同法》第三百四十二条**　技术转让合同包括专利权转让、专利申请权转让、技术秘密转让、专利实施许可合同。 　　技术转让合同应当采用书面形式。 　　**《技术合同解释》第二十五条**
第八百六十四条　技术转让合同和**技术许可**合同可以约定实施专利或者使用技术秘密的范围，但是不得限制技术竞争和技术发展。	**《合同法》第三百四十三条**　技术转让合同可以约定让与人和受让人实施专利或者使用技术秘密的范围，但不得限制技术竞争和技术发展。 　　**《技术合同解释》第二十八条**
第八百六十五条　专利实施许可合同<u>仅</u>在该专利权的存续<u>期限</u>内有效。专利权有效期限届满或者专利权被<u>宣告</u>无效的，专利权人不得就该专利与他人订立专利实施许可合同。	**《合同法》第三百四十四条**　专利实施许可合同<u>只</u>在该专利权的存续<u>期间</u>内有效。专利权有效期限届满或者专利权被<u>宣布</u>无效的，专利权人不得就该专利与他人订立专利实施许可合同。
第八百六十六条　专利实施许可合同的<u>许可人</u>应当按照约定许可<u>被许可人</u>实施专利，交付实施专利有关的技术资料，提供必要的技术指导。	**《合同法》第三百四十五条**　专利实施许可合同的<u>让与人</u>应当按照约定许可<u>受让人</u>实施专利，交付实施专利有关的技术资料，提供必要的技术指导。

续表

《民法典》	相关内容
第八百六十七条　专利实施许可合同的被**许可人**应当按照约定实施专利，不得许可约定以外的第三人实施该专利，并按照约定支付使用费。	**《合同法》第三百四十六条** 专利实施许可合同的<u>受让人</u>应当按照约定实施专利，不得许可约定以外的第三人实施该专利；并按照约定支付使用费。
第八百六十八条　技术秘密转让合同的让与人**和技术秘密使用许可合同的许可人**应当按照约定提供技术资料，进行技术指导，保证技术的实用性、可靠性，承担保密义务。 　　前款规定的保密义务，不限制许可人申请专利，但是当事人另有约定的除外。	**《合同法》第三百四十七条** 技术秘密转让合同的让与人应当按照约定提供技术资料，进行技术指导，保证技术的实用性、可靠性，承担保密义务。 　　**《技术合同解释》第二十九条**
第八百六十九条　技术秘密转让合同的受让人**和技术秘密使用许可合同的被许可人**应当按照约定使用技术，支付**转让费**、使用费，承担保密义务。	**《合同法》第三百四十八条** 技术秘密转让合同的受让人应当按照约定使用技术，支付使用费，承担保密义务。
第八百七十条　技术转让合同的让与人**和技术许可合同的许可人**应当保证自己是所提供的技术的合法拥有者，并保证所提供的技术完整、无误、有效，能够达到约定的目标。	**《合同法》第三百四十九条** 技术转让合同的让与人应当保证自己是所提供的技术的合法拥有者，并保证所提供的技术完整、无误、有效，能够达到约定的目标。

《民法典》	相关内容
第八百七十一条　技术转让合同的受让人和技术许可合同的许可人应当按照约定的范围和期限，对让与人、许可人提供的技术中尚未公开的秘密部分，承担保密义务。	《合同法》第三百五十条　技术转让合同的受让人应当按照约定的范围和期限，对让与人提供的技术中尚未公开的秘密部分，承担保密义务。
第八百七十二条　许可人未按照约定许可技术的，应当返还部分或者全部使用费，并应当承担违约责任；实施专利或者使用技术秘密超越约定的范围的，违反约定擅自许可第三人实施该项专利或者使用该项技术秘密的，应当停止违约行为，承担违约责任；违反约定的保密义务的，应当承担违约责任。 让与人承担违约责任，参照适用前款规定。	《合同法》第三百五十一条　让与人未按照约定转让技术的，应当返还部分或者全部使用费，并应当承担违约责任；实施专利或者使用技术秘密超越约定的范围的，违反约定擅自许可第三人实施该项专利或者使用该项技术秘密的，应当停止违约行为，承担违约责任；违反约定的保密义务的，应当承担违约责任。
第八百七十三条　被许可人未按照约定支付使用费的，应当补交使用费并按照约定支付违约金；不补交使用费或者支付违约金的，应当停止实施专利或者使用技术秘密，交还技术资料，承担违约责任；实施专利或者使用技术秘密超越约定的范围的，未经许可人同意擅自许可第三人实施该专利或者使用该技术秘密的，应当停止违约行为，承担违约责任；违反约定的保密义务的，应当承担违约责任。 受让人承担违约责任，参照适用前款规定。	《合同法》第三百五十二条　受让人未按照约定支付使用费的，应当补交使用费并按照约定支付违约金；不补交使用费或者支付违约金的，应当停止实施专利或者使用技术秘密，交还技术资料，承担违约责任；实施专利或者使用技术秘密超越约定的范围的，未经让与人同意擅自许可第三人实施该专利或者使用该技术秘密的，应当停止违约行为，承担违约责任；违反约定的保密义务的，应当承担违约责任。

续表

《民法典》	相关内容
第八百七十四条　受让人<u>或者被许可人</u>按照约定实施专利、使用技术秘密侵害他人合法权益的，由让与人<u>或者许可人</u>承担责任，但是当事人另有约定的除外。	《合同法》第三百五十三条　受让人按照约定实施专利、使用技术秘密侵害他人合法权益的，由让与人承担责任，但当事人另有约定的除外。
第八百七十五条　当事人可以按照互利的原则，在合同中约定实施专利、使用技术秘密后续改进的技术成果的分享办法；没有约定或者约定不明确，<u>依据本法第五百一十条</u>的规定仍不能确定的，一方后续改进的技术成果，其他各方无权分享。	《合同法》第三百五十四条　当事人可以按照互利的原则，在技术转让合同中约定实施专利、使用技术秘密后续改进的技术成果的分享办法。没有约定或者约定不明确，<u>依照本法第六十一条</u>的规定仍不能确定的，一方后续改进的技术成果，其他各方无权分享。
第八百七十六条　集成电路布图设计专有权、植物新品种权、计算机软件著作权等其他知识产权的转让和许可，参照适用本节的有关规定。	《技术合同解释》第四十六条
第八百七十七条　法律、行政法规对技术进出口合同或者专利、专利申请合同另有规定的，依照其规定。	《合同法》第三百五十五条　法律、行政法规对技术进出口合同或者专利、专利申请合同另有规定的，依照其规定。

续表

《民法典》	相关内容
第四节　技术咨询合同和技术服务合同	
第八百七十八条　技术咨询**合同是当事人一方以技术知识为对方**就特定技术项目提供可行性论证、技术预测、专题技术调查、分析评价报告等**所订立的**合同。 　　技术服务合同是当事人一方以技术知识为**对方**解决特定技术问题所订立的合同，不包括<u>承揽合同和建设工程合同</u>。	《合同法》第三百五十六条技术咨询合同<u>包括</u>就特定技术项目提供可行性论证、技术预测、专题技术调查、分析评价报告等合同。 　　技术服务合同是指当事人一方以技术知识为<u>另一方</u>解决特定技术问题所订立的合同，不包括<u>建设工程合同和承揽合同</u>。 　　《技术合同解释》第三十条
第八百七十九条　技术咨询合同的委托人应当按照约定阐明咨询的问题，提供技术背景材料及有关技术资料，接受受托人的工作成果，支付报酬。	《合同法》第三百五十七条技术咨询合同的委托人应当按照约定阐明咨询的问题，提供技术背景材料及有关技术资料一数据；接受受托人的工作成果，支付报酬。
第八百八十条　技术咨询合同的受托人应当按照约定的期限完成咨询报告或者解答问题，提出的咨询报告应当达到约定的要求。	《合同法》第三百五十八条技术咨询合同的受托人应当按照约定的期限完成咨询报告或者解答问题；提出的咨询报告应当达到约定的要求。 　　《技术合同解释》第三十一条、第三十二条

续表

《民法典》	相关内容
第八百八十一条　技术咨询合同的委托人未按照约定提供必要的资料，影响工作进度和质量，不接受或者逾期接受工作成果的，支付的报酬不得追回，未支付的报酬应当支付。 　　技术咨询合同的受托人未按期提出咨询报告或者提出的咨询报告不符合约定的，应当承担减收或者免收报酬等违约责任。 　　技术咨询合同的委托人按照受托人符合约定要求的咨询报告和意见作出决策所造成的损失，由委托人承担，但是当事人另有约定的除外。	**《合同法》第三百五十九条** 技术咨询合同的委托人未按照约定提供必要的资料<u>和数据</u>，影响工作进度和质量，不接受或者逾期接受工作成果的，支付的报酬不得追回，未支付的报酬应当支付。 　　技术咨询合同的受托人未按期提出咨询报告或者提出的咨询报告不符合约定的，应当承担减收或者免收报酬等违约责任。 　　技术咨询合同的委托人按照受托人符合约定要求的咨询报告和意见作出决策所造成的损失，由委托人承担，但当事人另有约定的除外。
第八百八十二条　技术服务合同的委托人应当按照约定提供工作条件，完成配合事项，接受工作成果并支付报酬。	**《合同法》第三百六十条**　技术服务合同的委托人应当按照约定提供工作条件，完成配合事项；接受工作成果并支付报酬。
第八百八十三条　技术服务合同的受托人应当按照约定完成服务项目，解决技术问题，保证工作质量，并传授解决技术问题的知识。	**《合同法》第三百六十一条**　技术服务合同的受托人应当按照约定完成服务项目，解决技术问题，保证工作质量，并传授解决技术问题的知识。 　　**《技术合同解释》第三十四条、第三十五条**

续表

《民法典》	相关内容
第八百八十四条　技术服务合同的委托人不履行合同义务或者履行合同义务不符合约定，影响工作进度和质量，不接受或者逾期接受工作成果的，支付的报酬不得追回，未支付的报酬应当支付。 　　技术服务合同的受托人未按照约定完成服务工作的，应当承担免收报酬等违约责任。	**《合同法》第三百六十二条** 技术服务合同的委托人不履行合同义务或者履行合同义务不符合约定，影响工作进度和质量，不接受或者逾期接受工作成果的，支付的报酬不得追回，未支付的报酬应当支付。 　　技术服务合同的受托人未按照合同约定完成服务工作的，应当承担免收报酬等违约责任。
第八百八十五条　技术咨询合同、技术服务合同履行过程中，受托人利用委托人提供的技术资料和工作条件完成的新的技术成果，属于受托人。委托人利用受托人的工作成果完成的新的技术成果，属于委托人。当事人另有约定的，按照其约定。	**《合同法》第三百六十三条** 在技术咨询合同、技术服务合同履行过程中，受托人利用委托人提供的技术资料和工作条件完成的新的技术成果，属于受托人。委托人利用受托人的工作成果完成的新的技术成果，属于委托人。当事人另有约定的，按照其约定。
第八百八十七条　法律、行政法规对技术中介合同、技术培训合同另有规定的，依照其规定。	**《合同法》第三百六十四条** 法律、行政法规对技术中介合同、技术培训合同另有规定的，依照其规定。 **《技术合同解释》第三十六条、第三十八条**

《民法典》	相关内容
第二十一章　保管合同	
第八百八十八条　保管合同是保管人保管寄存人交付的保管物，并返还该物的合同。 　　寄存人到保管人处从事购物、就餐、住宿等活动，将物品存放在指定场所的，视为保管，但是当事人另有约定或者另有交易习惯的除外。	《合同法》第三百六十五条 保管合同是保管人保管寄存人交付的保管物，并返还该物的合同。
第八百八十九条　寄存人应当按照约定向保管人支付保管费。 　　当事人对保管费没有约定或者约定不明确，<u>依据本法第五百一十条</u>的规定仍不能确定的，<u>视为无偿保管</u>。	《合同法》第三百六十六条 寄存人应当按照约定向保管人支付保管费。 　　当事人对保管费没有约定或者约定不明确，<u>依照本法第六十一条</u>的规定仍不能确定的，<u>保管是无偿的</u>。
第八百九十条　保管合同自保管物交付时<u>成立</u>，<u>但是</u>当事人另有约定的除外。	《合同法》第三百六十七条 保管合同自保管物交付时成立，但当事人另有约定的除外。
第八百九十一条　寄存人向保管人交付保管物的，保管人应当<u>出具</u>保管凭证，但是另有交易习惯的除外。	《合同法》第三百六十八条 寄存人向保管人交付保管物的，保管人应当<u>给付</u>保管凭证，但另有交易习惯的除外。

《民法典》	相关内容
第八百九十二条 保管人应当妥善保管保管物。 当事人可以约定保管场所或者方法。除紧急情况或者为维护寄存人利益外，不得擅自改变保管场所或者方法。	《合同法》第三百六十九条 保管人应当妥善保管保管物。 当事人可以约定保管场所或者方法。除紧急情况或者为了维护寄存人利益的以外，不得擅自改变保管场所或者方法。
第八百九十三条 寄存人交付的保管物有瑕疵或者根据保管物的性质需要采取特殊保管措施的，寄存人应当将有关情况告知保管人。寄存人未告知，致使保管物受损失的，保管人不承担赔偿责任；保管人因此受损失的，除保管人知道或者应当知道且未采取补救措施外，寄存人应当承担赔偿责任。	《合同法》第三百七十条 寄存人交付的保管物有瑕疵或者按照保管物的性质需要采取特殊保管措施的，寄存人应当将有关情况告知保管人。寄存人未告知，致使保管物受损失的，保管人不承担损害赔偿责任；保管人因此受损失的，除保管人知道或者应当知道并且未采取补救措施的以外，寄存人应当承担损害赔偿责任。
第八百九十四条 保管人不得将保管物转交第三人保管，但是当事人另有约定的除外。 保管人违反前款规定，将保管物转交第三人保管，造成保管物损失的，应当承担赔偿责任。	《合同法》第三百七十一条 保管人不得将保管物转交第三人保管，但当事人另有约定的除外。 保管人违反前款规定，将保管物转交第三人保管，对保管物造成损失的，应当承担损害赔偿责任。
第八百九十五条 保管人不得使用或者许可第三人使用保管物，但是当事人另有约定的除外。	《合同法》第三百七十二条 保管人不得使用或者许可第三人使用保管物，但当事人另有约定的除外。

《民法典》	相关内容
第八百九十六条　第三人对保管物主张权利的，除依法对保管物采取保全或者执行**措施**外，保管人应当履行向寄存人返还保管物的义务。 　第三人对保管人提起诉讼或者对保管物申请扣押的，保管人应当及时通知寄存人。	《合同法》第三百七十三条 第三人对保管物主张权利的，除依法对保管物采取保全或者执行的以外，保管人应当履行向寄存人返还保管物的义务。 　第三人对保管人提起诉讼或者对保管物申请扣押的，保管人应当及时通知寄存人。
第八百九十七条　保管期内，因保管人保管不善造成保管物毁损、灭失的，保管人应当承担赔偿责任。但<u>是</u>，<u>无偿保管人证明自己没有**故意**或者重大过失</u>的，不承担赔偿责任。	《合同法》第三百七十四条 保管<u>期间</u>，因保管人保管不善造成保管物毁损、灭失的，保管人应当承担损害赔偿责任，但<u>保管是无偿的，保管人证明自己没有重大过失</u>的，不承担损害赔偿责任。
第八百九十八条　寄存人寄存货币、有价证券或者其他贵重物品的，应当向保管人声明，由保管人验收或者封存；寄存人未声明的，该物品毁损、灭失后，保管人可以按照一般物品予以赔偿。	《合同法》第三百七十五条 寄存人寄存货币、有价证券或者其他贵重物品的，应当向保管人声明，由保管人验收或者封存。寄存人未声明的，该物品毁损、灭失后，保管人可以按照一般物品予以赔偿。
第八百九十九条　寄存人可以随时领取保管物。 　当事人对保管<u>期限</u>没有约定或者约定不明确的，保管人可以随时<u>请求</u>寄存人领取保管物；约定保管<u>期限</u>的，保管人无特别事由，不得<u>请求</u>寄存人提前领取保管物。	《合同法》第三百七十六条 寄存人可以随时领取保管物。 　当事人对保管<u>期间</u>没有约定或者约定不明确的，保管人可以随时<u>要求</u>寄存人领取保管物；约定保管<u>期间</u>的，保管人无特别事由，不得<u>要求</u>寄存人提前领取保管物。

续表

《民法典》	相关内容
第九百条　保管期限届满或者寄存人提前领取保管物的，保管人应当将原物及其孳息归还寄存人。	**《合同法》第三百七十七条**　保管期间届满或者寄存人提前领取保管物的，保管人应当将原物及其孳息归还寄存人。
第九百零一条　保管人保管货币的，可以返还相同种类、数量的货币；保管其他可替代物的，可以按照约定返还相同种类、品质、数量的物品。	**《合同法》第三百七十八条**　保管人保管货币的，可以返还相同种类、数量的货币。保管其他可替代物的，可以按照约定返还相同种类、品质、数量的物品。
第九百零二条　有偿的保管合同，寄存人应当按照约定的期限向保管人支付保管费。 当事人对支付期限没有约定或者约定不明确，依据本法第五百一十条的规定仍不能确定的，应当在领取保管物的同时支付。	**《合同法》第三百七十九条**　有偿的保管合同，寄存人应当按照约定的期限向保管人支付保管费。 当事人对支付期限没有约定或者约定不明确，依照本法第六十一条的规定仍不能确定的，应当在领取保管物的同时支付。
第九百零三条　寄存人未按照约定支付保管费或者其他费用的，保管人对保管物享有留置权，但是当事人另有约定的除外。	**《合同法》第三百八十条**　寄存人未按照约定支付保管费以及其他费用的，保管人对保管物享有留置权，但当事人另有约定的除外。 **《担保法》第八十四条**　因保管合同、运输合同、加工承揽合同发生的债权，债务人不履行债务的，债权人有留置权。 法律规定可以留置的其他合同，适用前款规定。 当事人可以在合同中约定不得留置的物。

续表

《民法典》	相关内容
第二十二章　仓储合同	
第九百零四条　仓储合同是保管人储存存货人交付的仓储物，存货人支付仓储费的合同。	《合同法》第三百八十一条 仓储合同是保管人储存存货人交付的仓储物，存货人支付仓储费的合同。
第九百零五条　仓储合同自保管人和存货人意思表示一致时成立。	
第九百零六条　储存易燃、易爆、有毒、有腐蚀性、有放射性等危险物品或者易变质物品的，存货人应当说明该物品的性质，提供有关资料。 　　存货人违反前款规定的，保管人可以拒收仓储物，也可以采取相应措施以避免损失的发生，因此产生的费用由存货人负担。 　　保管人储存易燃、易爆、有毒、有腐蚀性、有放射性等危险物品的，应当具备相应的保管条件。	《合同法》第三百八十三条 储存易燃、易爆、有毒、有腐蚀性、有放射性等危险物品或者易变质物品，存货人应当说明该物品的性质，提供有关资料。 　　存货人违反前款规定的，保管人可以拒收仓储物，也可以采取相应措施以避免损失的发生，因此产生的费用由存货人承担。 　　保管人储存易燃、易爆、有毒、有腐蚀性、有放射性等危险物品的，应当具备相应的保管条件。
第九百零七条　保管人应当按照约定对入库仓储物进行验收。保管人验收时发现入库仓储物与约定不符合的，应当及时通知存货人。保管人验收后，发生仓储物的品种、数量、质量不符合约定的，保管人应当承担赔偿责任。	《合同法》第三百八十四条 保管人应当按照约定对入库仓储物进行验收。保管人验收时发现入库仓储物与约定不符合的，应当及时通知存货人。保管人验收后，发生仓储物的品种、数量、质量不符合约定的，保管人应当承担损害赔偿责任。

《民法典》	相关内容
第九百零八条　存货人交付仓储物的，保管人应当<u>出具</u>仓单、<u>入库单等凭证</u>。	《合同法》第三百八十五条 存货人交付仓储物的，保管人应当<u>给付仓单</u>。
第九百零九条　保管人应当在仓单上<u>签名</u>或者盖章。仓单包括下列事项： 　（一）存货人的<u>姓名或者名称</u>和住所； 　（二）仓储物的品种、数量、质量、包装<u>及其件数</u>和标记； 　（三）仓储物的损耗标准； 　（四）储存场所； 　（五）储存期<u>限</u>； 　（六）仓储费； 　（七）仓储物已经办理保险的，其保险金额、期间以及保险人的名称； 　（八）填发人、填发地和填发日期。	《合同法》第三百八十六条 保管人应当在仓单上<u>签字</u>或者盖章。仓单包括下列事项： 　（一）存货人的<u>名称或者姓名</u>和住所； 　（二）仓储物的品种、数量、质量、包装<u>、</u>件数和标记； 　（三）仓储物的损耗标准； 　（四）储存场所； 　（五）储存期<u>间</u>； 　（六）仓储费； 　（七）仓储物已经办理保险的，其保险金额、期间以及保险人的名称； 　（八）填发人、填发地和填发日期。
第九百一十条　仓单是提取仓储物的凭证。存货人或者仓单持有人在仓单上背书并经保管人<u>签名</u>或者盖章的，可以转让提取仓储物的权利。	《合同法》第三百八十七条 仓单是提取仓储物的凭证。存货人或者仓单持有人在仓单上背书并经保管人<u>签字</u>或者盖章的，可以转让提取仓储物的权利。
第九百一十一条　保管人根据存货人或者仓单持有人的要求，应当同意其检查仓储物或者提取样品。	《合同法》第三百八十八条 保管人根据存货人或者仓单持有人的要求，应当同意其检查仓储物或者提取样品。

《民法典》	相关内容
第九百一十二条 保管人发现入库仓储物有变质或者其他损坏的，应当及时通知存货人或者仓单持有人。	《合同法》第三百八十九条 保管人对入库仓储物发现有变质或者其他损坏的，应当及时通知存货人或者仓单持有人。
第九百一十三条 保管人发现入库仓储物有变质或者其他损坏，危及其他仓储物的安全和正常保管的，应当催告存货人或者仓单持有人作出必要的处置。因情况紧急，保管人可以作出必要的处置；但是，事后应当将该情况及时通知存货人或者仓单持有人。	《合同法》第三百九十条 保管人对入库仓储物发现有变质或者其他损坏，危及其他仓储物的安全和正常保管的，应当催告存货人或者仓单持有人作出必要的处置。因情况紧急，保管人可以作出必要的处置，但事后应当将该情况及时通知存货人或者仓单持有人。
第九百一十四条 当事人对储存期限没有约定或者约定不明确的，存货人或者仓单持有人可以随时提取仓储物，保管人也可以随时请求存货人或者仓单持有人提取仓储物，但是应当给予必要的准备时间。	《合同法》第三百九十一条 当事人对储存期间没有约定或者约定不明确的，存货人或者仓单持有人可以随时提取仓储物，保管人也可以随时要求存货人或者仓单持有人提取仓储物，但应当给予必要的准备时间。
第九百一十五条 储存期限届满，存货人或者仓单持有人应当凭仓单、入库单等提取仓储物。存货人或者仓单持有人逾期提取的，应当加收仓储费；提前提取的，不减收仓储费。	《合同法》第三百九十二条 储存期间届满，存货人或者仓单持有人应当凭仓单提取仓储物。存货人或者仓单持有人逾期提取的，应当加收仓储费；提前提取的，不减收仓储费。

续表

《民法典》	相关内容
第九百一十六条　储存期限届满，存货人或者仓单持有人不提取仓储物的，保管人可以催告其在合理期限内提取；逾期不提取的，保管人可以提存仓储物。	《合同法》第三百九十三条　储存期间届满，存货人或者仓单持有人不提取仓储物的，保管人可以催告其在合理期限内提取，逾期不提取的，保管人可以提存仓储物。
第九百一十七条　储存期内，因保管不善造成仓储物毁损、灭失的，保管人应当承担赔偿责任。因仓储物本身的自然性质、包装不符合约定或者超过有效储存期造成仓储物变质、损坏的，保管人不承担赔偿责任。	《合同法》第三百九十四条　储存期间，因保管大保管不善造成仓储物毁损、灭失的，保管人应当承担损害赔偿责任。因仓储物的性质、包装不符合约定或者超过有效储存期造成仓储物变质、损坏的，保管人不承担损害赔偿责任。
第九百一十八条　本章没有规定的，适用保管合同的有关规定。	《合同法》第三百九十五条　本章没有规定的，适用保管合同的有关规定。
第二十三章　委托合同	
第九百一十九条　委托合同是委托人和受托人约定，由受托人处理委托人事务的合同。	《合同法》第三百九十六条　委托合同是委托人和受托人约定，由受托人处理委托人事务的合同。
第九百二十条　委托人可以特别委托受托人处理一项或者数项事务，也可以概括委托受托人处理一切事务。	《合同法》第三百九十七条　委托人可以特别委托受托人处理一项或者数项事务，也可以概括委托受托人处理一切事务。

续表

《民法典》	相关内容
第九百二十一条　委托人应当预付处理委托事务的费用。受托人为处理委托事务垫付的必要费用，委托人应当偿还该费用并<u>支付</u>利息。	**《合同法》第三百九十八条**　委托人应当预付处理委托事务的费用。受托人为处理委托事务垫付的必要费用，委托人应当偿还该费用<u>及其</u>利息。
第九百二十二条　受托人应当按照委托人的指示处理委托事务。需要变更委托人指示的，应当经委托人同意；因情况紧急，难以和委托人取得联系的，受托人应当妥善处理委托事务，但是事后应当将该情况及时报告委托人。	**《合同法》第三百九十九条**　受托人应当按照委托人的指示处理委托事务。需要变更委托人指示的，应当经委托人同意；因情况紧急，难以和委托人取得联系的，受托人应当妥善处理委托事务，但事后应当将该情况及时报告委托人。 　　**《民通意见》第80条、第81条**
第九百二十三条　受托人应当亲自处理委托事务。经委托人同意，受托人可以转委托。转委托经同意**或者追认**的，委托人可以就委托事务直接指示转委托的第三人，受托人仅就第三人的选任及其对第三人的指示承担责任。转委托未经同意**或者追认**的，受托人应当对转委托的第三人的行为承担责任；**但是**，在紧急情况下受托人为了维护委托人的利益需要转委托**第三人**的除外。	**《合同法》第四百条**　受托人应当亲自处理委托事务。经委托人同意，受托人可以转委托。转委托经同意的，委托人可以就委托事务直接指示转委托的第三人，受托人仅就第三人的选任及其对第三人的指示承担责任。转委托未经同意的，受托人应当对转委托的第三人的行为承担责任，但在紧急情况下受托人为维护委托人的利益需要转委托的除外。

续表

《民法典》	相关内容
	《民法总则》第一百六十九条 代理人需要转委托第三人代理的，应当取得被代理人的同意或者追认。 转委托代理经被代理人同意或者追认的，被代理人可以就代理事务直接指示转委托的第三人，代理人仅就第三人的选任以及对第三人的指示承担责任。 转委托代理未经被代理人同意或者追认的，代理人应当对转委托的第三人的行为承担责任，但是在紧急情况下代理人为了维护被代理人的利益需要转委托第三人代理的除外。
第九百二十四条 受托人应当按照委托人的要求，报告委托事务的处理情况。委托合同终止时，受托人应当报告委托事务的结果。	**《合同法》第四百零一条** 受托人应当按照委托人的要求，报告委托事务的处理情况。委托合同终止时，受托人应当报告委托事务的结果。
第九百二十五条 受托人以自己的名义，在委托人的授权范围内与第三人订立的合同，第三人在订立合同时知道受托人与委托人之间的代理关系的，该合同直接约束委托人和第三人；但是，有确切证据证明该合同只约束受托人和第三人的除外。	**《合同法》第四百零二条** 受托人以自己的名义，在委托人的授权范围内与第三人订立的合同，第三人在订立合同时知道受托人与委托人之间的代理关系的，该合同直接约束委托人和第三人；但有确切证据证明该合同只约束受托人和第三人的除外。

续表

《民法典》	相关内容
第九百二十六条　受托人以自己的名义与第三人订立合同时，第三人不知道受托人与委托人之间的代理关系的，受托人因第三人的原因对委托人不履行义务，受托人应当向委托人披露第三人，委托人因此可以行使受托人对第三人的权利。但是，第三人与受托人订立合同时如果知道该委托人就不会订立合同的除外。 受托人因委托人的原因对第三人不履行义务，受托人应当向第三人披露委托人，第三人因此可以选择受托人或者委托人作为相对人主张其权利，但是第三人不得变更选定的相对人。 委托人行使受托人对第三人的权利的，第三人可以向委托人主张其对受托人的抗辩。第三人选定委托人作为其相对人的，委托人可以向第三人主张其对受托人的抗辩以及受托人对第三人的抗辩。	《合同法》第四百零三条　受托人以自己的名义与第三人订立合同时，第三人不知道受托人与委托人之间的代理关系的，受托人因第三人的原因对委托人不履行义务，受托人应当向委托人披露第三人，委托人因此可以行使受托人对第三人的权利，但第三人与受托人订立合同时如果知道该委托人就不会订立合同的除外。 受托人因委托人的原因对第三人不履行义务，受托人应当向第三人披露委托人，第三人因此可以选择受托人或者委托人作为相对人主张其权利，但第三人不得变更选定的相对人。 委托人行使受托人对第三人的权利的，第三人可以向委托人主张其对受托人的抗辩。第三人选定委托人作为其相对人的，委托人可以向第三人主张其对受托人的抗辩以及受托人对第三人的抗辩。
第九百二十七条　受托人处理委托事务取得的财产，应当转交给委托人。	《合同法》第四百零四条　受托人处理委托事务取得的财产，应当转交给委托人。

《民法典》	相关内容
第九百二十八条　受托人完成委托事务的，委托人应当**按照约定**向其支付报酬。 因不可归责于受托人的事由，委托合同解除或者委托事务不能完成的，委托人应当向受托人支付相应的报酬。当事人另有约定的，按照其约定。	《合同法》第四百零五条　受托人完成委托事务的，委托人应当向其支付报酬。因不可归责于受托人的事由，委托合同解除或者委托事务不能完成的，委托人应当向受托人支付相应的报酬。当事人另有约定的，按照其约定。
第九百二十九条　有偿的委托合同，因受托人的过错<u>造成委托人</u>损失的，委托人可以<u>请求</u>赔偿损失。无偿的委托合同，因受托人的故意或者重大过失造成委托人损失的，委托人可以<u>请求</u>赔偿损失。 受托人超越权限<u>造成</u>委托人损失的，应当赔偿损失。	《合同法》第四百零六条　有偿的委托合同，因受托人的过错<u>给委托人造成</u>损失的，委托人可以<u>要求</u>赔偿损失。无偿的委托合同，因受托人的故意或者重大过失给委托人造成损失的，委托人可以<u>要求</u>赔偿损失。 受托人超越权限<u>给委托人造成</u>损失的，应当赔偿损失。
第九百三十条　受托人处理委托事务时，因不可归责于自己的事由受到损失的，可以向委托人<u>请求</u>赔偿损失。	《合同法》第四百零七条　受托人处理委托事务时，因不可归责于自己的事由受到损失的，可以向委托人<u>要求</u>赔偿损失。
第九百三十一条　委托人经受托人同意，可以在受托人之外委托第三人处理委托事务。因此<u>造成受托人</u>损失的，受托人可以向委托人请求赔偿损失。	《合同法》第四百零八条　委托人经受托人同意，可以在受托人之外委托第三人处理委托事务。因此给受托人造成损失的，受托人可以向委托人要求赔偿损失。

续表

《民法典》	相关内容
第九百三十二条　两个以上的受托人共同处理委托事务的，对委托人承担连带责任。	《合同法》**第四百零九条**　两个以上的受托人共同处理委托事务的，对委托人承担连带责任。
第九百三十三条　委托人或者受托人可以随时解除委托合同。因解除合同造成对方损失的，除不可归责于该当事人的事由外，**无偿委托合同的解除方应当赔偿因解除时间不当造成的直接损失，有偿委托合同的解除方应当赔偿对方的直接损失和合同履行后可以获得的利益。**	《合同法》**第四百一十条**　委托人或者受托人可以随时解除委托合同。因解除合同给对方造成损失的，除不可归责于该当事人的事由以外，应当赔偿损失。
第九百三十四条　委托人死亡、终止或者受托人死亡、丧失民事行为能力、终止的，委托合同终止；但是，当事人另有约定或者根据委托事务的性质不宜终止的除外。	《合同法》**第四百一十一条**　委托人或者受托人死亡、丧失民事行为能力或者破产的，委托合同终止，但当事人另有约定或者根据委托事务的性质不宜终止的除外。 《民法总则》**第一百七十四条**　被代理人死亡后，有下列情形之一的，委托代理人实施的代理行为有效： （一）代理人不知道并且不应当知道被代理人死亡； （二）被代理人的继承人予以承认； （三）授权中明确代理权在代理事务完成时终止； （四）被代理人死亡前已经实施，为了被代理人的继承人的利益继续代理。 作为被代理人的法人、非法人组织终止的，参照适用前款规定。

《民法典》	相关内容
第九百三十五条 因委托人死亡或者<u>被宣告破产、解散</u>，致使委托合同终止将损害委托人利益的，在委托人的继承人、**遗产管理人**或者<u>清算人</u>承受委托事务之前，受托人应当继续处理委托事务。	《合同法》第四百一十二条 因委托人死亡、丧失民事行为能力或者破产，致使委托合同终止将损害委托人利益的，在委托人的继承人、法定代理人或者<u>清算组织</u>承受委托事务之前，受托人应当继续处理委托事务。
第九百三十六条 因受托人死亡、丧失民事行为能力或者<u>被宣告破产、解散</u>，致使委托合同终止的，受托人的继承人、**遗产管理人**、法定代理人或者清算人应当及时通知委托人。因委托合同终止将损害委托人利益的，在委托人作出善后处理之前，受托人的继承人、**遗产管理人**、法定代理人或者<u>清算人</u>应当采取必要措施。	《合同法》第四百一十三条 因受托人死亡、丧失民事行为能力或者破产，致使委托合同终止的，受托人的继承人、法定代理人或者<u>清算组织</u>应当及时通知委托人。因委托合同终止将损害委托人利益的，在委托人作出善后处理之前，受托人的继承人、法定代理人或者<u>清算组织</u>应当采取必要措施。
第二十四章 物业服务合同	
第九百三十七条 物业服务合同是物业服务人在物业服务区域内，为业主提供建筑物及其附属设施的维修养护、环境卫生和相关秩序的管理维护等物业服务，业主支付物业费的合同。 物业服务人包括物业服务企业和其他物业管理人。	

续表

《民法典》	相关内容
第九百三十八条　　物业服务合同的内容一般包括*服务事项、服务质量、服务费用*的标准和收取办法、*维修资金的使用、服务用房的管理和使用、服务期限、服务交接等条款*。 　　物业服务人公开作出的有利于业主的服务承诺，为物业服务合同的组成部分。 　　物业服务合同应当采用书面形式。	《物业管理条例》第三十四条 　　《物业服务解释》第三条第二款
第九百三十九条　　*建设单位依法与物业服务人订立的前期物业服务合同，以及业主委员会与业主大会依法选聘的物业服务人订立的物业服务合同，对业主有法律约束力。*	《物业服务解释》第一条
第九百四十条　　*建设单位依法与物业服务人订立的前期物业服务合同约定的服务期限届满前，业主委员会或者业主与新物业服务人订立的物业服务合同生效的，前期物业服务合同终止。*	《物业管理条例》第二十六条
第九百四十一条　　物业服务人将物业服务区域内的部分专项服务事项委托给专业性服务组织或者其他第三人的，应当就该部分专项服务事项向业主负责。 　　物业服务人不得将其应当提供的全部物业服务转委托给第三人，或者将全部物业服务支解后分别转委托给第三人。	《物业管理条例》第三十九条

《民法典》	相关内容
第九百四十二条　物业服务人应当按照约定和物业的使用性质，妥善维修、养护、清洁、绿化和经营管理物业服务区域内的业主共有部分，维护物业服务区域内的基本秩序，采取合理措施保护业主的人身、财产安全。 对物业服务区域内违反有关治安、环保等法律法规的行为，物业服务人应当及时采取合理措施制止、向有关行政主管部门报告并协助处理。	《物业管理条例》第四十五条
第九百四十三条　物业服务人应当定期将服务的事项、负责人员、质量要求、收费项目、收费标准、履行情况，以及维修资金使用情况、业主共有部分的经营与收益情况等以合理方式向业主公开并向业主大会、业主委员会报告。	《物业管理条例》第四十条
第九百四十四条　业主应当按照约定向物业服务人支付物业费。物业服务人已经按照约定和有关规定提供服务的，业主不得以未接受或者无需接受相关物业服务为由拒绝支付物业费。 业主违反约定逾期不支付物业费的，物业服务人可以催告其在合理期限内支付；合理期限届满仍不支付的，物业服务人可以提起诉讼或者申请仲裁。	《物业管理条例》第七条、第四十一条第一款、第六十四条 《物业服务解释》第六条、第七条

《民法典》	相关内容
物业服务人不得采取停止供电、供水、供热、供燃气等方式催交物业费。	
第九百四十五条　*业主装饰装修房屋的，应当事先告知物业服务人，遵守物业服务人提示的合理注意事项，并配合其进行必要的现场检查。* 　*业主转让、出租物业专有部分、设立居住权或者依法改变共有部分用途的，应当及时将相关情况告知物业服务人。*	
第九百四十六条　*业主依照法定程序共同决定解聘物业服务人的，可以解除物业服务合同。决定解聘的，应当提前六十日书面通知物业服务人，但是合同对通知期限另有约定的除外。* 　*依据前款规定解除合同造成物业服务人损失的，除不可归责于业主的事由外，业主应当赔偿损失。*	《物业管理条例》第十一条 　《物业服务解释》第八条第一款
第九百四十七条　物业服务期限届满前，业主依法共同决定续聘的，应当与原物业服务人在合同期限届满前续订物业服务合同。 　物业服务期限届满前，物业服务人不同意续聘的，应当在合同期限届满前九十日书面通知业主或者业主委员会，但是合同对通知期限另有约定的除外。	

《民法典》	相关内容
第九百四十八条　物业服务期限届满后，业主没有依法作出续聘或者另聘物业服务人的决定，物业服务人继续提供物业服务的，原物业服务合同继续有效，但是服务期限为不定期。 当事人可以随时解除不定期物业服务合同，但是应当提前六十日书面通知对方。	
第九百四十九条　物业服务合同终止的，原物业服务人应当在约定期限或者合理期限内退出物业服务区域，将物业服务用房、相关设施、物业服务所必需的相关资料等交还给业主委员会、决定自行管理的业主或者其指定的人，配合新物业服务人做好交接工作，并如实告知物业的使用和管理状况。 原物业服务人违反前款规定的，不得请求业主支付物业服务合同终止后的物业费；造成业主损失的，应当赔偿损失。	《物业管理条例》第三十八条 《物业服务解释》第九条、第十条
第九百五十条　物业服务合同终止后，在业主或者业主大会选聘的新物业服务人或者决定自行管理的业主接管之前，原物业服务人应当继续处理物业服务事项，并可以请求业主支付该期间的物业费。	

续表

《民法典》	相关内容
第二十五章　行纪合同	
第九百五十一条　行纪合同是行纪人以自己的名义为委托人从事贸易活动，委托人支付报酬的合同。	《合同法》第四百一十四条 行纪合同是行纪人以自己的名义为委托人从事贸易活动，委托人支付报酬的合同。
第九百五十二条　行纪人处理委托事务支出的费用，由行纪人负担，但是当事人另有约定的除外。	《合同法》第四百一十五条 行纪人处理委托事务支出的费用，由行纪人负担，但当事人另有约定的除外。
第九百五十三条　行纪人占有委托物的，应当妥善保管委托物。	《合同法》第四百一十六条 行纪人占有委托物的，应当妥善保管委托物。
第九百五十四条　委托物交付给行纪人时有瑕疵或者容易腐烂、变质的，经委托人同意，行纪人可以处分该物；**不能与委托人及时取得联系的，行纪人可以合理处分。**	《合同法》第四百一十七条 委托物交付给行纪人时有瑕疵或者容易腐烂、变质的，经委托人同意，行纪人可以处分该物；和委托人不能及时取得联系的，行纪人可以合理处分。
第九百五十五条　行纪人低于委托人指定的价格卖出或者高于委托人指定的价格买入的，应当经委托人同意；未经委托人同意，行纪人补偿其差额的，该买卖对委托人发生效力。	《合同法》第四百一十八条 行纪人低于委托人指定的价格卖出或者高于委托人指定的价格买入的，应当经委托人同意。未经委托人同意，行纪人补偿其差额的，该买卖对委托人发生效力。

《民法典》	相关内容
行纪人高于委托人指定的价格卖出或者低于委托人指定的价格买入的，可以按照约定增加报酬；没有约定或者约定不明确，<u>依据本法第五百一十条的规定</u>仍不能确定的，该利益属于委托人。 　　委托人对价格有特别指示的，行纪人不得违背该指示卖出或者买入。	行纪人高于委托人指定的价格卖出或者低于委托人指定的价格买入的，可以按照约定增加报酬。没有约定或者约定不明确，<u>依照本法第六十一条的规定</u>仍不能确定的，该利益属于委托人。 　　委托人对价格有特别指示的，行纪人不得违背该指示卖出或者买入。
第九百五十六条　行纪人卖出或者买入具有市场定价的商品，除委托人有相反的意思表示外，行纪人自己可以作为买受人或者出卖人。 　　行纪人有前款规定情形的，仍然可以请求委托人支付报酬。	《合同法》第四百一十九条　行纪人卖出或者买入具有市场定价的商品，除委托人有相反的意思表示的以外，行纪人自己可以作为买受人或者出卖人。 　　行纪人有前款规定情形的，仍然可以要求委托人支付报酬。
第九百五十七条　行纪人按照约定买入委托物，委托人应当及时受领。经行纪人催告，委托人无正当理由拒绝受领的，行纪人<u>依法</u>可以提存委托物。 　　委托物不能卖出或者委托人撤回出卖，经行纪人催告，委托人不取回或者不处分该物的，行纪人依法可以提存委托物。	《合同法》第四百二十条　行纪人按照约定买入委托物，委托人应当及时受领。经行纪人催告，委托人无正当理由拒绝受领的，<u>行纪人依照本法第一百零一条的规定</u>可以提存委托物。 　　委托物不能卖出或者委托人撤回出卖，经行纪人催告，委托人不取回或者不处分该物的，行纪人依照本法第一百零一条的规定可以提存委托物。

续表

《民法典》	相关内容
第九百五十八条 行纪人与第三人订立合同的，行纪人对该合同直接享有权利、承担义务。 第三人不履行义务致使委托人受到损害的，行纪人应当承担赔偿责任，但是行纪人与委托人另有约定的除外。	《合同法》第四百二十一条 行纪人与第三人订立合同的，行纪人对该合同直接享有权利、承担义务。 第三人不履行义务致使委托人受到损害的，行纪人应当承担损害赔偿责任，但行纪人与委托人另有约定的除外。
第九百五十九条 行纪人完成或者部分完成委托事务的，委托人应当向其支付相应的报酬。委托人逾期不支付报酬的，行纪人对委托物享有留置权，但是当事人另有约定的除外。	《合同法》第四百二十二条 行纪人完成或者部分完成委托事务的，委托人应当向其支付相应的报酬。委托人逾期不支付报酬的，行纪人对委托物享有留置权，但当事人另有约定的除外。
第九百六十条 本章没有规定的，**参照**适用委托合同的有关规定。	《合同法》第四百二十三条 本章没有规定的，适用委托合同的有关规定。
第二十六章 中介合同	
第九百六十一条 中介合同是中介人向委托人报告订立合同的机会或者提供订立合同的媒介服务，委托人支付报酬的合同。	《合同法》第四百二十四条 居间合同是居间人向委托人报告订立合同的机会或者提供订立合同的媒介服务，委托人支付报酬的合同。

《民法典》	相关内容
第九百六十二条　中介人应当就有关订立合同的事项向委托人如实报告。 　　中介人故意隐瞒与订立合同有关的重要事实或者提供虚假情况，损害委托人利益的，不得请求支付报酬并应当承担赔偿责任。	《合同法》第四百二十五条 居间人应当就有关订立合同的事项向委托人如实报告。 　　居间人故意隐瞒与订立合同有关的重要事实或者提供虚假情况，损害委托人利益的，不得要求支付报酬并应当承担损害赔偿责任。
第九百六十三条　中介人促成合同成立的，委托人应当按照约定支付报酬。对中介人的报酬没有约定或者约定不明确，依据本法第五百一十条的规定仍不能确定的，根据中介人的劳务合理确定。因中介人提供订立合同的媒介服务而促成合同成立的，由该合同的当事人平均负担中介人的报酬。 　　中介人促成合同成立的，中介活动的费用，由中介人负担。	《合同法》第四百二十六条 居间人促成合同成立后，委托人应当按照约定支付报酬。对居间人的报酬没有约定或者约定不明确，依照本法第六十一条的规定仍不能确定的，根据居间人的劳务合理确定。因居间人提供订立合同的媒介服务而促成合同成立的，由该合同的当事人平均负担居间人的报酬。 　　居间人促成合同成立的，居间活动的费用，由居间人负担。
第九百六十四条　中介人未促成合同成立的，不得请求支付报酬；但是，可以**按照约定请求**委托人支付从事中介活动支出的必要费用。	《合同法》第四百二十七条 居间人未促成合同成立的，不得要求支付报酬，但可以要求委托人支付从事居间活动支出的必要费用。

《民法典》	相关内容
第九百六十五条 委托人在接受中介人的服务后，利用中介人提供的交易机会或者媒介服务，绕开中介人直接订立合同的，应当向中介人支付报酬。	
第九百六十六条 本章没有规定的，参照适用委托合同的有关规定。	
第二十七章 合伙合同	
第九百六十七条 合伙合同是两个以上合伙人为了共同的事业目的，订立的共享利益、共担风险的协议。	《民法通则》第三十条 个人合伙是指两个以上公民按照协议，各自提供资金、实物、技术等，合伙经营、共同劳动。 《民通意见》第 46 条
第九百六十八条 合伙人应当按照约定的出资方式、数额和缴付期限，履行出资义务。	《合伙企业法》第十七条 合伙人应当按照合伙协议约定的出资方式、数额和缴付期限，履行出资义务。 以非货币财产出资的，依照法律、行政法规的规定，需要办理财产权转移手续的，应当依法办理。
第九百六十九条 合伙人的出资、因合伙事务依法取得的收益和其他财产，属于合伙财产。 合伙合同终止前，合伙人不得请求分割合伙财产。	《民法通则》第三十二条 合伙人投入的财产，由合伙人统一管理和使用。 合伙经营积累的财产，归合伙人共有。

续表

《民法典》	相关内容
	《合伙企业法》第二十条　合伙人的出资、以合伙企业名义取得的收益和依法取得的其他财产，均为合伙企业的财产。 第二十一条　合伙人在合伙企业清算前，不得请求分割合伙企业的财产；但是，本法另有规定的除外。 合伙人在合伙企业清算前私自转移或者处分合伙企业财产的，合伙企业不得以此对抗善意第三人。
第九百七十条　合伙事务由全体合伙人共同执行。合伙人就合伙事务作出决定的，除合伙合同另有约定外，应当经全体合伙人一致同意。合伙事务由全体合伙人共同执行。 按照合伙合同的约定或者全体合伙人的决定，可以委托一个或者数个合伙人执行合伙事务；其他合伙人不再执行合伙事务，但是有权监督执行情况。 合伙人分别执行合伙事务的，执行事务合伙人可以对其他合伙人执行的事务提出异议；提出异议后，其他合伙人应当暂停该项事务的执行。	《民法通则》第三十四条　个人合伙的经营活动，由合伙人共同决定，合伙人有执行和监督的权利。 合伙人可以推举负责人。合伙负责人和其他人员的经营活动，由全体合伙人承担民事责任。 《合伙企业法》第三十条　合伙人对合伙企业有关事项作出决议，按照合伙协议约定的表决办法办理。合伙协议未约定或者约定不明确的，实行合伙人一人一票并经全体合伙人过半数通过的表决办法。 本法对合伙企业的表决办法另有规定的，从其规定。 第二十六条　合伙人对执行合伙事务享有同等的权利。 按照合伙协议的约定或者经全体合伙人决定，可以委托一个或者数个合伙人对外代表合伙企业，执行合伙事务。

《民法典》	相关内容
	作为合伙人的法人、其他组织执行合伙事务的，由其委派的代表执行。 **第二十七条**　依照本法第二十六条第二款规定委托一个或者数个合伙人执行合伙事务的，其他合伙人不再执行合伙事务 不执行合伙事务的合伙人有权监督执行事务合伙人执行合伙事务的情况。 **第二十九条**　合伙人分别执行合伙事务的，执行事务合伙人可以对其他合伙人执行的事务提出异议。提出异议时，应当暂停该项事务的执行。如果发生争议，依照本法第三十条规定作出决定。 受委托执行合伙事务的合伙人不按照合伙协议或者全体合伙人的决定执行事务的，其他合伙人可以决定撤销该委托。
第九百七十一条　合伙人不得因执行合伙事务而请求支付报酬，但是合伙合同另有约定的除外。	《合伙企业法》第六十七条 有限合伙企业由普通合伙人执行合伙事务。执行事务合伙人可以要求在合伙协议中确定执行事务的报酬及报酬提取方式。
第九百七十二条　合伙的利润分配和亏损分担，按照合伙合同的约定办理；合伙合同没有约定或者约定不明确的，由合伙人协商决定；协商不成的，由合伙人按照实缴出资比例分配、分担；无法确定出资比例的，由合伙人平均分配、分担。	《合伙企业法》第三十三条 合伙企业的利润分配、亏损分担，按照合伙协议的约定办理；合伙协议未约定或者约定不明确的，由合伙人协商决定；协商不成的，由合伙人按照实缴出资比例分配、分担；无法确定出资比例的，由合伙人平均分配、分担。

《民法典》	相关内容
	合伙协议不得约定将全部利润分配给部分合伙人或者由部分合伙人承担全部亏损。 　　**《民通意见》第 47 条、第 48 条**
第九百七十三条　合伙人对合伙债务承担连带责任。清偿合伙债务超过自己应当承担份额的合伙人，有权向其他合伙人追偿。	**《民法通则》第三十五条**　合伙的债务，由合伙人按照出资比例或者协议的约定，以各自的财产承担清偿责任。 　　合伙人对合伙的债务承担连带责任，法律另有规定的除外。偿还合伙债务超过自己应当承担数额的合伙人，有权向其他合伙人追偿。 　　**《合伙企业法》第三十八条**合伙企业对其债务，应先以其全部财产进行清偿。 　　**第三十九条**　合伙企业不能清偿到期债务的，合伙人承担无限连带责任。 　　**第四十条**　合伙人由于承担无限连带责任，清偿数额超过本法第三十三条第一款规定的其亏损分担比例的，有权向其他合伙人追偿。
第九百七十四条　除合伙合同另有约定外，合伙人向合伙人以外的人转让其全部或者部分财产份额的，须经其他合伙人一致同意。	**《合伙企业法》第二十五条**合伙人以其在合伙企业中的财产份额出质的，须经其他合伙人一致同意；未经其他合伙人一致同意，其行为无效，由此给善意第三人造成损失的，由行为人依法承担赔偿责任。

《民法典》	相关内容
第九百七十五条 合伙人的债权人不得代位行使合伙人依照本章规定和合伙合同享有的权利，但是合伙人享有的利益分配请求权除外。	**《合伙企业法》第四十一条** 合伙人发生与合伙企业无关的债务，相关债权人不得以其债权抵销其对合伙企业的债务；也不得代位行使合伙人在合伙企业中的权利。 **第四十二条** 合伙人的自有财产不足清偿其与合伙企业无关的债务的，该合伙人可以以其从合伙企业中分取的收益用于清偿；债权人也可以依法请求人民法院强制执行该合伙人在合伙企业中的财产份额用于清偿。 人民法院强制执行合伙人的财产份额时，应当通知全体合伙人，其他合伙人有优先购买权；其他合伙人未购买，又不同意将该财产份额转让给他人的，依照本法第五十一条的规定为该合伙人办理退伙结算，或者办理削减该合伙人相应财产份额的结算。
第九百七十六条 合伙人对合伙期限没有约定或者约定不明确，依据本法第五百一十条的规定仍不能确定的，视为不定期合伙。 合伙期限届满，合伙人继续执行合伙事务，其他合伙人没有提出异议的，原合伙合同继续有效，但是合伙期限为不定期。 合伙人可以随时解除不定期合伙合同，但是应当在合理期限之前通知其他合伙人。	**《合伙企业法》第四十六条** 合伙协议未约定合伙期限的，合伙人在不给合伙企业事务执行造成不利影响的情况下，可以退伙，但应当提前三十日通知其他合伙人。

续表

《民法典》	相关内容
第九百七十七条　合伙人死亡、丧失民事行为能力或者终止的，合伙合同终止；但是，合伙合同另有约定或者根据合伙事务的性质不宜终止的除外。	《合伙企业法》第八十条　作为有限合伙人的自然人死亡、被依法宣告死亡或者作为有限合伙人的法人及其他组织终止时，其继承人或者权利承受人可以依法取得该有限合伙人在有限合伙企业中的资格。
第九百七十八条　合伙合同终止后，合伙财产在支付因终止而产生的费用以及清偿合伙债务后有剩余的，依据本法第九百七十二条的规定进行分配。	《合伙企业法》第八十九条　合伙企业财产在支付清算费用和职工工资、社会保险费用、法定补偿金以及缴纳所欠税款、清偿债务后的剩余财产，依照本法第三十三条第一款的规定进行分配。 《民通意见》第 55 条
第三分编　准合同	
第二十八章　无因管理	
第九百七十九条　管理人没有法定的或者约定的义务，为避免他人利益受损失而管理他人事务，可以请求受益人偿还因管理事务而支出的必要费用；管理人因管理事务受到损失的，可以请求受益人给予适当补偿。 　　管理事务不符合受益人真实意思的，管理人不享有前款规定的权利，但是受益人的真实意思违反法律或者违背公序良俗的除外。	《民法通则》第九十三条　无因管理没有法定的或者约定的义务，为避免他人利益受损失进行管理或者服务的，有权要求受益人偿付由此而支付的必要费用。 　　《民法总则》第一百二十一条　没有法定的或者约定的义务，为避免他人利益受损失而进行管理的人，有权请求受益人偿还由此支出的必要费用。 　　《民通意见》第 132 条

《民法典》	相关内容
第九百八十条 管理人管理事务不属于前条规定的情形，但是受益人享有管理利益的，受益人应当在其获得的利益范围内向管理人承担前条第一款规定的义务。	
第九百八十一条 管理人管理他人事务，应当采取有利于受益人的方法。中断管理对受益人更为不利的，无正当理由不得中断。	
第九百八十二条 管理人管理他人事务时，能够通知受益人的，应当及时通知受益人。管理的事务不需要紧急处理的，应当等待受益人的指示。	
第九百八十三条 管理结束后，管理人应当向受益人报告管理事务的情况。管理人管理事务取得的财产，应当及时转交给受益人。	
第九百八十四条 管理人管理事务经受益人事后追认的，从管理事务开始时起，适用委托合同的有关规定，但是管理人另有意思表示的除外。	

续表

《民法典》	相关内容
第二十九章　不当得利	
第九百八十五条　得利人没有法律根据取得不当利益的，受损失的人可以请求得利人返还取得的利益，但是有下列情形之一的除外： （一）为履行道德义务进行的给付； （二）债务到期之前的清偿； （三）明知无给付义务而进行的债务清偿。	《民法通则》第九十二条　不当得利没有合法根据，取得不当利益，造成他人损失的，应当将取得的不当利益返还受损失的人。 《民法总则》第一百二十二条　因他人没有法律根据，取得不当利益，受损失的人有权请求其返还不当利益。 《民通意见》第 131 条
第九百八十六条　得利人不知道且不应当知道获得的利益没有法律根据，取得的利益已经不存在的，不承担返还该利益的义务。	
第九百八十七条　得利人知道或者应当知道取得的利益没有法律根据的，受损失的人可以请求得利人返还其取得的利益并依法赔偿损失。	
第九百八十八条　得利人已经将取得的利益无偿转让给第三人的，受损失的人可以请求第三人在相应范围内承担返还义务。	

司法解释简称表

全　　称	简称
《最高人民法院关于贯彻执行〈中华人民共和国民法通则〉若干问题的意见（试行）》	民通意见
《最高人民法院关于审理城镇房屋租赁合同纠纷案件具体应用法律若干问题的解释》	城镇房屋租赁合同解释
《最高人民法院关于审理技术合同纠纷案件适用法律若干问题的解释》	技术合同解释
《最高人民法院关于审理建设工程施工合同纠纷案件适用法律问题的解释》	建工合同解释
《最高人民法院关于审理建设工程施工合同纠纷案件适用法律问题的解释（二）》	建工合同解释二
《最高人民法院关于审理买卖合同纠纷案件适用法律问题的解释》	买卖合同解释
《最高人民法院关于审理民间借贷案件适用法律若干问题的规定》	民间借贷规定
《最高人民法院关于审理融资租赁合同纠纷案件适用法律问题的解释》	融资租赁合同解释
《最高人民法院关于审理商品房买卖合同纠纷案件适用法律若干问题的解释》	商品房买卖合同解释
《最高人民法院关于审理物业服务纠纷案件具体应用法律若干问题的解释》	物业服务解释

续表

全　称	简称
《最高人民法院关于适用〈中华人民共和国担保法〉若干问题的解释》	担保法解释
《最高人民法院关于适用〈中华人民共和国合同法〉若干问题的解释（一）》	合同法解释一
《最高人民法院关于适用〈中华人民共和国合同法〉若干问题的解释（二）》	合同法解释二

视频课程

李袁婕

女，法学博士，故宫博物院研究馆员，兼任中国文物学会法律专业委员会主任委员。1999 年通过全国律师资格考试，获得律师执业资格。曾长期从事政法工作，先后承担了国家社科基金、国家自然科学基金、司法部、中国法学会等多项课题研究工作。近年来，参与研究的《公共文化事业支出绩效体系研究》《公共财政法治化研究》已由中国时代经济出版社出版，主编的《文博诉讼案例解析》《文化产业诉讼案例解析》分别由文物出版社和故宫出版社出版。在《故宫博物院院刊》《故宫学刊》《中国文化报》《中国文物报》发表多篇文博法治论文和文章，科研成果分别获得部级科研成果一、二、三等奖。

主讲：文物艺术品视域中《民法典》合同编主要变化内容导读。

费安玲

女，中国政法大学法学教授，中国民法典草案论证专家，最高法院案例指导专家委员会委员，中国民法学研究会常务理事，北京市债法学研究会会长，兼任中国文物学会法律专业委员会副主任委员。研究领域涉及民商法、知识产权法、比较私法和罗马私法。发表学术论文 120 篇、著作 60 部。

主讲：文物艺术品视域下《民法典》物权制度"新规"解读。

张世君

男，1976 年生，汉族，中共党员，法学博士。首都经济贸易大学法学院院长、教授、博士生导师，兼任中国文物学会法律专业委员会副主任委员、北京市人民政府立法专家委员会专家委员，主要研究领域为商法、经济法和文化法。

主讲：文物艺术品视域下《民法典》侵权责任编主要变化内容导读。

视频课程（一）　　　　视频课程（二）　　　　视频课程（三）

后　记

2020 年 5 月 28 日，第十三届全国人民代表大会第三次会议审议通过了《中华人民共和国民法典》，该法典于 2021 年 1 月 1 日起实施。

2020 年第 12 期《求是》杂志刊发了习近平总书记的重要讲话《充分认识颁布实施民法典重大意义，依法更好保障人民合法权益》。文章指出，民法典系统整合了新中国成立 70 多年来长期实践形成的民事法律规范，汲取了中华民族 5000 多年优秀法律文化，借鉴了人类法治文明建设有益成果，是一部体现我国社会主义性质、符合人民利益和愿望、顺应时代发展要求的民法典，是一部体现对生命健康、财产安全、交易便利、生活幸福、人格尊严等各方面权利平等保护的民法典，是一部具有鲜明中国特色、实践特色、时代特色的民法典。文章同时要求加强民法典普法工作，提出要充分发挥法律专业机构、专业人员的作用，阐释好民法典一系列新规定新概念新精神。

为此，中国文物学会法律专业委员会、中国版权协会艺术品版权工作委员会联合组织编写了本书。书中的内容编排具有以下特点：

一是专门撰写了导读，从文物艺术品行业角度对《民法典》合同编的主要变化内容进行了梳理。

二是结合实践，对近年来、特别是新冠肺炎疫情发生以来文物艺术品行业常用的 31 个合同文本进行了全面修改（不含政府采购中的公开招投标合同，国家文物局组织编制的《博物馆馆藏资源著作权、商标权和品牌授权合同》直接授权版本、委托授权版本）。

三是运用视频书的形式，专门制作了文物艺术品视域中《民法典》合同编、物权编、侵权编主要变化内容讲座。

本书的出版，得到了文物出版社张自成社长、人民法院出版社张益民总编辑、韦钦平总编辑助理的大力支持。中国文物学会法律专业委员会秘书长江英女士、人民法院出版社巩雪特约编辑等，均为本书的出版付出了大量心血。值此出版之际，深表谢忱。

由于水平和能力所限，书中不当之处，敬请读者批评指正。

编著者

2020 年 11 月 26 日